Paul van Buitenen
Korruptionskrieg in Brüssel

Für Edith

Was ist ein Whistleblower?

Whistleblowing = «Alarm schlagen» bei Missständen.

Es handelt sich per definitionem um die kritische Aktivität von Mitarbeitenden, die auf Missstände (illegales oder unethisches Verhalten) hinweisen, sie aufdecken, kritisieren, unter Umständen auch öffentlich, oder versuchen, wichtige Interessengruppen (Stakeholder) zu informieren, um sie zum Handeln zu veranlassen. Problematisch ist vor allem das Aufdecken von Missständen, die keinen Straftatbestand erfüllen, weil der Whistleblower damit unter Umständen selbst Rechtsvorschriften oder arbeits- oder dienstrechtliche Regelungen verletzt.

Der Whistleblower geht damit oft auch erhebliche persönliche Risiken ein. Beispiele für den Bereich der Politik/der Verwaltung: die Aufdeckung des Parteispendenskandals durch einen Steuerbeamten unter Verletzung dienstlicher Weisungen oder die Information der Medien über unzureichende BSE-Kontrollen im Schlachthof durch eine von der Kreisverwaltung angestellte Tierärztin.

Whistleblower wenden sich gegen ungesetzliche, unlautere oder ethisch zweifelhafte Praktiken, die ihnen innerhalb ihres Betriebs oder ihrer Dienststelle bekannt geworden sind.

(Quelle: http://www.olev.de/w/whistlebl.htm)

Paul van Buitenen

Korruptionskrieg in Brüssel

*Kampf um mehr Transparenz
für Europa*

Brunnen Verlag · Basel und Gießen

Bibliografische Information der Deutschen Bibliothek

Die Deutsche Bibliothek verzeichnet diese Publikation in der Deutschen
Nationalbibliografie; detaillierte bibliografische Daten sind im Internet
über http://dnb.ddb.de abrufbar.

Titel der niederländischen Originalausgabe:
«In de loopgraven van Brussel»
Erschienen 2004 bei Uitgeverij Ten Have, Baarn, Postbus 5018,
8260 GA Kampen, Niederlande.

© 2004 by Uitgeverij Ten Have, NL-Baarn

Übersetzung aus dem Niederländischen:
Wort*Wechsel* – Carina Becker und Stefan Wieczorek, D-Aachen

© 2004 by Brunnen Verlag Basel

Umschlag: Michael Basler, D-Lörrach
Foto Umschlag: Reporters Press Agency © Jock Fistick
Fotos auf Seite 16 und 82: © Peter-Vincent Schuld
Satz: Bertschi & Messmer AG, CH-Basel
Druck: Bercker, D-Kevelaer
Printed in Germany

ISBN 3-7655-1877-8

Inhalt

Vorwort 7
  1. Eine neue Perspektive 11
  2. Das Schicksal eines Whistleblowers 19
  3. Deckung suchen 41
  4. Schicksalsgenossen 59
  5. Briefoffensive 85
  6. Ein großer Auftrag 99
  7. Fünftausend hochexplosive Seiten 109
  8. Neue Affären 119
  9. Eine umtriebige Zeit 149
10. Hans-Martin Tillack 171
11. In die Politik? 187
12. Zurück zur Kommission 201
13. OLAF: Das schwarze Loch 211
14. Meine Schlussfolgerungen und mein Wahlprogramm   225

Anhang
  1. Wie die EU ihre Whistleblower behandelt 241
  2. Begriffserklärungen 245
  3. Die Antici 252
  4. Zitate aus E-Mails 262

Vorwort

Für mich als europäischen Beamten gelten normalerweise die amtlichen Verordnungen der Europäischen Kommission. Nach diesen Regeln müsste ich eigentlich vorab eine Genehmigung einholen, um das vorliegende Buch veröffentlichen zu dürfen. Geschrieben habe ich es insbesondere im Hinblick auf meine Kandidatur für die Europawahl im Juni 2004. Als europäischer Bürger ist es jedoch mein Grundrecht, mich für diese Wahl aufstellen zu lassen und meine persönliche Meinung darüber äußern zu können, wie Europa regiert wird. Die Europäische Kommission erkennt in einem Beschluss vom Februar 2004 dieses Recht, die persönliche Meinung aussprechen zu dürfen, auch ihren Beamten zu – allerdings nur für die Dauer der Wahlkampagne. Dieses Buch ist demnach (auch) als Publikation im Rahmen meiner Wahlkampagne anzusehen und wird daher in den Niederlanden am 29. April veröffentlicht, einen Tag nach meiner offiziellen Aufstellung als Kandidat beim niederländischen Wahlausschuss.

Trotzdem hielt ich es für angemessen, mit der Europäischen Kommission bezüglich des Buchinhalts Kontakt aufzunehmen. Am 6. Februar 2004 reichte ich den vorläufigen Text bei der Kommission ein und bat sie, mir innerhalb eines Monats zu antworten. Sechs Wochen später, am 19. März, erhielt ich eine Antwort der Kommission, in der diese vor allem einräumte, Bedenken wegen des Abdrucks vertraulicher Gespräche zu haben, die sich innerhalb der Mauern der EU abgespielt haben. Diese Reaktion hatte in meinen Augen nur ein Ziel: die Publikation dieses Buches zu verzögern oder zu verhindern. Die Kommission warnte mich, dass ich mit diesem Buch grob fahrlässig die Vorschriften überträte und auf falsche Art und Weise ein rundum verkehrtes Bild meines Arbeitgebers zeichnete. Wie ich es verstand, bedeutete dies de facto nur eines: die Warnung, dass auf die Veröffentlichung die Entlassung folgen würde! Die konkreten Änderungswünsche waren zahlreich und tiefgehend. Letztlich hätte ich so unmöglich meine Botschaft an die Leser vermitteln können, nämlich dass die Europäischen Institutionen ihre Arbeit schlecht erledigen und in den letzten fünf Jahren noch keinerlei Besserung eingetreten ist.

Gleichwohl habe ich die Reaktion der Europäischen Kommission gründlich studiert, ihre Kommentare bei einer ganzen Reihe von Punkten beachtet und dort, wo es begründet war, auch ihre Änderungsvorschläge umgesetzt. Das Ergebnis, das nun vorliegt, ist meine persönliche Sicht auf die Art und Weise, wie Europa regiert wird. Als Kandidat für die Europäischen Wahlen lasse ich Sie, die Wähler, an dieser Sicht teilhaben. Dabei muss ich einen beinahe unmöglichen Spagat leisten. Auf der einen Seite möchte ich als Kandidat so deutlich wie nur irgend möglich sein und offen über alle Angelegenheiten sprechen. Auf der anderen Seite bin ich als Beamter an die Schweigepflicht gebunden. Von vielen wird sie übrigens als eine Art «Omerta» betrachtet, das Schweigegelübde innerhalb der Mafia. Diese Schweigepflicht hindert mich auch daran, detailliertere Beweisstücke in das Buch aufzunehmen. Sie dürfen aber versichert sein, dass dieses Werk auf sehr viel Beweismaterial aufbaut und dass ich diese Dokumente auch schon an die Europäischen Untersuchungs- und Kontrollämter übergeben habe.

In diesem Buch möchte ich so wahrheitsgetreu wie möglich wiedergeben, was in den vergangenen fünf Jahren in der Europäischen Kommission und den anderen EU-Institutionen tatsächlich passiert ist. Das offizielle Bild der erfolgreichen Reformen, das die Kommission uns so gerne präsentiert, stimmt nach meiner Auffassung nämlich nicht. Dies ist nicht nur die Geschichte meiner persönlichen Erfahrungen in der Kommission. Außer mir haben auch zahlreiche andere Beamte innerhalb der europäischen Einrichtungen die gleichen Dinge erlebt. Der Titel «Korruptionskrieg in Brüssel» wurde dabei nicht zufällig gewählt. Kriege sehen viele Kämpfende und viele Opfer. Und hier geht es um einen umfassenden Kampf, geführt nicht alleine von mir, sondern auch von anderen Kollegen, die es genauso wie ich wagen, sich gegen ein unsauberes und undurchsichtiges System zu wehren. Es ist ganz gewiss nicht meine Absicht, den Interessen der Europäischen Union zu schaden. Nein, vielmehr möchte ich gerade zeigen, wo es nicht richtig läuft, und Vorschläge machen, um zu tatsächlichen Verbesserungen zu kommen.

Die in diesem Buch wiedergegebenen Gespräche stützen sich auf meine Erinnerung, abgesehen von einer einzigen Ausnahme, bei der ich Tonbandaufnahmen benutzte. Andere Dialoge wurden nach dem Gedächtnis direkt Betroffener rekonstruiert. Wenn in den Gesprächen also Anführungszeichen benutzt werden, dient das vor allem der Lesbarkeit und bezeichnet nicht notwendigerweise eine wörtliche Darstellung des Gesprächs. Natürlich habe ich mich ernsthaft bemüht, ein möglichst präzises Spiegelbild von dem zu geben, was sich hinter den verschlossenen Türen der Europäischen Kommission abspielt. Das Ergebnis ist erschütternd, selbst noch für mich nach all den Jahren!

In noch größerem Maße als bei meinem ersten Werk «Unbestechlich für Europa» wird dieses Buch den Widerstand von hohen Beamten und Führungskräften hervorrufen, die sich ins allgemeine Blickfeld gerückt sehen werden. Darum habe ich zum Schutz meiner Person und meiner Quellen – aber auch aus Respekt vor den betroffenen Personen – an vielen Stellen Pseudonyme benutzt und einige Situationen leicht abgewandelt. Für die Öffentlichkeit werden die Betroffenen damit unkenntlich. Nur da, wo nichts zu befürchten ist, oder da, wo die Betroffenen durch ihre Position bereits öffentlich bekannt sind, habe ich die tatsächlichen Namen stehen lassen. Der Leser kann aber darauf vertrauen, dass sich hinter jedem Menschen, der in diesem Buch beschrieben wird, eine reale Person verbirgt.

Wenn die europäischen Einrichtungen nach dem Lesen dieses Buches für Sie lebendig geworden sind, dann habe ich mein Ziel erreicht. Denn es hängt ja von Ihnen ab, in welche Richtung «Brüssel» sich entwickelt: ob Europa wieder in die Hände der Wähler kommt oder weiter abrutscht zu einer Institution, in der nebulöse und unverständliche Entscheidungen getroffen werden, die meilenweit entfernt sind von Menschen wie Ihnen und mir.

1

Eine neue Perspektive

Wie zahlreiche andere Beamte der EU stieß ich in den 90er-Jahren bei meiner täglichen Arbeit auf Unregelmäßigkeiten, Filz und mitunter sogar Betrug. Obwohl ich die entsprechenden Wege nutzte, um diese Dinge zur Sprache zu bringen, merkte ich doch, dass diesbezüglich nichts getan wurde. Missstände blieben bestehen. Berichte verschwanden in der Schublade. Offensichtlich funktionierte der Kontrollapparat der Europäischen Kommission*[1] nicht.

Wen auch immer ich auf die Verantwortung hinwies, tatsächlich gegen Betrug und Unregelmäßigkeiten vorzugehen – nichts geschah. Schließlich brachte ich die Angelegenheit zum Europaparlament und veröffentlichte 1999 mein Buch «Unbestechlich für Europa». In dieser Zeit waren mehrere Whistleblower aktiv, die Informationen an die Presse weitergaben. Ein unabhängiger Rat der Weisen* wurde beauftragt, die Anschuldigungen zu untersuchen. Sein erster Zwischenbericht war vernichtend. Es war eine bewegte Periode, in der sich die Europäische Kommission unter Leitung von Jacques Santer veranlasst sah, am 15. März 1999 zurückzutreten.

Wie ist es mir in der Zwischenzeit als Whistleblower ergangen? Und hat der Skandal den europäischen Institutionen gebracht, was so dringend nötig war: nämlich geordnete Verhältnisse? In diesem Buch erzähle ich Ihnen die Fortsetzung ...

---

[1] Begriffe und Namen mit einem Sternchen werden hinten in diesem Buch erläutert (siehe Anhänge 1 und 2).

Eine neue Kommission
Zur großen Überraschung der meisten Beobachter wählten die Regierungschefs im Mai 1999 den italienischen Ex-Premier Romano Prodi zum neuen Vorsitzenden der Kommission. Er sei die perfekte Wahl, sagte man. Ein Ex-Premier eines großen Mitgliedsstaates mit unbefleckter Weste, der zudem die italienischen Finanzen wieder in Ordnung gebracht hatte, so dass Italien der Europäischen Währungsunion beitreten konnte. Kein geringer Erfolg!

Gleich danach machten die Mitgliedsstaaten Vorschläge für ihre EU-Kommissare. Die Niederlande schlugen Frits Bolkestein vor, Mitglied der niederländischen Partei VVD. Gegen mich lief noch immer ein Disziplinarverfahren, daher beschloss ich, dem Kandidaten meines eigenen Landes für den Posten eines EU-Kommissars einen Brief zu schicken. Unter anderem schrieb ich ihm, dass er sein politisches Rückgrat und seinen Mut in Brüssel brauchen würde:

> «Die Bekämpfung der Missstände innerhalb des Apparates der Kommission ist etwas, wozu jeder Kommissar einen Beitrag leisten kann. Wie Sie vielleicht wissen, habe ich als Assistenzbuchhalter (und Whistleblower) gewisse Erfahrungen mit der Kommission. Noch immer bin ich einer der wenigen Beamten, die zu sagen wagen, was innerhalb des Apparates schief läuft. Als Zeuge stehe ich in regelmäßigem Kontakt mit dem so genannten Rat der Weisen und der belgischen Justiz.»

Ich wünschte ihm viel Erfolg und bot ihm an, in einem Gespräch meine Erfahrungen in der Kommission näher auszuführen. Über seinen Kabinettschef erfuhr ich, Bolkestein sei bereit, mich zu empfangen – wenn ich darauf bestünde. Er sehe dazu aber keine Notwendigkeit.

Wenig später begegnete ich Herrn Bolkestein in einem schmalen Gang in einem provisorischen BBC-Studio. Wahrscheinlich kam er auch für ein Interview. Wir konnten einander nicht verfehlen. Ich schaute neugierig auf, aber während er sich mir näherte, wendete Bolkestein seinen Kopf ab und tat so, als ob er mich nicht sehen würde. Diese Situation war ein deutliches Vorzeichen: Für viele in Brüssel war ich gebrandmarkt!

Nachfrage in der Angelegenheit Leonardo
Bevor die neuen Kommissare antraten, wurden sie von den Mitgliedern des Europaparlaments befragt und beurteilt. Gleichzeitig begann der Tanz um die heiß begehrten Posten im Kabinett* der Kommissare. So wurde ich im August vom flämischen Europaabgeordneten Raf Chanterie angerufen, der mir am Telefon erklärte, dass er für die künftige Kommissarin von Luxemburg, Viviane Reding, arbeiten wird. Sie hatte das Ressort Bildung und Kultur bekommen und übernahm demnach die Erbschaft der französischen Ex-Kommissarin Cresson. In ihrer Generaldirektion (GD*) war in der vorhergehenden Periode alles schief gegangen, und zwar in allen Größenordnungen. Cresson kam dabei auch persönlich ins Gerede, weil sie Freunde begünstigt hatte. Mittlerweile hatte diese Affäre in Belgien zu einer strafrechtlichen Untersuchung geführt.

Ich war angenehm überrascht, als Chanterie mit mir Kontakt aufnahm. Als Ex-Parlamentarier hatte er im neuen Kabinett sicher einigen Einfluss. Er erklärte mir, dass er dabei sei, für Frau Reding die Situation rund um die Bildungs- und Kulturprogramme zu ermitteln. Er sollte auf mögliche Probleme aufmerksam machen und soweit möglich auch Lösungsansätze präsentieren. Da ich eine Funktion im Finanzsystem der GD hatte – und dabei allerlei Dinge entdeckt und an den Pranger gestellt hatte –, schien es ihm eine gute Idee, sich einmal mit mir auszutauschen. Wir vereinbarten, uns bald zu treffen.
Die Begegnung fand zufällig am Tag der Sonnenfinsternis statt. Wir wohnten damals in der Nähe eines Viadukts über der E411 von Brüssel nach Luxemburg. Es herrschte eine Art Hysterie: Jeder wollte nach Virton, dem einzigen Ort in Belgien, an dem die Sonnenfinsternis vollständig sein würde. Eine Freundin meiner Frau Edith wollte auch gerne in den Süden. Edith setzte sich also in das mit Kindern voll beladene Auto und fuhr mit. Ich winkte ihnen nach und ging in das Büro von Chanterie im Parlamentsgebäude.

Auf seinem Schreibtisch breitete ich einige Schriftstücke und Berichte aus. «Schauen Sie, ich habe inzwischen einiges an Material gesammelt, insbesondere über das Leonardo-Programm*.» Die Verwaltung und Organisation dieses großen Bildungsprogramms funktionierte hinten und vorne nicht. Vor allem im Assistenzbüro, das viele praktische Aspekte des Programms ausführte, gelang wenig. Ich wies darauf hin, dass die Unregelmäßigkeiten innerhalb des Assistenzbüros keine zufälligen oder isolierten Unregelmäßigkeiten seien, wie die Kommission stets behauptete. Sie waren vielmehr strukturell bedingt, und auch die Dienste der Kommission selbst waren davon betroffen.

Interessiert hörte Chanterie alledem zu. Vor allem über die Assistenzbüros (bekannt unter der französischen Abkürzung BAT*) wollte er mehr wissen. Auch nach meinen Verbesserungsvorschlägen erkundigte er sich. Ich betonte, dass man auf gewisse Punkte immer achten müsse, wenn man Arbeit an ein Assistenzbüro oder BAT auslagert. Zum Ersten: Nie zu lange mit dem gleichen Partner arbeiten. Auf die Dauer wird dann nämlich der Abstand und die innere Distanz zwischen Büro und Kommission zu klein. Auch darf der Partner von den Kommissionsaufträgen nicht zu sehr abhängig sein. Zweitens ist eine gute Kontrolle wichtig. Und schließlich darf ein BAT sich nur mit ausführenden Aufgaben beschäftigen, nicht mit Beratung und Leitung. – Offene Türen? Für eine gesunde Organisation schon. Bei Leonardo hingegen hatte man allen diesen Empfehlungen zuwider gehandelt.

Das Material, das ich Chanterie gab, bestand aus Schriftstücken, die ich selbst zu dieser Frage verfasst hatte. Ich hatte sie ehemals an das Parlament geschickt, da die offiziellen Informationen der Kommission damals völlig unzureichend und sogar schlichtweg irreführend waren.

Wir nahmen in aller Ruhe voneinander Abschied, nach meinem Eindruck beide zufrieden mit den Ergebnissen unseres Gesprächs.

Nachdem ich mit einigen ehemaligen Kollegen gesprochen hatte, lieferte ich Chanterie etwas später noch ein Memo mit Empfehlungen. Unaufgeklärte Missstände mussten untersucht werden, und eine Reorganisation von GD Bildung und Kultur war notwendig. Einige Beamte, die in meinen Augen eine Rolle bei der Verschleierung der Unregelmäßigkeiten gespielt hatten, nannte ich beim Namen, wie etwa Herrn Trovato. Sehr wichtig ist, dass neben den verwaltungstechnischen Problemen auch Hinweise darauf existierten, dass hoch subventionierte Projekte inhaltlich unzureichend sind!

Werde ich tatsächlich ernst genommen?
Alles in allem schöpfte ich wieder Hoffnung. Aus ganz Europa kam Unterstützung, auch aus der Politik. Gespannt wartete ich, wie das Disziplinarverfahren laufen würde. Ja, vielleicht sollte es mit der Kommission doch noch gut werden, und ein frischer Wind würde durch die verstaubten Gebäude wehen!

In der Zwischenzeit arbeitete ich weiter an meinem ersten Buch. Für die Publikation brauchte ich die Zustimmung der Kommission. Über einen gemeinsamen Bekannten gelang es mir, einen Termin bei dem höchsten Beamten der Organisation zu bekommen, dem Niederländer Carlo Trojan. Als Generalsekretär* der Kommission hatte er den Text des Buches erhalten. Das Treffen mit Trojan verlief angenehm, ganz anders als das erste Mal, als ich rund eine Woche vor meiner Aktion im Europaparlament bei ihm hineinplatzte. Nun herrschte Verständnis für die jeweilige Situation des anderen. Wir sprachen über das Disziplinarverfahren, das gegen mich lief, und über den Text meines Buches. Trojan erklärte zwar, dass er in keinem der beiden Fälle die Entscheidung treffe, fand mein Buch aber prima geschrieben. Bei einigen Passagen sah er jedoch Schwierigkeiten, und er schlug vor, meine Behauptungen an diesen Stellen abzuschwächen. Ich dachte darüber nach und konnte mich damit anfreunden.

Schließlich willigte ich ein, den Text noch zu ändern. Wir schüttelten einander die Hand, fast herzlich. Ein wenig verwirrt, aber auch erleichtert, stand ich wieder draußen. Es tut immer gut, wenn man von den «hohen Tieren» einmal ernst genommen wird.

Ein Rat der Weisen für Europa!
Am 10. September 1999, kurz vor der Publikation meines Buches, erschien der lang erwartete Schlussbericht des unabhän-

Paul van Buitenen in der Zeit, als sein erstes Buch erschien.

gigen Rats der Weisen über die Bekämpfung von Misswirtschaft, Unregelmäßigkeiten und Betrug in der Europäischen Kommission. Kurz gesagt: Ich fand es fantastisch. Was für eine Menge von Unzulänglichkeiten wurde da ans Tageslicht gebracht! Und wie viele Verbesserungen waren schon vorgedacht worden! Faktisch war es quasi ein Handbuch, 287 Seiten dick, mit dem die neue Kommission Prodi ihre Arbeit im Kampf gegen die Korruption beginnen konnte. Einfach auf Seite 1 aufschlagen, und dann alle Empfehlungen befolgen. Auf jeder Seite gab es Wiedererkennungseffekte für mich, alles stand dort drin! Nun existierten keine Ausreden mehr: Für unwillige oder leseschwache Kommissare wurden die wichtigsten Empfehlungen noch einmal zusammengefasst. Diese beinhalteten meist, dass die Europäische Kommission einfach eindeutig und konsequent in Erscheinung treten muss. Egal, ob es nun um Personalpolitik geht, um das Inkrafttreten von Verträgen oder um Kontrollen in den Mitgliedsstaaten. Nicht reden und verhandeln, sondern bei Betrug und Misswirtschaft zurückfordern und berichtigen. Das sollte normal sein.

Der Bericht stellte auch fest, dass viele Dinge nicht gut organisiert sind, weshalb die Kommission diesbezüglich nie in der Lage sei, die richtigen Schlussfolgerungen zu ziehen. Die Berichterstattung über Einnahmen, Ausgaben und Korrekturen innerhalb der Kommission war zudem ungenügend und nicht präzise genug.

Ich erinnerte mich an die vielen Gespräche, die ich mit Beamten und Politikern hierüber geführt hatte. Nun, da die unabhängigen Weisen alles so klar aufgelistet hatten, musste es wohl gut ausgehen. Mit Europa! Und mit dem Whistleblower! ...

2

Das Schicksal eines Whistleblowers

Hatten die Europaparlamentarier den neuen Kommissaren wirklich auf den Zahn gefühlt? Ehrlich gesagt: nein. Wer eine brisante Befragung erwartet hatte, wurde enttäuscht. Die etablierte Ordnung hielt die Fäden fest im Griff. Die Fragesteller wurden ausgewählt und unbequeme Erkundigungen abgelehnt. Und die eine unbequeme Frage, die dann doch versehentlich durchdrang, wurde nur ausweichend beantwortet.

Obwohl die vorige Kommission aufgrund der Skandale abtreten musste, waren fünf bekannte Gesichter beim Start der neuen Kommission Prodi wieder unbekümmert mit von der Partie. Und nicht etwa irgendwelche fünf. Nein, sie besetzten wichtige Posten:

Der Österreicher Fischler bekam das Ressort Landwirtschaft, wodurch er nun etwa die Hälfte des hundert Milliarden Euro umfassenden Budgets der Europäischen Kommission verwaltet. Schon in der vorigen Kommission Santer hatte er das gleiche Ressort unter sich gehabt.

Der Finne Liikanen schulterte sich das Ressort Informationsgesellschaft auf. Seine Wiederbenennung war eine Überraschung, denn in der vorigen Kommission war Liikanen wegen der Art und Weise, wie er Personalangelegenheiten und interne Disziplinarverfahren* geleitet hatte, nicht unumstritten gewesen. Meines Erachtens hätte Liikanen nicht zurückkommen dürfen. Aber wer bin ich schon?

Dann war da noch der Brite Neil Kinnock, in der vorigen Kommission noch Kommissar für Verkehr, jetzt Vizepräsident und verantwortlich für Personalpolitik. Kinnock sollte die Reform der Kommission in die Hand nehmen. Es wollte wirklich nicht in meinen Kopf: Wie in Gottes Namen konnte man beschließen, einen der früheren Kommissare mit der Reform der Kommission unter Prodi zu beauftragen?

Die Rückkehr des Italieners Monti fand ich hingegen berechtigt. Monti bekam das wichtige Ressort Wettbewerb und hatte es also mit der Zustimmung bei Unternehmensfusionen zu tun.

Schließlich wurde der Franzose Lamy Kommissar für Handel. In einer vorigen Kommission war er Kabinettschef des Vorsitzenden Jacques Delors gewesen und dadurch immer noch stark involviert in die politische Kultur der alten Kommission.

Eine Grüne als Kommissarin!

Für das Ressort Haushalt schickten die Deutschen Michaele Schreyer von den Grünen ins Rennen. Damit wurden die Konservativen, die größte Gruppe innerhalb der deutschen Parlamentarier, ausgeschlossen. Die grünen Parteien in Europa – also Schreyers Basis – waren hingegen klein und zersplittert. Die Benennung Schreyers hemmte damit das ansonsten so starke und kritische Engagement der Grünen. Da sie nun eine echte grüne Kommissarin hatten, waren sie nicht länger in der Opposition. Dem eigenen Kommissar macht man das Leben zumindest nicht allzu schwer! Nimmt man dazu, dass Frau Schreyer recht wenig Erfahrung mit öffentlichen Finanzen hatte – obwohl sie irgendwann mal im Haushaltsausschuss des Bundeslandes Berlin gesessen hatte –, wird schnell deutlich, dass sie eine schwierige Position innehatte. Zudem lagen in ihrer Verantwortung sowohl die Haushaltsausgaben als auch deren Kontrolle (und die Betrugsbekämpfung). Gewöhnlich werden diese Dinge strikt voneinander getrennt ... sogar bei der vorigen Kommission.

Als Mitglied der flämischen grünen Partei Agalev wollte ich ihr gerne behilflich sein. Während der Befragung zu Beginn der Amtszeit ließ ich ihr daher unaufgefordert ein Memo mit meiner Analyse der Situation zukommen. Darin machte ich auch Vorschläge für die Beantwortung der Fragen von Seiten der Parlamentarier. Ich riet Frau Schreyer, auf das Ressort der Budgetverwaltung zu verzichten, um einem Interessenkonflikt vorzubeugen. In diesem Fall sollte sie aber auf jeden Fall Budgetkontrolle und Betrugsbekämpfung behalten. Die Bedeutung des Kampfes gegen Unregelmäßigkeiten könne kaum überschätzt werden, so betonte ich in diesem Memo.

Ich erhielt keinerlei Reaktion. Im Parlament wurde in der Zwischenzeit vorgeschlagen, die Budgetkontrolle und die Betrugsbekämpfung dem Vizepräsidenten Neil Kinnock zu übertragen. Letztendlich jedoch behielt Frau Schreyer dieses Doppelressort. Denn als alter Hase wusste Kinnock, wie er mit Personalangelegenheiten (und damit Disziplinarmaßnahmen) in seinem eigenen Tätigkeitsbereich mehr Macht aufbauen konnte.

Einige Monate später begegnete ich Schreyer zufällig auf einer Party. Das neue Büro der deutschen Wochenzeitschrift «stern» wurde eingeweiht. Meist vermeide ich solche Zusammenkünfte, aber der «stern» hat zwei Reporter in seinen Reihen, die in den Brüsseler Angelegenheiten wirklich gute Recherchearbeit leisten. Albert Eikenaar für die Benelux-Länder und Hans-Martin Tillack als Korrespondent in Brüssel. Beide haben mir mehrmals geholfen, die Wahrheit ans Licht zu bringen. Auf der Feier herrschte die übliche Atmosphäre: Menschen mit Champagnergläsern oder Orangensaft, die angeregt plauderten und umherschauten, wer noch da war. Ich hielt mich ein wenig im Hintergrund, sah aber an vielen Blicken, dass man mich erkannte. Eine Zeit lang unterhielt ich mich mit Albert, und auch Hans-Martin empfing mich herzlich. Irgendwann erkannte ich die Europäische Kommissarin Michaele Schreyer unter den Geladenen und merkte an den Umstehenden, dass sie mich auch im Blick hatten. Hans-Martin kam auf mich zu: «Herr Van Buitenen, haben Sie Frau Schreyer schon einmal getroffen?» Ich schaute ihn leicht dämlich an. «Nein, *die* Ehre hatte ich noch nicht.»

Hans-Martin schenkte mir einen ironischen Blick. «Nun, jetzt ist die Gelegenheit. Es kann doch nie schaden, ihr einmal die Hand zu geben, oder?»

Ich lachte leise und beschloss, den Worten Taten folgen zu lassen. Also bewegte ich mich in Richtung von Frau Schreyer. Sie schien mich nicht zu sehen, und ich wartete einen Augenblick auf eine Pause in ihrem Gespräch. Dann trat ich nach vorn, bot ihr meine Hand und stellte mich vor. Frau Schreyer reagierte nicht abweisend und wollte mir die Hand schütteln. In diesem Moment tauchte plötzlich ein Fotograf auf, der den Augenblick festhalten wollte. Erschrocken zog Frau Schreyer ihre dargebotene Hand zurück. Ich reagierte erstaunt und blieb mit ausgestreckter Hand stehen, während sie in eine andere Richtung lief. Eine deutsche Journalistin von einem anderen Blatt stand dabei und machte fleißig Notizen in ein Büchlein. Später hörte ich von Hans-Martin, dass ihm unterstellt werde, er habe dies im Vorfeld so geplant. Auf jeden Fall illustriert die Situation, dass Schreyer es offensichtlich schaudererregend fand, händeschüttelnd auf einem Foto mit mir abgebildet zu sein.

Jetzt hieß es, vorsichtig zu operieren
Anders als bei Bolkestein, dem ich bald nichts mehr zu sagen hatte, wollte ich doch gerne mit Frau Schreyer sprechen. Ich wollte sie vom Ernst der Sache und der Notwendigkeit wirklicher Maßnahmen und Nachforschungen überzeugen. Ohne diese gab es keine Grundlage für Veränderungen. Nach dem Erscheinen meines ersten Buches schickte ich ihr die deutsche Übersetzung zu. Und etwas später hatte ich eine Verabredung zu einem Gespräch mit ihr.

Ich kam aus dem Aufzug und ging durch einen Flur, auf der Suche nach dem Büro von Frau Schreyer. In einem der Räume sah ich Hans van Rijn, den ich von den Kontrollreisen nach Deutschland vor Jahren noch kannte.

«Hallo, Hans!»

Hans blickte erstaunt auf. «Hallo, Paul. Was machst du denn hier?»

Ich schaute ein wenig triumphierend. «Ich habe eine Verabredung mit deinem Chef.»

«Oh, mit Jürgen Streber?»

«Nein, mit Frau Schreyer. Ich habe ihr vor einer Weile ein Exemplar meines Buches gegeben, und ich wollte mit ihr darüber sprechen.»

Hans schaute kurz auf seinen Computermonitor und dann wieder zu mir. «Nun, Paul, schön für dich. Ich hoffe wirklich, dass sie es gelesen hat.»

Ich hob die Schultern. «Ach, das sehn wir schon. Es schien

mir eine gute Gelegenheit, um sich mal kennen zu lernen und mit ihr ins Gespräch zu kommen. Sag mal, weißt du, wo ihr Büro ist?»

Wie sich herausstellte, war Hans Assistent in Schreyers Kabinett. Er wies mir den richtigen Weg:

«Die höheren Götter sitzen auf der anderen Flurseite.» Ich lachte und bedankte mich bei ihm.

Die Sekretärin erkannte mich. «Ach ja, Herr Van Buitenen, wenn Sie noch kurz warten würden, Sie werden gleich hereingebeten.» Ich zögerte und wusste nicht genau, was ich tun sollte, aber die Zwischentür öffnete sich bereits und Michaele Schreyer trat heraus. Sie trug ein hübsches Kleid und einen wilden Haarschopf, der in alle Richtungen stand.

Nachdem sie einige Worte mit ihrer Sekretärin gewechselt hatte, sah sie mich kurz an, sagte etwas und ging zurück in ihr Arbeitszimmer. Ich schaute fragend zur Sekretärin, die mir signalisierte, ihr zu folgen. Ich betrat ein großes Büro und sah, dass noch ein Mann anwesend war. Frau Schreyer war zu einem ovalen Tisch gegangen. Ich ging auf sie zu und gab ihr die Hand.

«Paul van Buitenen.»

Schreyer setzte sich und sagte: «Herr Van Buitenen. Ja, Sie wollten doch mit mir über Ihr Buch sprechen, glaube ich? Nun ja, Sie werden verstehen, dass ich es kaum habe lesen können, aber Sie können mir doch einfach erzählen, wovon es handelt und warum Sie darüber mit mir sprechen wollen.»

Bevor ich antworten konnte, zeigte Schreyer auf den Mann, der mittlerweile neben ihr stand.

«Das ist Jürgen Streber. Er ist mein Kabinettschef. Vielleicht haben sie einander schon einmal gesehen?» Streber und ich schauten uns an und verneinten.

«Nun, ich kenne den Herrn Van Buitenen natürlich aus dem Fernsehen», sagte er dann mit einem Lächeln. «Aber nein, wir sind uns bislang noch nicht begegnet.»

Ich konnte die Gedanken von Streber wohl erahnen. Schreyer mochte vielleicht annehmen, dass Beamte sich untereinander kennen, aber ein Direktor von GD Haushalt* würde doch wirklich nicht Paul van Buitenen, dem kleinen Beamten aus dem Niemandsland, über den Weg laufen. Schreyer deutete an, dass wir uns nun setzen könnten.

«Ist es Ihnen recht, dass Herr Streber bei dem Gespräch zugegen ist?» Sie fragte das in einem Ton, der jede Alternative eliminierte. Ich beschloss, es nicht auf eine Probe ankommen zu lassen.

«Nein, natürlich, ich habe keine Geheimnisse.» Schreyer drehte sich dann suchend zu ihrer Sekretärin um, aber diese war nicht anwesend; während sie sich zurückwendete, blickte sie Streber an.

«Wissen Sie, ob Kaffee und Tee fertig sind?» Streber stand rasch auf und bat die Sekretärin hereinzukommen. Er wechselte schnell einige Worte auf Französisch mit ihr und fragte einen Vorübergehenden, ob ein bestimmtes Dossier schon abgeschlossen sei. Ich verstand ihn problemlos, merkte aber auch, dass Frau Schreyer keinerlei Ahnung von dem hatte, was da gesagt wurde. In diesem Moment wurde mir bewusst, dass Frau Schreyer wahrscheinlich von ihrem Kabinettschef enorm abhängig war.

Die Sekretärin brachte Tee und schloss beim Hinausgehen die Tür hinter sich. Wir saßen zu dritt am Tisch, Streber mir gegenüber und Schreyer neben uns.

«Was wollten Sie mir erzählen, Herr Van Buitenen?» Ich hatte ein Exemplar meines Buches mitgebracht und legte es auf den Tisch, als ob ich dadurch meine Gedanken ordnen würde.

«Frau Schreyer, ich habe dieses Buch geschrieben, weil ich dachte, dass es sein musste. Ich habe einiges dafür riskiert, aber ich musste einfach festhalten, was ich erlebt hatte.»

Schreyer blickte mich verständnisvoll an. «Herr Van Buitenen, das glaube ich gerne, und ich habe über Ihre Rolle in der Presse gelesen. Aber warum kommen Sie damit nun zu mir?»

Ich ließ meine Zurückhaltung weiter fallen und pochte mit einem Finger auf den Bucheinband.

«Dieses Buch ist nicht nur die Geschichte eines Whistleblowers, der beweisen muss, dass er Recht hat. In diesem Buch nenne ich mit Absicht eine Anzahl Beispiele, die noch immer, bis jetzt, und ungeachtet allen Traras, unzureichend untersucht wurden!» Ich schaute zwischendurch auch kurz eindringlich zu Streber. Er würde doch meine Botschaft und mein Anliegen begreifen?! Dieser Topbeamte, Ex-Direktor in der GD Haushalt und nun Kabinettschef der Kommissarin für Haushalt und

Haushaltskontrolle, musste wissen, dass ich nicht lockerlassen würde. Streber und Schreyer blickten einander an, und Schreyer sagte:

«Sie müssen doch wissen, wir führen Untersuchungen durch. Gerade zu diesem Zweck haben wir jetzt ein unabhängiges Untersuchungsamt, es kommt auch eine Reform der internen Kontrolle, all das wissen Sie doch?» Ich wollte etwas entgegnen, aber sie fuhr fort: «Solange die Untersuchungen stattfinden, kann ich hierüber keine Auskünfte geben, nicht nach außen und auch nicht in diesem Raum.»

Ich merkte, dass ich gegen eine Wand ansprach. Gegen besseres Wissen versuchte ich, sie dennoch davon zu überzeugen, dass zu wenig passiert.

«Herr Van Buitenen, Sie dürfen sich nicht so in der Vergangenheit festbeißen! Wir müssen unser Handeln auf die Zukunft ausrichten. Die Lektionen aus der Vergangenheit lernen, das ja, aber nicht zu jedem Preis jedes Detail wiederkäuen. An einem bestimmten Punkt muss man ein Buch abschließen können und an der Zukunft arbeiten.»

Ich schwieg und blickte zwischen Frau Schreyer und Jürgen Streber hin und her. An seiner Haltung sah ich, dass er das Gespräch als beendet betrachtete. Mit einer Ohnmachtsgeste hob ich die Hände und wandte mich erneut an Frau Schreyer:

«Sie dürfen mir nicht übel nehmen, was ich jetzt sage, Frau Schreyer, aber ich bin hierher gekommen mit der Überzeugung, dass jetzt, da wir eine Kommissarin einer Grünen Partei im Kollegium haben, zum ersten Mal anders reagiert würde. Sie hören sich aber genau so an wie all die anderen. Sie verstecken sich hinter Verfahrensregeln. Ich hatte gedacht, Sie würden mit Ihrem Herzen antworten, Frau Schreyer!»

Ich schaute sie intensiv an und sah zu meinem großen Erstaunen, wie mein Ausruf sein Ziel erreichte. Am Ende des Gesprächs hatte ich bei ihr zum ersten Mal einen wunden Punkt getroffen. Aus den Augenwinkeln sah ich, wie Streber ungeduldige Bewegungen machte, aber ich blickte weiterhin Frau Schreyer an. Sie beugte sich zu mir herüber und schaute mich direkt an:

«Sie denken doch nicht, dass ich – wenn alle Mitglieder des Kollegiums sich zurücklehnen und sich nicht rühren – mich dann berufen fühle, als Einzige Kopf und Kragen zu riskieren?» Sie setzte sich wieder aufrecht hin, und das Gespräch war abrupt zu Ende.

Ich bedankte mich bei ihr für ihre Zeit und ging nach draußen, noch halb betäubt von dem, was ich soeben hatte erleben dürfen. Ich musste ihr zugestehen, dass anscheinend doch etwas in ihr arbeitete. Keiner der anderen Kommissare hätte sich mir gegenüber derart offenbart.

Ungefähr zwei Jahre später, Ende 2001, sollte Frau Schreyer nochmals eine Entscheidung fällen, die von großem Mut zeugte ...

Doch gerügt worden
In der Zwischenzeit ging mein Disziplinarverfahren seinen Gang. Kurz vor der Publikation meines ersten Buches hatte ich noch ein Gespräch mit meinem Generaldirektor Jansen gehabt, der drauf und dran war wegzugehen. Es verlief mühsam. Jansen hatte sich den Kopf an mir eingerannt und mich nicht klein gekriegt. Er hielt mich daher an der kurzen Leine. Er ließ durchblicken, dass er, wenn ich auf bestimmte Abschnitte des Buches verzichten würde, für eine rasche Erledigung der Disziplinarangelegenheit sorgen könne. Auf einen Kuhhandel war ich aber nicht aus und wartete daher ab, was Jansens Nachfolger für mich tun konnte. Die Aussicht auf diesen Wechsel machte Hoffnung.

Gleich nach dem Antritt dieses neuen Generaldirektors Personal, des Deutschen Horst Reichenbach, hatte der Trubel um mich ein unerwartetes Ende. Als eines der ersten Dinge, die Reichenbach erledigte, lud er mich in sein Büro ein. Ich war mir nicht sicher, was ich davon halten sollte, aber zu meiner großen Verwunderung erklärte er, dass mein Disziplinarverfahren vorbei sei und ich nur eine relativ leichte Strafe bekäme. Reichenbach betrachtete die Angelegenheit damit als erledigt. Auch mein Buch kam zur Sprache. Ich erzählte Reichenbach, ich würde nach dem letzten, enttäuschenden Gespräch mit Jansen nicht mehr auf die Zustimmung der Kommission warten. Das Buch werde veröffentlicht, wie es ist. Reichenbach verwies auf die möglichen Folgen, schien aber ansonsten diesbezüglich keine schlaflosen Nächte zu haben. In einer freundlichen Atmosphäre verabschiedeten wir uns voneinander.

Das Resultat des Disziplinarverfahrens der Kommission gegen mich lautete wie folgt (gekürzt und frei übersetzt in «normales» Deutsch):

> *Am 10. Dezember 1998 wurde ein Disziplinarverfahren eingeleitet gegen Paul van Buitenen wegen Verstoßes gegen Artikel 12, §1 (Der Beamte darf seine Meinung nicht äußern, wenn dies seinem Amt schadet) und § 17 (Der Beamte muss alles geheim halten über seine Arbeit und alles, was er darüber weiß) im Zusammenhang mit der Weitergabe eines Berichts durch Van Buitenen an das Europäische Parlament am 9. Dezember 1998. Er wurde dazu am 11. Januar und am 16. April 1999 vernommen.*
>
> *Van Buitenen gibt zu, Berichte mit nicht überprüften Beschuldigungen weitergegeben zu haben. Diese nehmen Bezug auf strafrechtliche Angelegenheiten, die untersucht werden und bei Gericht liegen. Er hat damit die Vertraulichkeit verletzt, die an laufende strafrechtliche Verfahren gekoppelt ist und zu der auch die Unschuldsvermutung bei Beamten gehört.*
>
> *Van Buitenen hat ohne Zustimmung Aussagen, Fakten und Meinungen über diese Dinge nach außen gegeben und damit seine Verpflichtung zur Geheimhaltung verletzt.*
>
> *Als mildernde Umstände gelten, dass Van Buitenen die Informationen an ein Mitglied des Europäischen Parlaments verschickt hat, und die Tatsache, dass die Verordnungen in Bezug auf Vertraulichkeit nicht auf dem aktuellen Stand waren.*
>
> *Die Europäische Kommission beschließt daher, Van Buitenen mit einer Rüge zu bestrafen. Beschlossen zu Brüssel, 4. Oktober 1999. Gezeichnet: H. Reichenbach, E. Landaburu und S. Smidt.*

Obwohl es schön war, dass sich damit das Disziplinarverfahren erledigt hatte, war ich mit der Entscheidung und den Abwägungen überhaupt nicht einverstanden. Es wurmte mich zudem, wie Kommissar Kinnock in den Medien und im Parlament das

Resultat als eine ehrliche und richtige Entscheidung pries. Ich fühlte mich wie jemand dargestellt, der zwar ein Verbrechen begangen hatte, aber zufällig noch einmal davongekommen war – weil die Verordnungen noch verschärft werden mussten.

Die Dinge, die – wie es hieß – bei Gericht lagen, hatten sich in Wirklichkeit totgelaufen. Ich wollte ja gerade ans Licht bringen, dass man ernste Missstände einfach verjähren ließ. Außerdem arbeitete die Europäische Kommission bei verschiedenen Untersuchungen nur unzureichend mit. «Bei Gericht» bedeutete in Wirklichkeit «unterm Teppich». Mein Engagement brachte lediglich die festgefahrenen Dinge wieder in Bewegung.

In dem Beschluss behauptete die Kommission auch, dass ich die Unschuldsvermutung nicht respektiert hatte. Aber ich hatte niemanden mit Vor- und Nachnamen beschuldigt: Alle Namen hatte ich aus meinem Schriftstück entfernt. Die beigelegten Berichte wurden sehr vertraulich behandelt. Einige Parlamentsmitglieder waren sogar verunsichert, weil es durch diese Maßnahmen so viel Mühe machte, die Unterlagen zu bekommen. Mein Bericht schaffte die Grundlage für neue strafrechtliche Untersuchungen. Und damit erlosch meine Verpflichtung zur Geheimhaltung. Und zu guter Letzt wurden meine Behauptungen inhaltlich noch einmal zum großen Teil durch die beiden Berichte des Rats der Weisen bestätigt.

Wirklich zufrieden konnte ich mit dieser Rüge demnach nicht sein. Der Überbringer der schlechten Nachricht wurde hier für schuldig erklärt!

Ein Theaterspiel
An dem Tag, als mein Buch veröffentlicht wurde, am 11. Oktober 1999, gab Neil Kinnock als Vizepräsident der neuen Europäischen Kommission eine offizielle Erklärung für die Presse ab. Gegenstand dieser Erklärung war mein Buch. Kinnock gab zu Protokoll, seine Priorität sei es, Unregelmäßigkeiten aufzudecken und tatkräftig gegen sie einzuschreiten, ungeachtet der betroffenen Personen. Er erläuterte, dass dies sorgfältig geschehen müsse und dass es Zeit erfordere, juristisch verwertbare Ergebnisse zu erreichen. Kinnock behauptete, die Publikation meines Buches behindere laufende Untersuchungen. Er hatte es zur Analyse an das «unabhängige» EU-Betrugsbekämp-

fungsamt OLAF* weitergegeben. In einem Atemzug ergänzte er, OLAF werde mich auf seine Bitte hin nach ergänzendem Beweismaterial fragen. Ferner verwies Kinnock auf die Tatsache, Beamte der Kommission könnten sich durch mein Buch diffamiert fühlen. Falls das zu Schadensersatzforderungen führen sollte, könnten sie die Kommission um juristische Hilfe bitten. Dies würde die Kommission, und damit natürlich auch die Steuerzahler, viel Geld kosten.

Ich war fassungslos, als ich von dieser Erklärung hörte und später den Text las. Kinnock ließ es so aussehen, als müssten die Unregelmäßigkeiten erst noch entdeckt werden. Als ob OLAF die Unterlagen nicht schon längst hätte! Es hatte ja schließlich alles damit begonnen, dass all diese Untersuchungen ins Laufen kamen, aber nie konkrete Folgen hatten! Es ging um Untersuchungen, auf deren Ergebnisse man bereits seit Jahren wartete. Zudem beschrieb Kinnock OLAF als ein unabhängiges Kontrollamt, obwohl dieses Betrugsbekämpfungsamt voll und ganz in die Kommission eingebettet war – es konnte deshalb gar nicht unabhängig arbeiten. Das alles hatte ich in meinem Buch gezeigt. Nicht aus Effekthascherei oder Sensationslust, sondern um endlich einen Wandel in der Tolerierungskultur der Kommission anzustoßen. Und die konnte die Kopie des Manuskripts einen Monat lang einsehen. Die verschiedenen Aufforderungen, Änderungen am Text vorzunehmen, die mich in dieser Zeit erreichten, habe ich auch berücksichtigt.

Wirklich böse wurde ich darüber, dass Kinnock suggerierte, ich würde dem Steuerzahler aufgrund der juristischen Verfahren von Beamten Kosten verursachen. Wieso sollte die Kommission ihnen juristische Hilfe bezahlen, wenn sie gegen mich einen Rechtsstreit anfingen? Zudem hatte ich vorausschauend die Identität der Personen in meinem Buch maskiert. Kinnocks Anschuldigung lenkte die Aufmerksamkeit von den Kosten ab, die der EU bereits durch Betrug und Filz entstanden waren.

Und dieser Mann sollte die Reformen in Europa in die Hand nehmen? Da sah ich schwarz.

Kinnocks Kälte
Neil Kinnock war auch der Kommissar, der neue Verordnungen für Whistleblower in der Europäischen Kommission einbrachte.

Ende November 1999 hielt er eine Pressekonferenz in Den Haag ab. «Ich bin nicht begeistert vom Whistleblowing. Ich möchte keine Kakophonie von Alarmglocken oder eine Atmosphäre übergroßer Kontrolle», so begann er seine Ansprache. «Aber alte Reste erstarrter Bürokratie müssen beseitigt werden.»

In seiner Argumentation kamen Whistleblower schlecht weg. Man wurde den Eindruck nicht los, dass nicht die Missstände, sondern das Whistleblowing jener, die die Missstände beim Namen nennen, bekämpft werden müsse: «Manche Menschen sind Whistleblower aus Protest. Das geschieht aus Groll oder bloßer Schlechtigkeit. Beamte der Kommission brauchen Richtlinien, wie sie sich verhalten sollen, intern und gegenüber der Öffentlichkeit. Wir haben zu diesem Zweck nun einen amtlichen Verhaltenskodex entwickelt. Lassen Sie es uns nicht übertreiben, das öffentliche Interesse darf keine Entschuldigung sein für Sensationssucht. Durch die Einrichtung des unabhängigen Betrugsbekämpfungsamts OLAF besteht nun ein externer Meldungskanal. Nur wenn diese Meldungskanäle genau eingehalten werden, ist der Schutz gewährleistet. Vielleicht sollte auch die Meldung beim Vorsitzenden des Parlaments möglich sein.»

Anschließend eröffnete Kinnock das Feuer direkt auf mich.

«Enthüllungen, die laufende Untersuchungen behindern, werden nicht geschützt. Dies möchte ich gerne mit der Angelegenheit Paul van Buitenen illustrieren. Van Buitenen wurde mitgeteilt, dass die Dinge, die er melden wollte, in der Untersuchungsphase seien. Indem er diese Dinge trotzdem meldete, brachte er laufende Untersuchungen in Gefahr. Auch wenn Van Buitenen frustriert war und in die existierenden Verfahrensweisen wenig Vertrauen hatte – indem Vertraulichkeit aufgehoben wird, blockiert er möglicherweise die Bestrafung von Missständen. Wenn die Rechte der Verteidigung beschädigt werden, geht der Whistleblower zu weit. Van Buitenen wurde daher bestraft, wir hatten keine andere Möglichkeit. Es gab aber mildernde Umstände, denn die Vorschriften waren nicht sehr deutlich. Die neuen Verordnungen rund um OLAF befanden sich bereits in der Entwicklungsphase, als Van Buitenen mit seinen Enthüllungen kam. Van Buitenen hätte dann auch mit dem Material in seinem jüngst erschienenen Buch zu dieser Instanz gehen müssen. Damit hätte er etwaige Schadensersatzforderungen abwenden können; Forderungen an die Kommission kosten den Steuerzahler Geld.»

Diese seine Lieblingsthemen kamen mir mittlerweile bekannt vor.

Eine Falle für Whistleblower
Tja, und dann kam die Glanznummer: Neil Kinnock würde alles verändern. «Meine Reformen werden die Kommission aus der Isolation und der starren Bürokratie reißen, die in vierzig Jahren entstanden sind. Die neue Offenheit und Flexibilität werden die Beamten der Kommission in die Lage versetzen, ihre Qualitäten zu entwickeln und neues Vertrauen von den europäischen Bürgern zu gewinnen. Solch eine Veränderung ist tiefgehend, wichtig und alle Mühe wert, also sollten wir schnell voranschreiten.»

Kinnock brüstete sich mit der Einführung zahlreicher neuer Verordnungen und Abläufe, die ihm zufolge alles verbesserten. Aber da lag nicht das eigentliche Problem. Natürlich können Verordnungen immer noch verbessert werden, aber bereits durch die richtige Befolgung der bestehenden alten Verordnungen hätten die Unregelmäßigkeiten verhindert werden können. Neue Verordnungen geben keinerlei Garantie, dass es nun plötzlich besser wird. Kinnock präsentierte Scheinlösungen, ohne das Problem wirklich anpacken zu wollen. Und im Vorübergehen schnappte er mich: Ein Prügelknabe musste her.

Was hatte er an den Verordnungen für Whistleblower verändert? De facto gar nichts. Anstatt Schutz und Sicherheit zu bieten, schienen die neuen Regeln eher darauf abzuzielen, den Whistleblower zu entmutigen und ihn so lange wie möglich unter Kontrolle zu halten. Noch immer müssen Beamte, die in Gewissenskonflikten sind, zu ihrer eigenen Hierarchie oder zum internen Betrugsbekämpfungsamt OLAF gehen. Die Kommission konnte neue Whistleblower jetzt viel härter anpacken – unter dem Deckmantel, dass nun alles klar geregelt war.

Die Verordnungen boten also nur eine Scheinsicherheit: Denn der Whistleblower wurde quasi in eine Falle gelockt. Eigentlich handelte es sich also gar nicht um eine Schutzvorrichtung. Kinnock sagt zwar, er habe sich auf die Gesetzgebung in England gestützt, aber auch das ist Trug. Von den Empfehlungen der englischen Organisation «Public Concern At Work» (PCAW*), die Kinnock für seine Verordnung konsultiert hatte, war nichts zu entdecken. «Public Concern At Work» hatte in Großbritannien hart an einer Regelung für Whistleblower gearbeitet; daraus resultierte schließlich die einzige Verordnung für Whistleblower in Europa, die ihren Namen auch wert ist, nämlich der «Public Interest Disclosure Act» (PIDA*).

Mich überraschte Kinnocks Auftritt. Da gab es keine Verbesserungen, im Gegenteil: Es war höchste Zeit, das Beamtenrecht an diesem Punkt zu modernisieren, wobei nicht so sehr die Schweigepflicht, sondern eher die Sprechpflicht Ausgangspunkt sein sollte. Für die englische Übersetzung meines Buches schrieb ich noch schnell ein ergänzendes Kapitel mit einer ersten Reaktion auf den Verlauf der Reformen der Kommission, für die Kinnock verantwortlich war. Anstatt die Empfehlungen des Rats der Weisen als Orientierungshilfe zu nehmen, hatte Kinnock in meinen Augen einen völlig überflüssigen neuen Plan entworfen. Innerhalb der Kommission wurde viel Theater um die ausführliche Befragung des Personals gemacht, aber in der Praxis machte das nicht viel her. Schlimmer noch: Von Kollegen bei GD Forschung hörte ich, dass sie von einem Topbeamten – von dem jeder wusste, dass er einer der Hauptverdächtigen in der Sache Cresson war (!) – aufgefordert worden waren, innerhalb eines halben Tages sowohl den Plan zu studieren als auch einen Kommentar dazu abzugeben. Als mir jemand den Beweis hierfür zuschickte, musste ich plötzlich so unkontrolliert lachen, dass mein Kollege aus dem Nachbarzimmer kam und fragte, was denn los sei.

Wahl zum Betriebsrat

Genau wie große Unternehmen hat auch die Europäische Kommission einen gewählten Betriebsrat. In dieser Periode fanden zufällig wieder Wahlen statt, und meine Gewerkschaft R&D – Renouveau & Démocratie (Erneuerung und Demokratie) fragte mich, ob ich als Kandidat zur Verfügung stehe. Bei der Vorstandssitzung, zu der man mich eingeladen hatte, wurde der Vorschlag von verschiedenen Seiten unterstützt. Für einen Moment schien ein Konflikt vorzuliegen, da einige Leute Angst hatten, dass mein Platz auf der Liste zu privilegiert sein könnte. Ich klärte das rasch auf. Ich willigte ein, zu kandidieren, aber nur weit unten auf der Liste und dann auch noch gemeinsam mit einem unbekannten Kollegen. Niemand hatte etwas einzuwenden, und schließlich setzte mich die Gewerkschaft auf Platz 25 von dreißig möglichen. R&D rechnete nur mit fünf oder sechs Sitzen. Ich betrachtete meine Kandidatur als gute Gelegenheit, zu überprüfen, ob es unter den Kollegen noch eine Unterstützung für meine Anwesenheit bei der Kommission gab.

Die Wahlperiode brach an, und meine Gewerkschaft profilierte sich kritisch in Hinblick auf Kinnocks erste Reformvorschläge. Renouveau & Démocratie gab ein Flugblatt heraus, das klarstellte, wo diese Reformen von den Vorschlägen des Rats der Weisen abwichen. Ein Beispiel ist die Einrichtung der internen Revisionsabteilung in der Kommission. Lange bevor die neue Abteilung ihre Tätigkeit aufnehmen konnte, wurde die alte Revisionsabteilung, zu der ich gehörte, schon aufgelöst. Und diese Abteilung war natürlich der Club gewesen, der beinahe alle Unregelmäßigkeiten, die so viel Furore gemacht haben, ans Licht gebracht hatte. In meinen Augen scheint es sich um eine Abrechnung durch die alte Clique zu handeln, die dort noch immer sitzt, trotz der neuen Kommission.

Diesen Eindruck vermittelt auch ein Artikel aus der Wochenzeitschrift «stern». Die formelle Kontrolle, die einer Zahlung vorausging, war ab jetzt von dem abhängig, der auch den Auftrag für dieselbe Zahlung gegeben hatte. Damit verschwand eine unabhängige Prüfung. Noch wichtiger: Die Aufgaben der neuen internen Revisionsabteilung, die für die Prüfung der Zahlungen im Nachhinein zuständig war, wurden eingeschränkt. Die Kommission übernahm auch nicht alle Empfehlungen, die vorher von den unabhängigen Experten gemacht worden waren. So berichtete die Revisionsabteilung nicht an Prodi, sondern an Kinnock. Auch lag der Schwerpunkt auf der Durchführung normaler Systemkontrollen, während meines Erachtens auch Stichproben und besondere Tiefenuntersuchungen explizit zum täglichen Handwerk der internen Revisionsabteilung gehören sollten.

Da ich weit unten auf der Kandidatenliste stand und rund um die Präsentation meines Buches noch viele andere Dinge im

Kopf hatte – außerdem die Sorgen über meine Zukunft –, beschloss ich, keinen Wahlkampf zu führen. So ging die Wahlperiode an mir vorbei.

Nach einer Weile wurde das Ergebnis der Wahlen für den Betriebsrat bekannt gegeben. Zu meiner großen Überraschung hatte ich von allen Kandidaten auf unserer Liste mit Abstand die meisten Stimmen bekommen.

Dies bestärkte mich, doch weiterhin innerhalb der Kommission zu arbeiten. Offensichtlich gab es eine zuverlässige und ausreichende Unterstützung unter den Kollegen – solange sie anonym ihre Stimme sprechen lassen dürfen! Das Ergebnis machte mich froh. Was für eine Blitzkarriere!

Konfrontation mit Kinnock
Am 14. Februar 2000, einem Montag, kam es zu einer Planungsversammlung mit Vertretern der Beamtengewerkschaften und dem Kommissar, der für Personalangelegenheiten zuständig war. Mit Neil Kinnock also. Dieser Gedankenaustausch fand regelmäßig statt, aber dieses Mal standen unter anderem Kinnocks neue Vorschläge für interne Disziplinarverfahren und die Whistleblower-Regelung auf der Tagesordnung. Als jemand, der durch eigene Erfahrung zum Spezialisten geworden war, hatte die Gewerkschaft mich eingeladen, zur Versammlung mitzugehen. Während ich mit den anderen Vertretern von Renouveau & Démocratie, Franco, Christiano und Erica, zum Versammlungsraum unterwegs war, warnten sie mich vor Kinnock und legten mir ans Herz, mich auf keinen Fall von ihm provozieren zu lassen. Ich reagierte ein wenig spöttisch, ein Europäischer Kommissar und Vizepräsident der Europäischen Kommission würde doch nicht einen einzelnen kleinen Beamten provozieren wollen, oder? Etwas unsicher wurde ich dennoch: Sie waren schon viel öfter bei solchen Treffen gewesen, und die Warnung war vielleicht nicht vollends aus der Luft gegriffen.

Die Versammlung begann. Ich hörte zu und achtete auf die Anwesenden. Kinnock ignorierte mich, und Reichenbach, mein Generaldirektor Personal, nickte mir zu. Nach einer Weile stand der Tagesordnungspunkt Disziplinarverfahren an. Kinnock hielt eine obligatorische Einleitung und sprach in höchsten Tönen von seinen Reformmaßnahmen. Anschließend wurde festgehalten, wer dazu etwas sagen wollte. Auch ich reckte meine Hand, und mein Name wurde auf die Liste mit Wortmeldungen gesetzt.

Als ich endlich an der Reihe war, legte ich sofort los. «Herr Kinnock, gerne möchte ich Sie darauf hinweisen, dass nicht die Verordnungen das Problem darstellen, sondern ihre Anwendung. Meines Erachtens werden die heutigen Disziplinarverfahren in der Kommission missbraucht. Vor allem die Maßnahmen Suspendierung und Gehaltsabzug scheinen auf eine sehr eigenartige Weise angewandt zu werden.»

Kinnock machte eine ungeduldige Geste, und ich fuhr rasch fort. «Ich möchte auf die Tatsache hinweisen, dass zur Zeit gegen zwei hohe Beamte eine Untersuchung wegen Beteiligung bei Dokumentenfälschung im Gange ist. Diese Beamten laufen allerdings gut gelaunt umher und genießen nach wie vor ihr hohes Gehalt.»

Kinnocks Laune verschlechterte sich zusehends, aber ich fuhr immer noch fort. «Darf ich Herrn Kinnock daran erinnern, dass in jüngster Vergangenheit ein niedriger Beamter unmittelbar suspendiert und sein Gehalt halbiert wurde, als er Dokumente an das Europäische Parlament und an den Rechnungshof* weitergab?» Ich stoppte und schaute mich kurz um. Jeder wusste, dass ich von *mir* sprach. «Darum», so schloss ich, «möchte ich Sie darauf hinweisen, dass Sie zwar so tun können, als ob Ihre neuen Verordnungen die Angelegenheit regeln, aber da liegt das Problem überhaupt nicht.»

Nach der Fragerunde folgten die Antworten von Kinnock. «Werte Vertreter des Personals, ich bin davon überzeugt, dass beinahe jeder an diesem Tisch mir zustimmt, dass die Beamten der Europäischen Kommission eine fantastische Leistung erbringen.» Kinnock ließ seinen Blick umherschweifen. «Trotz der permanenten Kritik in der Presse bezüglich der Arbeit der Europäischen Kommission kann ich immer auf eure Loyalität zählen. Aber eines muss ich nun doch ansprechen. Grund hierfür ist ein aktueller Artikel, den ich in einer schwedischen Zeitung fand.» Kinnock wies dabei auf eine Mappe, die vor ihm lag. «Eine von den Personen, die bei dieser Versammlung anwesend sind, erklärt dort in einem Interview, dass Tausende Beamte in Betrügereien verwickelt sind. Solche Aussagen finde ich wirklich unter jedem Niveau!» Kinnock blickte mich entrüstet an.

Mein Herz schlug bis zum Hals. Worüber sprach er, in Gottes Namen? So etwas kann ich niemals gesagt haben. Der Rest im Raum folgte Kinnocks Blick und schaute zu mir. Ich fühlte mich genötigt, mich zu verteidigen. «Wen meinen Sie damit, Herr Kinnock?»

Erica, die neben mir saß, hielt meinen Arm fest und versuchte, mich zu beruhigen. «Ich bin sehr enttäuscht, Herr Kinnock, dass Sie eine solche Bemerkung in dieser Versammlung machen, denn ich bin ganz sicher, dass die betreffende Person dergleichen nie gesagt haben kann.»

Kinnock beugte sich näher zum Mikrofon: «Herr Van Buitenen, Sie scheinen zu wissen, über wen ich spreche. Möchten Sie die Person, die das Interview gegeben hat, nicht vorstellen?»

Ich wusste nichts von einem Interview und konnte mir nicht denken, dass irgendjemand von *Tausenden Beamten* der Kommission reden würde, die Betrug begehen. Die meisten Beamten waren ja gerade *zu* linientreu. Kinnock setzte seine Diskussionskompetenz und seine Autorität ein, um mich schlechtzumachen. Ich fühlte, wie eine enorme Wut in mir aufstieg. Verschiedene Anwesende der anderen Gewerkschaften riefen mir empört etwas zu und zeigten auf mich. Zwischenzeitlich konnte man niemanden mehr verstehen. Ich war geschockt und konnte kein Wort mehr sagen.

Die Versammlung kam wieder zur Ruhe und wurde ganz normal fortgesetzt. Zitternd vor Ohnmacht saß ich auf meinem Stuhl. Durch einen einfachen Trick von Kinnock war meine Glaubwürdigkeit in den Augen meiner Kollegen dahin. Doch ich versuchte den Vorfall zu verdrängen, denn nun wurde das für mich wichtigste Thema abgehandelt, die neuen Vorgehensweisen für Whistleblower.

Kinnock begann mit seiner üblichen Lobrede auf die neuen Verordnungen, die alles besser machen und genauer regeln würden. Die Worte Verantwortung, Loyalität und Zuverlässigkeit reihten sich aneinander. Er verwies auf seine Ansprache in Den Haag. Mein Ärger darüber nahm spürbar zu. Dieses Mal ging er noch einen Schritt weiter: «Ich möchte die Anwesenden daran erinnern, dass die Aktionen von Whistleblowern nie dazu dienen dürfen, die Zeitungsauflage zu erhöhen oder laufende Verfahren zu erschweren.»

Das ging wieder gegen mich! Erst zu diesem Zeitpunkt wurde mir bewusst: Kinnock wollte mich auf diese Weise unschädlich machen. Ich tat mein Bestes, um ruhig zu bleiben.

In der nächsten Runde äußerte ich meine Bemerkungen. «Wie ich schon öfter gesagt und geschrieben habe, bieten die Vorschläge von Herrn Kinnock keine Lösung. Whistleblower werden nicht geschützt. Seine Vorschläge zielen auf interne Verfahren und legen starre Abläufe fest, denen der Whistleblower folgen muss. Dies legt ihn an die Kette und macht ihn kontrollierbar. Viel besser wäre es, wenn sich Herr Kinnock ein Beispiel nehmen würde an der Gesetzgebung seines eigenen Landes, eingereicht von seiner eigenen Labour Party*. Dort werden keine starren Abläufe vorgeschrieben, sondern es wird eine ganz andere Herangehensweise praktiziert. In England arbeitet man mit Kriterien, mit denen man im Nachhinein prüft, ob der Whistleblower verantwortlich gehandelt hat. So ist der Whistleblower frei in seiner Entscheidung, wo er den Alarm auslöst. Jedoch: Je folgenreicher die Aktion ist, desto genauer fällt nachher die Prüfung der Verantwortlichkeit aus. In den Vorschlägen von Kinnock wird suggeriert, dass Whistleblowing zu einer Kultur des Misstrauens führen kann. Zudem koppelt er Loyalität an Diskretion. So suggeriert er außerdem, dass Loyalität und das Hinweisen auf Missstände miteinander im Streit liegen. Das ist nicht nur falsch, das ist irreführend! Herr Kinnock spricht immer über die beste Praxis, an die er anknüpfen will. Na, dann haben Sie ja noch einen weiten Weg zurückzulegen. In Schweden beispielsweise ermöglicht das Transparenzprinzip – das gesetzlich festgehalten ist – den Beamten, sich direkt an die Presse zu wenden. Und wenn man dort versucht, die Quellen eines Journalisten aufzudecken, macht man sich strafbar. Herr Kinnock, trotz all dem, was Sie sagen, sehen Sie Whistleblower allenfalls als notwendiges Übel, nicht als unverzichtbares Mittel.»

So, das war gesagt. Aber wenn ich tatsächlich gehofft hatte, damit irgendetwas zu erreichen, so wurde diese Hoffnung prompt von Kinnock zerstört. Denn auch hierauf hatte er eine Antwort vorbereitet: «Wie ich bereits ausführte, bin ich mit meinen Vorschlägen schon sehr weit gegangen, um Whistleblower zu schützen. Auf diesem Hintergrund möchte ich eine Anekdote erzählen ... Ich habe die Vorschläge nämlich auch mit Parlamentsmitgliedern aus Südeuropa besprochen. Einer von ihnen berichtete, was er in der Diktatur erlebt hatte. Whistleblowing war dort ein beliebtes Mittel der Diktatoren, um ihre Gegner unter Kontrolle zu halten. Ich glaube, das sagt genug.»

Kinnock schloss seine Mappe mit den Unterlagen. Hier und dort wurde gekichert.

Auf dem Rückweg von der Versammlung ging Christiano an meiner Seite. «Ich hatte dich gewarnt, Paul. Du darfst dich von ihm nicht so auf die Palme bringen lassen! Wenn du darauf anspringst, kannst du nicht mehr mit zu solchen Treffen kommen.»

Ich schaute Christiano verärgert an. «Das ist unglaublich! Du kannst doch von mir nicht wirklich erwarten, dass ich auf so etwas vorbereitet bin? Dutzende Artikel erscheinen in der Presse über mich, und ich kann nicht alles korrigieren, was da über mich geschrieben wird.»

Christiano schaute mich mitleidig an. «Paul, darum geht es überhaupt nicht. Kinnock nutzt alles, was er kriegen kann, um dich auf die Palme zu bringen. Er schaltet dich damit ganz einfach aus.»

Frustriert lief ich weiter, und es wurde mir wieder bewusst, dass Kinnock das wahrscheinlich schon *vor* der Versammlung arrangiert hatte – mit dem Ziel, mich persönlich zu verletzen und zu eliminieren.

Alles in allem blieb ein übler Beigeschmack. Indem ich den Alarm ausgelöst hatte, wurde zwar etwas in Gang gesetzt, doch so langsam aber sicher nahm die Kommission wieder Kurs auf die alten Gewohnheiten. Ich persönlich war in einer außergewöhnlich unangenehmen Situation gelandet. Abgeschoben auf einen sinnlosen Posten, gerügt und gebrandmarkt.

Mein Schicksal stand im schrillen Kontrast zu beispielsweise dem von Herrn Trovato. Obwohl er eine äußerst angreifbare Rolle in der GD Bildung gespielt hatte, war er kurz vor seiner Pensionierung aufgestiegen zum stellvertretenden Generaldirektor, um als Nächstes wieder als spezieller Berater im Kabinett von Frau Reding aufzutauchen. Und wirklich sprachlos machte mich die Benennung eines Saales in einem der neuen Kommissionsgebäude nach ihm.

Nochmals «Leonardo»
Inzwischen war die x-te Untersuchung in der Sache Leonardo eingeleitet worden. Ein stellvertretender Generaldirektor, Jonathan Faull, leitete die Untersuchung. Ich wurde befragt und gab detailreiche Fakten zur Geschichte der Kontrollen bei Leonardo weiter: die internen Meldungen, der Unwille, Kontrollberichte einzubeziehen, die Fehler zu Beginn der Überprüfungen. Zu guter Letzt, so berichtete ich, war mir signalisiert worden, dass ich bezüglich der Missstände keinerlei Meldungen mehr machen müsse. Als Dokumente verschwunden waren, wurde nichts dagegen unternommen. Kontrolliert wurde nur der externe Vertragspartner. Die Kommissionsmitglieder selbst – GD Bildung und das Kabinett von Cresson – dürften nicht in die Untersuchung einbezogen werden, so hieß es ...

Faull und sein Assistent waren mit den wichtigsten Schriftstücken und Kontrollberichten nicht vertraut. Ich versprach, die Dokumentation nachzuliefern. Mein Rat lautete, weitere Kontrolleure zu befragen. Ich berichtete von der Gegenwehr, auf die ein Kontrolleur, ein Kollege, gestoßen war, und von den Schwierigkeiten, einen Bericht schließlich offen zu legen.

Faull und sein Assistent bekamen alles zu hören, was ich wusste oder vermutete.

In seiner Gesamtheit war das eine brauchbare Basis für eine Untersuchung, dachte ich. Wieder hatte die Hoffnung Nahrung bekommen, dass nun endlich eine gründliche Untersuchung zu den Missständen beim Leonardo-Programm kommen werde. Jonathan Faull machte einen seriösen Eindruck. Als ich das später bei einer Tasse Kaffee einigen ehemaligen Kollegen von der GD Bildung erzählte, erntete ich jedoch nur mitleidige Blicke.

Alle Papiere, die ich Faull hinsichtlich der Untersuchung zum Leonardo-Dossier versprochen hatte, reichte ich ein. Darunter befand sich sogar eine detaillierte Übersicht aller mir bekannten Fakten, die ich ehemals vertraulich für den Rat der Weisen erstellt hatte. Mit derart vielen Daten und Hinweisen war es unmöglich, dass Faull die Probleme nicht ans Licht brachte ...

Richtig begeistern konnte ich mich aber nicht mehr dafür. Ich erzählte Faull, dass ich noch mehr Material zur Verfügung stellen könne, er brauche nur darum zu bitten. Ich hatte einfach nicht mehr die Energie, selbst dahinter her zu sein. Ich war müde.

3

Deckung suchen

Mit meinem Job war ich schon seit einiger Zeit auf dem Abstellgleis gelandet. Ich fing an, mich nach einer Stelle umzuschauen, wo ich mich wieder nützlich machen konnte. Zuerst wollte ich etwas außerhalb der Kommission suchen, aber die Wahl in den Betriebsrat hatte mir Mut gemacht. Obwohl ich nun eine gebrandmarkte Person war, hatten viele Kollegen auf diese Weise gezeigt, dass sie hinter mir standen.

Die Bewerbungen brachten nicht viel, aber das war auch zu erwarten gewesen. Zunächst versuchte ich noch, den Schritt vom Beamten der Europäischen Kommission zum Angestellten beim Europäischen Parlament zu machen. Das war nicht einfach. Eines der ersten Bewerbungsgespräche für eine freie Stelle bei der Finanzkontrolle im Europäischen Parlament verlief mühselig. Dann probierte ich es mit der bewährten Brüsseler Methode: Mit den richtigen Bekannten klappt alles. Durch die Vermittlung des Europaabgeordneten Michiel van Hulten gelang es, einen Termin mit Julian Priestley, dem Generalsekretär des Europäischen Parlaments, zu vereinbaren. Meinen besten Anzug holte ich dafür aus dem Schrank. Priestley war ein vielbeschäftigter Mann, das Gespräch würde kurz und konzentriert sein müssen.

Priestley empfing mich freundlich, jedoch distanziert. Ich legte dar, dass ich gerne beim Parlament arbeiten wolle, vorzugsweise bei der Finanzkontrolle. Eine Übernahme unter Beibehaltung des Beamtenstatus wäre ganz einfach; Priestley wusste das – und er kannte sich besser aus als ich, wie das zu regeln war. Er reagierte allerdings sehr förmlich. Wie er sagte, könne er sich nicht um Bewerbungsprozesse kümmern, er werde aber höchstpersönlich darauf achten, dass die Verfahren korrekt ablaufen.

Wie ich dann schon erwartet hatte, wurde ich nach ein paar Wochen abserviert.

Nur weg aus Brüssel!
Meine Sehnsucht, aus Brüssel wegzugehen, wurde größer. Meine Frau Edith und ich wollten alles stehen und liegen lassen und einen neuen, unbelasteten Anfang vollziehen. Seit ich mit all meinen Dossiers zum Europäischen Rechnungshof gegangen war, hatte ich hilfreiche Ratgeber. Wenn ich mit Beurteilungsproblemen über einem Dossier saß, legte ich ihnen das schon einmal vor. Und jedes Mal bekam ich einen nützlichen Rat.

Ich hatte großes Vertrauen, dass eine Versetzung nach Luxemburg möglich war. Hin und wieder wurden «lästige» Beamte aus Brüssel weg nach Luxemburg versetzt, und wenn ich jetzt sogar selbst darum bat ...

Franco gegenüber, dem Vorsitzenden meiner Gewerkschaft R&D, ließ ich durchblicken, dass eine Aufgabe in Luxemburg für mich keine Strafe wäre. Er versprach mir, dies einmal bei der Personalabteilung anzustoßen. Was da genau besprochen wurde, weiß ich nicht, aber bereits innerhalb weniger Wochen fand ein erstes Treffen mit Robert Coleman statt, dem Generaldirektor der GD SANCO. Das ist die GD, die sich mit Gesundheit und Verbraucherschutz beschäftigt. In Luxemburg hatte diese Direktion zwei freie Stellen. Das Gespräch verlief freundlich, aber selbstverständlich erkundigte sich Coleman, was ich in Luxemburg vorhatte: einfach arbeiten oder allerlei andere Sachen?

Herr Coleman empfing mich freundlich. «Kommen Sie herein, Herr Van Buitenen.» Ich gab ihm die Hand, und er lud mich mit einer Geste zum Sitzen ein. Sein Büro war ein Eckraum in dem Gebäude und hatte viele Fenster, das Standardzimmer eines Generaldirektors. «So, ich habe gehört, dass Sie an einer Stelle in Luxemburg interessiert sind?»

Ich griff noch eben an meine Krawatte. «Ja, meine Frau und ich möchten gerne Abstand von Brüssel gewinnen, und es schien uns eine gute Idee, nach Luxemburg umzuziehen.»

Coleman verstand das, und er stellte ein paar Fragen zu meinem Lebenslauf. Dann sah er mich an:

«Sie wissen natürlich selbst nur zu gut, dass Sie eine bestimmte Reputation mit sich herumtragen. Wenn ich Sie hier beschäftige, dann muss ich mich darauf verlassen können, dass jeder Hinweis auf Unregelmäßigkeiten mir persönlich gemeldet wird und die Sache kein Eigenleben führen wird.» Ich hob meine Hände in Unschuld.

«Herr Coleman, ich habe nie hinter dem Rücken meiner Vorgesetzten gehandelt. Sie wussten jeweils, woran ich arbeitete. Aber ich verstehe Ihre Bedenken durchaus, über mich machen allerlei Geschichten die Runde, das ist mir schon klar.» Coleman strich sich über das Kinn.

«Herr Van Buitenen, im Prinzip möchte ich Ihnen gern eine Stelle bei meinem Ressort in Luxemburg anbieten, denn ich habe großes Vertrauen in die dortige Arbeitsweise. Es gibt allerdings momentan einen beträchtlichen Zahlungsrückstand; das ist also gleich eine Herausforderung für Sie, sich richtig in die Arbeit zu knien. Aber ich würde mich besser fühlen, wenn ich einen konkreten Beleg hätte, dass Sie tatsächlich einen neuen Anfang machen wollen.»

Ich verstand nicht sofort, was er meinte. Langsam ging mir aber ein Licht auf.

«Sie möchten eine Art Erklärung von mir, in der ich versichere, alle Sachen, bei denen ich Einwände habe, immer in meiner Hierarchie und gegebenenfalls bei Ihnen selbst zu melden?»

Coleman nickte bestätigend.

«Das wäre für mich ein Zeichen guten Willens, ja.»

Ich hatte damit kein Problem.

«Das ist gut. Ich werde Ihnen dann einen entsprechenden Brief zukommen lassen.» Beschwingt verließ ich sein Büro. Es sah ganz danach aus, dass es mit der Versetzung nach Luxemburg klappte! Was für andere eine Strafe war, bedeutete für mich eine Befreiung. Nur weg aus Brüssel!

Kurz darauf erhielt ich ein internes Schreiben, in dem mir eine frei gewordene Stelle bei SANCO in Luxemburg angeboten wurde.

Ich antwortete direkt, dass ich das Angebot gerne annehme.

Zwar würde ich da diesen großen Rückstand bei den Zahlungsdossiers vorfinden, aber wo ist schon alles perfekt? Mir bot sich die Gelegenheit, in aller Ruhe nützliche Arbeit zu verrichten. Und danach sehnte ich mich. Im Übrigen schrieb ich noch, dass ich hoffe, auch die zweite freie Stelle werde bald besetzt. Sonst wäre ich ganz alleine dafür verantwortlich, den Berg abzutragen, der vor meiner Zeit entstanden war. Es schien mir angenehmer, einen solchen Rückstand zusammen mit einem Kollegen aufzuarbeiten.

Tatsächlich war die Versetzung nach Luxemburg hiermit besiegelt.

In den kommenden Wochen konnte ich meine zukünftigen Vorgesetzten bei der GD Gesundheitswesen in Luxemburg kennen lernen. Beim Treffen mit dem Direktor und den Abteilungsleitern klopfte man sich erst mal ein bisschen ab. Ich hatte das Gefühl, dass sie nicht gerade auf mein Kommen zu warten schienen, aber an der Oberfläche verlief alles freundlich, und wir konnten gut über die Dinge sprechen. Ich beruhigte sie auch dahin gehend, dass ich einfach meine Arbeit tun wolle und bestimmt nicht darauf aus sei, neue Untersuchungen anzustellen.

Das Archiv wegschaffen
Inzwischen war auch ein Aufbewahrungsproblem mit all meinen Unterlagen entstanden. Edith wollte ich damit nicht mehr allzu sehr belasten. Zusätzlich stellte die Lagerung der Dossiers sowohl am Arbeitsplatz als auch zu Hause ein Sicherheitsrisiko dar. Bestimmt wäre es gut, auch rein physisch nicht mehr mit diesen Papieren konfrontiert zu sein. Sowohl buchstäblich als auch im übertragenen Sinn war es Zeit, Abstand zu nehmen. Über Umwege bekam ich Kontakt mit einer idealistischen Stiftung, die viel mit Osteuropäern arbeitete. Dieser Club hatte irgendwo in Brüssel ein kleines Büro, wo ich meine Sachen vielleicht abstellen konnte.

Ich nahm Kontakt auf mit Ivan, dessen Telefonnummer mir genannt worden war. Ohne genau zu sagen, worum es sich handelte, erzählte ich ihm von der Notwendigkeit, Akten zu lagern. Ivan ließ durchblicken, dass er so seine eigenen Vermutungen habe, versicherte mir aber sogleich, keiner der Mitarbeiter vor Ort habe einen blassen Schimmer, wer ich war. Er bot mir an, das Büro einmal in Augenschein zu nehmen. In den Abendstunden gingen wir dort vorbei. Die Räumlichkeiten lagen hinter einer Art Geschäft, wo es tagsüber wahrscheinlich viel Publikumsverkehr gab. Ivan bestätigte das und wies mich auf die Trennung der beiden Bereiche hin. Er schloss die Tür hinter uns und ließ die Rollläden herunter. Wir mussten durch eine weitere Tür und befanden uns dann in dem Büro. «Büro» war jedoch ein großes Wort für die Anhäufung von alten PCs, Papierstapeln und anderem alten Kram. «Meinst du wirklich, dass ich hier meine Sachen lassen kann?» fragte ich Ivan etwas zweifelnd.

Er zeigte auf einen geschlossenen Aktenschrank. «Der scheint mir für deine Zwecke geeignet, oder?» Ich versuchte abzuschätzen, wie viele Mappen ich darin unterbringen konnte.

«Kann man den Schrank öffnen? Dann kann ich mal hineinschauen.» Ivan ruckte an der Tür, und mit lautem Geratter rollte die Seite weg. Einige Fächer mit Papier und Krempel wurden sichtbar. Ivan schmunzelte:

«Achte nicht weiter auf den alten Kram. Ich glaube, dieser Schrank ist schon lange nicht mehr geöffnet worden.»

«Er kann doch abgeschlossen werden?» fragte ich unruhig.

Ivan zog eine Schublade auf, kramte etwas herum und zauberte ein Vorhängeschloss hervor. «Soweit ich weiß, habe ich die Schlüssel dazu auch noch. Nimm doch dieses Vorhängeschloss.»

Innerlich musste ich ein bisschen lachen, als ich sah, wo meine Sachen hinkommen sollten. Aber warum auch nicht? Ivan erriet meine Gedanken. «Hier werden die deine Papiere bestimmt nicht suchen, das glaubst du doch auch nicht?»

Er klopfte mir freundschaftlich auf die Schulter. «Ich mag Leute wie dich, weißt du. Du bist wenigstens Manns genug.» Ohne eine weitere Antwort abzuwarten, drehte er sich um und fing an, alles wieder abzuschließen. «Morgen lasse ich den Schrank leer machen, und dann hänge ich das Schloss davor. Hier hast du einen Schlüssel von der Tür und einen vom Schloss, und dann sieh du selbst mal zu, was du machst, in Ordnung? Alles Weitere geht mich nichts mehr an.»

Schon im Hinausgehen überlegte ich, welche Dossiers ich hier wohl loswerden und wann ich sie bringen konnte. Im Auto unterwegs zum Bahnhof fragte ich Ivan noch, ob ich selbst bestimmen könne, wann ich vorbeikomme.

«Kein Problem, das ist deine Angelegenheit.»

Fühlungnahme mit Luxemburg
Als Gewerkschaftsvertreter saß ich nicht nur im Betriebsrat der Brüsseler Niederlassungen, sondern auch im zentralen Betriebsrat der Kommission. Manchmal fanden die Sitzungen außerhalb von Brüssel statt, zum Beispiel in Luxemburg. Eine Sitzung war am 16. März 2000, kurz vor meinem Wechsel. Mein Interesse für solche Versammlungen war bereits geschwunden. Inzwischen wusste ich, dass ich meinen Sitz durch die Versetzung nach Luxemburg verlieren würde. Nachdem ich mir eine Stunde lang das ganze Gerede angehört hatte, beschloss ich, die Sitzung zu verlassen. Ich hatte für meine Versetzung nach Luxemburg noch allerlei zu regeln, und ich wollte noch einen alten Bekannten vom Rechnungshof besuchen, Herrn Löhrer. Im Foyer nahm ich mein Handy und rief ihn an. Er war da! Später am Tag konnte ich ihn aufsuchen.

Beim Hinausgehen schaute ich mich noch ein letztes Mal in dem Gebäude um und versuchte mir vorzustellen, wie es sein würde, in Luxemburg zu wohnen und zu arbeiten. Eines stand allerdings für mich fest: Nach dem 1. April musste ich wirklich mit allen Nachforschungen und Untersuchungen aufhören, sonst hatte die ganze Versetzung keinen Sinn. Für mich nicht, aber auch für Edith nicht.

Hetze vor dem Aufbruch
Der letzte Monat vor meinem Aufbruch nach Luxemburg war der reinste Hexenkessel. Nach dem Erscheinen in den Niederlanden, Belgien, der Schweiz, Deutschland und Österreich kam mein erstes Buch jetzt auch in England, Frankreich, Finnland, Dänemark und Schweden auf den Markt. Die Verleger dort wollten mich gerne sehen, und ich reiste überall hin, von Diskussionen in Sälen über Auftritte in Nachrichtensendungen bis zu Gastvorträgen an Universitäten und Empfängen von Parlamentariern, die noch schnell mit mir auf ein Foto wollten.

Alles wurde in Bewegung gesetzt, um diesen letzten Monat so intensiv wie möglich zu nutzen. Und manchmal begleitete mich auch Edith.

In einem Morgenmagazin im Schwedischen Fernsehen hatte man eine Überraschung für mich vorbereitet. Während wir schon beinahe live auf Sendung waren, kam auf einmal Inga-Britt Ahlenius herein, Hauptprüferin am Schwedischen Rechnungshof und eines der fünf Mitglieder im Rat der Weisen. Ich wusste nicht genau, was ich davon halten sollte, und während der Sendung konnte ich auch nicht verfolgen, was sie mit dem Nachrichtensprecher beredete. Nach der Sendung lief ich wieder zurück zu meiner schwedischen Verlegerin. «Sag mal, wusstest du, dass Frau Ahlenius in der Sendung sein würde?» Sie sah mich lachend an.

«Nein, für mich war es auch eine Überraschung, aber was für ein gelungener Schachzug!»

Ich verstand sie nicht. «Aber wieso denn? Ich hätte es lieber vorher gewusst, und ich weiß auch überhaupt nicht, was sie nun eigentlich gesagt hat.»

Meine Verlegerin schaute mich zufrieden an. «Paul, es hätte nicht besser kommen können! Für jeden war deutlich, dass du nichts von ihrem Auftritt wusstest, und dadurch kam in der Sendung ein unabhängiges Meinungsbild heraus. Paul, sie war voll des Lobes über dich, sie hat mit ihrer Bewunderung nicht hinterm Berg gehalten.»

Es verwirrte mich. «Ja, ich bemerkte, dass sie freundlich schaute, aber ...»

Meine Verlegerin unterbrach mich. «Du musst wissen, dass Frau Ahlenius selbst auch ganz schön radikal ist. Sie ist schon mehrmals mit der bestehenden Ordnung in Konflikt geraten.»

«Oh», sagte ich, «dann versteh' ich das besser, aber da habe ich ja wirklich unglaubliches Glück gehabt, muss ich sagen.» Meine Verlegerin war sich nicht sicher, ob das Glück war, aber sie pflichtete mir bei, dass es sich gut getroffen habe.

An die Arbeit!
Montag, der 4. April 2000, war mein erster Arbeitstag in Luxemburg. Ich war voll guten Mutes und hatte mir fest vorgenommen, alles Ungemach hinter mir zu lassen. Ich fühlte mich von

einer Last befreit und machte als neuer Mitarbeiter unbefangen meine Runde durch die GD Personal im Jean-Monnet-Haus. Genau wie alle neuen Beamten, Zeitarbeitskräfte und hierher abgestellten nationalen Beamten musste ich wegen der Formalitäten zu allen Schaltern: Aufenthaltsgenehmigung, Nummernschilder für mein Auto, Festlegung meines Gehalts, sogar bei einer Einführungsveranstaltung musste ich dabei sein. Ich fühlte mich gut, ja, beinahe ausgelassen. Auf dem Foto in meinem Ausweis von der Kommission sehe ich den kommenden Jahren lachend entgegen. Der Dienstausweis hing jeden Tag um meinen Hals, und jedes Mal, wenn ich dieses Foto sah, sollte ich mich an diesen ersten Tag und meine guten Vorsätze erinnern; die Vorsätze, allen Ballast von früher aufzugeben und hinter mir zu lassen.

Für mich begann nun eine Periode der Stille. Einige Medien akzeptierten nur mühsam, dass ich für Interviews oder die Werbeaktionen für mein Buch nicht mehr zur Verfügung stand. Aber ich musste standhaft bleiben. Das war eine Bedingung und Teil der Vereinbarungen, die ich mit der Kommission bei meiner Versetzung nach Luxemburg getroffen hatte. Wir brauchten diese Stille aber auch, ich selbst genauso wie Edith.

Ein Haus mussten wir für uns noch suchen und unser Haus in Belgien verkaufen. Die erste Woche übernachtete ich daher in einem günstigen Hotel. Es war eine obskure Bleibe, so schlimm, dass es schon wieder komisch war. In den Laken waren Löcher, und die Tassen klebten an den Untertellern fest. Als ich beim Frühstück meinen Teller berührte, flüchtete ein großes schwarzes Käfertier schnell über den Tisch. Später fand ich dann ein freundliches Hotel an der Mosel, gleich hinter der deutschen Grenze im Ort Nittel. Die Inhaber waren rechtschaffene Leute. Er kannte mich vom Fernsehen her und fing gleich an, sich über die Folgen von «Europa» für die Sanierung des örtlichen Weinbaus zu verbreiten. Ich nutzte die stillen Abende im Hotelzimmer, um über alles, was geschehen war, nachzudenken. Was konnte ich daraus lernen? Hatte ich alles richtig gemacht?

Manchmal dachte ich daran, wie es wohl weiterging mit den Untersuchungen und Reformen. Es waren unruhige Gedanken, die ich dann gleich wieder beiseite schob.

Alles war wieder so herrlich normal! Die Funktion, die ich in Luxemburg bekommen hatte, entsprach meinem Rang. Als Verantwortlicher in einer kleinen Finanzeinheit musste ich zusammen mit einer Anzahl befristet angestellter Assistenten alle Zahlungen und Verträge erstellen, verwalten und ausführen, die auf dem Gebiet der Direktion Gesundheit anfielen, für die wir tätig waren. Die drei jungen Kolleginnen waren sympathisch, und sie arbeiteten hart. Joséphine war am längsten da, Rachel später dazu gekommen, und Patricia kam gerade von einer anderen GD. Alle drei wohnten in Thionville gleich hinter der Grenze zu Frankreich. Von dort pendelten sie wie viele andere zu ihrer Arbeit in Luxemburg.

Mein Job lief gut in den ersten Monaten. Die Zusammenarbeit mit den Frauen gestaltete sich prima, und jede Menge Akten gingen über unsere Schreibtische. Besonders viele soziale Kontakte zu anderen Beamten hatte ich nicht, denn sobald ich konnte, ging ich nach Hause. In den ersten Monaten vor allem aus dem Grund, das alte Haus in Ordnung zu bringen, das ich inzwischen gemietet hatte. Nach dem Umzug wollte ich dann bei Edith sein. Langsam, ohne dass wir uns zunächst Sorgen machten, ging es ihr nach und nach immer schlechter. Wir vermuteten ein Stressproblem und hofften, dass ihr die neue ruhige Umgebung und meine Stelle, in der ich mich sozusagen in Deckung begeben hatte, gut tun würden. Was war nur mit Edith los?

Keine Untersuchung, stattdessen aber die Suche nach der undichten Stelle!
Was in Brüssel passierte, verfolgte ich aus sicherem Abstand. So hörte ich, dass Herr Trojan versetzt wurde. Frau Speculanti, unter der ich bei der Finanzkontrolle gearbeitet hatte, wurde in den Vorruhestand geschickt, entsprechend dem so genannten «Artikel 50»-Verfahren. Artikel 50 aus dem Beamtenrecht wurde als eine Art Ausgleichsregelung angewandt, wenn europäische Topbeamte abgeschoben wurden. In vieler Augen missbrauchte die Kommission diese Regelung oft, indem sie Topbeamte verfrüht, aber gut versorgt in den Ruhestand schickte. In einigen Fällen hätten jedoch eigentlich tadelnswerte Handlungen geahndet und Strafen verhängt werden müssen.

Ab und zu kam die Brüsseler Beklemmung wieder näher an mich heran. So rief mich die Europäische Kommission zu einer Vernehmung im Zusammenhang mit möglichen Missständen bei der Gemeinsamen Forschungsstelle (JRC) der Kommission. Es solle nicht nur um finanzielle Unregelmäßigkeiten gehen, sondern auch um Sicherheitsmaßnahmen bei der Lagerung von Nuklearmaterial. Durch Versäumnisse war eine kleine Menge nuklearen Materials eine kurze Zeit lang verschwunden und geisterte unbemerkt durch Europa. Ich wusste vom Vorhandensein eines entsprechenden Berichts. Und ich wusste auch, wie dieser Bericht von der damaligen Generaldirektorin der Finanzkontrolle, Frau Speculanti, abgeschwächt und auf die lange Bank geschoben wurde.

Glücklicherweise wollte mich mein griechischer Gewerkschaftskollege Gregori als Zeuge zum Verhör begleiten. Ich durfte mich jederzeit auf ihn als juristischen Spezialisten berufen. Er hatte eine höhere Position inne und wusste, wo es langging. Wenn er dabei war, fühlte ich mich sicherer. Zu zweit betraten wir den Versammlungsraum. Der Leiter der Untersuchung, der Belgier Jean Vandelogepse, und sein Assistent waren bereits da. «Guten Tag, Herr Van Buitenen, schön, dass Sie kommen konnten.»

Nachdem man einander vorgestellt worden war und Hände geschüttelt hatte, machte sich der Assistent umständlich mit einem Recorder und Kabeln zu schaffen. Er stellte ein Mikrofon vor mich hin. Fragend schaute ich Vandelogepse an. «Ja, Herr Van Buitenen, ich habe es mir angewöhnt, meine Befragungen aufzunehmen. Ich kann doch davon ausgehen, dass Sie keine Bedenken haben?»

Ich warf Gregori einen kurzen Blick zu, er nickte, und ich setzte ein breites Lächeln auf. «Nun, ich habe keine Bedenken gegen eine Aufnahme, wenn Sie keine Bedenken haben, dass ich diese Sitzung ebenfalls auf Band festhalte.» Mit Schwung legte ich meinen kleinen Recorder auf den Tisch und schaltete ihn ein.

Vandelogepse war überrascht. «Eh, nein, natürlich nicht, wenn Sie darauf bestehen.» Er setzte seine halbe Lesebrille auf und begann mit den Fragen. In chronologischer Reihenfolge ging er die Ereignisse durch. «Und Sie haben mit Herrn X und Herrn Y gesprochen, die mit der Untersuchung betraut waren?»

Ich antwortete, ohne nachzudenken: «Mit Herrn X und mit Herrn Y und mit Herrn Z.»

Vandelogepse nickte zufrieden. «Ich danke Ihnen. Sie hatten also Hinweise darauf, dass die Hierarchie Probleme mit der Genehmigung des Untersuchungsberichts hatte? Was genau haben Sie gehört?»

Ich wollte wieder antworten, fühlte aber plötzlich einen Stoß gegen meine Beine. Gregori schaute mich eindringlich an, und ich wusste nicht mehr, was ich sagen sollte. «Nun, also, eine Kontrolle hatte stattgefunden ...»

Vandelogepse unterbrach mich:

«Das ist mir bekannt, aber haben Sie den Text des Kontrollberichts zur Kenntnis genommen?»

Ich schaute wieder zu Gregori, dann zu Vandelogepse. «Ich verstehe das Ziel Ihrer Frage nicht.»

Vandelogepse wurde ungeduldig. «Ihre Kollegen X und Y haben Ihnen in den bewussten Gesprächen von ihren Frustrationen erzählt, und dann hörten Sie von der Existenz ihres Berichts. Was genau haben Sie erhalten, und wie haben Sie von dem präzisen Inhalt des Berichtsentwurfs erfahren?»

Bei mir läuteten jetzt sämtliche Alarmglocken, und ich verstand plötzlich Gregoris Unruhe.

«Warum möchten Sie das eigentlich wissen?»

Vandelogepse schaute mich über seine Brille hin an und sagte in eisigem Ton: «Ich dachte, dass *ich* hier die Untersuchung durchführe und Sie auf die Fragen, die ich stelle, antworten.»

Ich begriff jetzt das Spiel und beschloss, die Sache richtig zu stellen. «Ich muss Ihnen mitteilen, dass das Ziel dieser Untersuchung ist ...» Ich nahm das Einladungsschreiben zur Hand und las vor: «... die Verantwortlichkeit zu bestimmen für den fahrlässigen Umgang mit einer Warnung hinsichtlich grober Unzulänglichkeiten in der Gemeinsamen Forschungsstelle JRC.»

Vandelogepse nickte: «Das ist richtig.»

«Für mich bedeutet das folglich, dass diese Untersuchung sich mit den Fehlern beschäftigen muss, die innerhalb der Generaldirektion Finanzkontrolle gemacht wurden, Fehlern mit dem Bericht und durch die Hierarchie. Das Ziel ist jedoch nicht, herauszufinden, wo Paul van Buitenen seine Informationen herhat und was er damit gemacht hat. Oder sehe ich das falsch?» Ich sah, wie Gregori mir nahezu unmerklich zunickte. Glücklicherweise hatte ich gemerkt, was los war.

Vandelogepse reagierte etwas verstimmt, nahm sich aber zusammen und fuhr fort. «Nun gut, lassen wir dies zunächst auf sich beruhen.»

Die Befragung ging weiter, aber von diesem Moment an war ich auf der Hut. Das Gespräch verlief nicht mehr so flüssig. Nach einer Weile kam Vandelogepse auf meine Kontakte zurück. «Haben Sie noch mit anderen Kollegen vom JRC Kontakt gehabt bezüglich dieser Untersuchung, außer mit Herrn A und Herrn B?»

Ich wich aus: «Ich habe mit dem JRC keinen spezifischen Kontakt zu diesem Thema gehabt. Manchmal telefoniere ich zwar mit bestimmten Kollegen, aber ...»

Vandelogepse unterbrach mich. «Geht es dann um diesen Bericht?»

Ich fühlte mich in die Enge getrieben. «Ich ... weiß es nicht genau.»

Er spitzte seine Frage zu. «Haben Sie nun Kontakt gehabt mit A oder B vom JRC, ja oder nein?»

Nun war ich irritiert. «Jetzt sind Sie wieder dabei herauszufinden, wo ich meine Informationen herhabe.»

Vandelogepse antwortete: «Nein, ich will nur schlicht wissen ...»

Ich unterbrach ihn heftig. «Die Fehler selbst sind wichtig, nicht, wie sie durch mich ans Licht gekommen sind! Ich möchte Sie auffordern, Ihre Befragungsmethode zu ändern. Ihre Fragen sollten sich auf ein einziges Ziel richten: Wer hat welche Fehler gemacht? Ich akzeptiere keine Fragen mehr, durch die Sie herausfinden wollen, woher ich meine Informationen habe!»

Vandelogepse schaute mich direkt an. «Ich bin es, der hier die Fragen stellt. Ich befrage Sie, wie ich es will. Ich habe Ihnen die Frage gestellt, ob Sie mit Herrn B Kontakt hatten, und darauf antworten Sie mit Nein, wenn ich Sie richtig verstehe?»

Ich dachte kurz nach und sagte zweifelnd: «Ja, ich glaube, dass Sie das richtig wiedergeben.»

Vandelogepse nickte zufrieden. «Schön, das ist dann deutlich. Und hatten Sie Kontakt mit Herrn C?»

Ich schaute auf und sah zu Gregori hinüber. Er zuckte mit den Schultern. Es wurde deutlich: An der Untersuchung mitzuarbeiten bringt nichts. Der Hierarchie geht es vor allem darum, die undichten Stellen aufzuspüren. «Nein, Herr Vandelogepse, ich weigere mich, auf diese Frage zu antworten!»

Das Treffen wurde kurz darauf abgebrochen. Gregori und ich standen draußen. «Und, verstehst du das jetzt?» fragte ich ihn.

«Och, ich verstehe das schon. Sie wollen einfach wissen, wie das nach draußen gedrungen ist, um dann das Leck zu stopfen.»

«Ja, das ist mir schon auch klar, aber ich habe das noch nie so deutlich mitbekommen wie gerade eben.»

Einige Tage später schickte ich Kommissar Kinnock einen sehr ungehaltenen Brief mit der Abschrift der Bandaufnahme als Anlage. Ich teilte ihm mit, von der Art und Weise der Befragung sehr unangenehm überrascht zu sein. Natürlich hörte ich darüber nichts mehr.

Auf dem Dach eines Einkaufszentrums

In Luxemburg lernte ich viele neue Gesichter kennen. Darunter waren auch Kollegen, die ich deshalb gerne sah, weil sie mit einem gesunden Verstand und einer kritischen Einstellung gesegnet waren. Diese Menschen suchten einander, und sie nahmen mich mit offenen Armen auf. Einige hatten Interesse daran, mit mir eine Luxemburger Abteilung meiner Gewerkschaft Renouveau & Démocratie einzurichten. Wir trafen uns einige Male, aber es gelang uns nicht, ein Führungsgremium zusammenzustellen.

Andere erzählten mir Geschichten und Anekdoten über Missstände, die ihnen bekannt waren. Pierre Legros arbeitete schon lange in Luxemburg, und er wusste einiges über die Kommissionsgebäude. Als wir einmal zusammen bei einer Tasse Kaffee saßen, ließ er sich lang und breit darüber aus. Jedes Gebäude hatte eine eigene Geschichte, und Legros setzte oft seine Fragezeichen. Ich fand ihn etwas zu negativ und wollte dem eine positive Bemerkung entgegensetzen. «Pierre, du wirst schon Recht haben, aber du musst auch zugeben, dass das BECH-Gebäude* eine gute Arbeitsumgebung darstellt.»

Das BECH-Gebäude ist ein großer Komplex, in dem Eurostat*, die GD für die Statistik, untergebracht ist. In den unteren zwei Etagen befindet sich ein großes Einkaufszentrum. Pierre verschluckte sich fast an seinem Kaffee. «Paul, das ist nicht dein Ernst, oder?!»

«Nun, ich finde schon, dass es ein schönes Gebäude ist, Geschäfte in der Nähe, herrliche Wasserspiele.»

«Also, da merkt man, dass du hier noch ein Grünschnabel bist, Paul. Der BECH-Komplex ist ein Paradebeispiel für all die Schweinereien bei den Kommissionsgebäuden.»

«Und warum? Vielleicht ist es etwas sehr luxuriös ausgestattet, und die Kombination mit dem Einkaufszentrum ist ungewöhnlich, aber ich finde das gut gelungen.»

Pierre senkte seine Stimme. «Weißt du was? Mit diesem Komplex ist so ziemlich alles schief gelaufen, was schief laufen konnte. Ausschreibung, Bauphase, Fertigstellung, was du willst.»

Ich zuckte mit den Schultern. «Pierre, man kann sich nicht über alles aufregen, Fehler werden immer gemacht. So schlimm wird's schon nicht sein.»

«Wenn du möchtest, zeige ich es dir.»

Ich reagierte unwillig. «Nicht wieder Papiere, davon habe ich die Nase wirklich voll.»

Pierre lachte. «Nein, keine Papiere, Paul. Ich zeige es dir in natura. Ich meine einen Rundgang durch das Gebäude; da kann ich dich auf einiges aufmerksam machen.»

Ein Rundgang durch das Gebäude? Was sollte es da zu sehen geben? Ich war regelmäßig dort, und mir war nichts weiter aufgefallen. Aber Pierre drang darauf, und so nahm ich seinen Vorschlag an.

Einige Tage später hatten wir beide Zeit, um zum BECH-Gebäude zu gehen. Unterwegs erzählte Pierre etwas über die Hintergründe des Gebäudes. Über den skandinavischen Bauunternehmer, der mit diesem ehrgeizigen Vorhaben begonnen hatte, aber schon wieder aufhören musste, als gerade mal das große Bauloch ausgehoben war. Über die Probleme der Luxemburger Regierung, einen neuen Investor zu finden, der bereit war, das Projekt zu übernehmen und fertigzustellen. Schließlich fand sich eine Gruppe um die deutsche Firma Hoch-Tief bereit, die Sache zu übernehmen, wenngleich unter bestimmten Bedingungen. Diese sahen unter anderem einen vom Luxemburger Staat garantierten Gewinnertrag des Komplexes vor. Pierre äußerte die Vermutung, dass es familiäre Beziehungen zwischen dem zuständigen Luxemburger Minister und einem Direktionsmitglied von Hoch-Tief gebe. Auch kursierten Gerüchte über die Rolle von Jacques Santer, früherer Premier von Luxemburg und später Vorsitzender der Kommission, die er bei der Zusage gespielt haben soll, dass Eurostat in den Komplex kommt. Das war angeblich wichtig, um tatsächlich die garantierten Büromieten für den Komplex sicherzustellen. Und das, obwohl es mehr als zweifelhaft war, ob die Vorschriften der Europäischen Kommission für ihre Bürogebäude eine solche Situierung über einem Einkaufszentrum überhaupt zuließen. Auch soll ein Personalmitglied im Umfeld der Direktion von Eurostat wiederum verwandt sein mit dem Luxemburger Minister. Kurz und gut, es klang alles ziemlich weit hergeholt, und ich wusste nicht recht, was ich davon halten sollte.

Beim BECH-Komplex parkte Pierre sein Auto auf einem der reservierten Plätze für Kommissionsbeamte, und wir gingen hinein. Ich merkte schnell, dass Pierre sich gut auskannte. Wir liefen durch Gänge, in denen ich noch nie gewesen war. «Hier, Paul, sieh da mal genau hin.» Pierre deutete auf die elektrischen Verkabelungen überall. «Diese elektrischen Leitungen müssen ordentlich unter Verkleidungen liegen. Sieh mal, hier liegen sie einfach bloß rum. Das war schon bei der Übergabe so.»

Jetzt sah auch ich, dass große Kabelstücke einfach offen lagen, ohne den Schutz des harten Kunststoffes der Kabelkanäle. Pierre nahm mich weiter mit zu einer Art Schaltkasten. «Dies ist auch ein schönes Beispiel dafür, wie hier in diesem Gebäude gearbeitet wurde. Eigentlich müssen die elektrischen Einrichtungen vom Auchan-Geschäftskomplex und von den Kommissionsbüros vollständig getrennt sein, aber das ist nicht so. Sie verlaufen völlig durcheinander, und die Techniker von Auchan können auch an die elektrischen Einrichtungen von Eurostat gelangen.»

Ich hörte zu und ging hinter Pierre die Treppen hinauf. Er öffnete eine Tür. Plötzlich standen wir auf dem Dach des

Komplexes. Durch den gläsernen Teil des Daches konnte ich nach unten schauen, auf die Köpfe der Eurostat-Beamten, die von den Laufstegen zwischen den Eurostat-Abteilungen wiederum auf das Einkaufspublikum hinuntersahen. Pierre sah mich triumphierend an. «Jetzt sind wir auf dem Dach, schau dich gut um.» Also ließ ich meinen Blick über das Gewirr von Röhren und Drähten und anderen Baukonstruktionen schweifen.

«Ich kenn' mich nicht aus, aber das ist ja ganz schön viel.»

Pierre nickte bestätigend. «Ja, das siehst du schon richtig. Und jetzt sieh dir mal die Dächer der anderen Gebäude an.» Da fiel es mir auf:

«Jetzt, wo du's sagst, die Dächer sind nahezu leer!» Pierre lachte und deutete in die Runde.

«Auf all diesen Gebäuden sieht es ordentlich aus, nur das Allernötigste ist sichtbar.» Vorsorglich schaute ich noch mal genau hin. Tatsächlich, außer den Aufbauten der Liftschächte waren die Dächer um uns herum praktisch leer. Das war ein großer Gegensatz zu dem Dach, auf dem wir uns jetzt befanden. Da musste man gut aufpassen, wo man hintrat zwischen all den Kästchen, Kabeln, Rohren und diversen Vorrichtungen, die an Apparate erinnerten.

«Und jetzt Folgendes», sagte Pierre und deutete auf einige Rohre, bei denen wir standen. «Dies sind die Abluftrohre für die abzuführende verbrauchte Luft.» Dann deutete er etwas weiter weg: «... und die Rohre dort sind die Einlassöffnungen für die frische Luft, die vom Ventilationssystem aufgenommen wird.» Pierre wandte sich mir wieder zu. «So etwas habe ich noch nie gesehen. Kaum drei Meter Abstand zwischen Eingang und Ausgang des Luftzirkulationssystems.» Pierre lachte laut auf. «Die Burschen, die das konstruiert haben, hatten ein Händchen für die Feinheiten: Die Öffnungen sind außerdem aufeinander zugerichtet.»

Ich sah es und musste über Pierres Fazit ebenfalls lachen. «Unglaublich. Ich verstehe nicht viel davon, aber du hast wahrscheinlich einfach Recht.»

Wir gingen wieder nach unten. Pierre zeigte noch einmal nach oben. «Weißt du, dieser Zustand bei Übergabe des Gebäudes ist nur ein Beispiel dafür, wie die Sachen zwischen der Kommission und den Betrieben laufen.»

Kurz darauf verabschiedete ich mich von Pierre. «Du weißt doch, dass ich hiermit nicht viel anfangen kann, nicht wahr?»

Pierre nickte verständnisvoll. «Ich habe dich nicht mitgenommen, damit du eine Beschwerde einreichst. Vor ein paar Tagen habe ich dir einfach angesehen, dass du mir meine Geschichte nicht geglaubt hast, und das konnte ich nicht so auf mir sitzen lassen. Von dir jedenfalls nicht.»

Nicht meine Sache
Eines Tages klingelte das Telefon in meinem neuen Luxemburger Büro. Die Nummer auf dem Display sagte mir nichts. Ich nahm ab und hörte, wie sich ein Mann in undeutlichem Französisch vorstellte, mit einem Namen, der irgendwie nicht westeuropäisch klang und den ich nicht verstand.

«Könnte ich mit Gaston Lamarso sprechen?» Ich erkannte den Namen meines Vorgängers.

«Worum handelt es sich?» fragte ich.

«Ja, ich möchte gern wissen, ob Herr Lamarso noch Bestellungen für Anzüge aufgeben möchte.» Ich kapierte nicht, aber es war auch nicht meine Angelegenheit.

«Herr Lamarso arbeitet nicht mehr hier», teilte ich mit.

«Oh, aber das kann nicht sein, es laufen noch Bestellungen von Kollegen von ihm. Wie geht das damit weiter?» Ich musste lachen, wurde aber gleichzeitig auch neugierig.

«Sie verstehen mich nicht richtig, er arbeitet zwar noch in der Kommission, wurde aber versetzt.» Der Mann am anderen Ende der Leitung war noch immer nicht beruhigt.

«Aber er ist doch noch bei der Kommission in Luxemburg, oder?»

Ich beschwichtigte ihn: «Ja, er ist noch bei der Kommission in Luxemburg. Aber sagen Sie mal, habe ich das richtig verstanden, dass Lamarso bei Ihnen Anzüge für Kollegen von der Kommission bestellt?» Am anderen Ende der Leitung war es kurz still.

«Ja, das ist ganz üblich, wissen Sie, Sie können auch Anzüge bestellen, wenn Sie möchten.» Ich kicherte ein bisschen.

«Nun, nein, warum sollte ich bei Ihnen Anzüge kaufen? Die

kaufe ich in einem Geschäft.» Inzwischen stand eine der Sekretärinnen in der Tür und gab mir stumme Zeichen. Aber ich hörte dem Mann weiter zu.

«Mein Herr, das verstehen Sie nicht richtig. Hier handelt es sich nicht um normale Anzüge, sondern um Maßanzüge, die auf Bestellung gekauft werden können zum Preis für einen einfachen Anzug von der Stange. Das ist wirklich zu empfehlen, mein Herr, sehr preisgünstig.»

Ich bedankte mich für das Angebot. «Nein, vielen Dank, ich bin mit meiner Kleidung so weit zufrieden. Ich gebe Ihnen lieber die neue Nummer von Herrn Lamarso.» Nachdem ich die Nummer herausgesucht und weitergegeben hatte, legten wir auf. Die Sekretärin, Joséphine, kam auf mich zu.

«Paul, das war ein Versehen, diese Dinge macht Gaston privat, das hat mit unserer Arbeit nichts zu tun, weißt du.» Ich nickte verständnisvoll.

«Oh, ich hab mich schon gewundert. Ich wusste nicht recht, was ich davon halten sollte.»

Als Joséphine weg war, überlegte ich dann doch, wie das wohl zusammenpasste. Aber sofort besann ich mich, dass ich um der Ruhe und Regelmäßigkeit willen nach Luxemburg gekommen war. Mich ging das alles nichts mehr an.

4

Schicksalsgenossen

Durch mein Engagement als Whistleblower war ich mehr und mehr in die Isolation geraten. Jetzt in Luxemburg hatte ich endlich Muße, über die vergangene Lebensphase nachzudenken. Für die Öffentlichkeit sah es wahrscheinlich so aus, als ob ich in der Brüsseler Zeit ganz auf mich allein gestellt gewesen wäre. Natürlich bekam ich aber Unterstützung von den Medien, vor allem von Seiten des investigativen Journalismus. Vergessen wurde dabei jedoch, dass der größte Teil meiner Informationen über Betrug, Korruption und Missstände von anderen stammte: von eingeschüchterten, frustrierten Beamten, die auch die faule Stelle in ihrem Arbeitsumfeld einmal angehen wollten. Selbst wagten sie es aus verschiedensten Gründen nicht. Wenn Beamte es nämlich versucht hatten, wurde ihnen das Leben derart schwer gemacht, dass sie den Dienst quittierten oder um Versetzung baten. Nachdem ich eine Anzahl Dinge öffentlich gemacht hatte, strömten die Informationen aus allen Ecken auf mich zu. Diese ergaben ein Bild jahrelanger Laxheit und Verlotterung bei den Kontrollen. Nicht alle Angelegenheiten waren gleich dramatisch. Ich versuchte, Fälle auszuwählen, legte Dossiers oft nur halbgelesen zur Seite. Häufig konnte ich kaum etwas damit anfangen.

Außerdem traf ich externe Vertragspartner der Kommission, wie etwa André Hardy. Nachdem wir miteinander telefoniert hatten, verabredeten wir uns in der Brüsseler Metrostation Merode. Er machte einen etwas verwirrten Eindruck auf mich und hatte offensichtlich viele Rückschläge einstecken müssen. Er erzählte mir seine unglaubliche Geschichte als Subunternehmer von Perry-Lux. Dieses Unternehmen stellte viele nur vorübergehend Beschäftigte für die Kommission, nicht immer auf legale Art und Weise. Wie ich bei Recherchen im Computersystem der Kommission entdeckte, erhielt Perry-Lux von mehr als der Hälfte der Kommissionsmitglieder Zahlungen.

Hardy berichtete von seinen Nachforschungen, die bis 1995 zurückreichen; dann von dem Missgeschick, wie er den falschen Leuten seine Ergebnisse mitteilte, etwa der Kommissarin Cresson und ihrem Berater Berthelot, dem Zahnarzt. Ich konnte mir ein Lächeln nicht verkneifen und fragte ihn, wie er nur auf die Idee gekommen war, ausgerechnet Cresson und Co. ins Vertrauen zu ziehen. Dann erwähnte Hardy die Gefälligkeiten, die er geleistet hatte. Er dachte, er würde in den höheren Kreisen ein bestimmtes Vertrauen genießen. So hatte er beispielsweise ein Appartement für Berthelot organisiert, mit dem vagen Versprechen, dafür irgendwann belohnt zu werden.

Er erzählte auch von den Bedrohungen, die er erlebte: von den Telefonaten, den platten Reifen, dem Überfall mit einem Baseballschläger. Ich wusste nicht genau, was ich davon halten sollte. Mir wird zunehmend deutlich, dass André Hardy damals möglicherweise derjenige war, der den Strom der Enthüllungen über die Europäische Kommission in Gang gesetzt hat – wie ungeschickt auch immer.

Plötzlich begreife ich, wie all die Papiere mit Enthüllungen über Missstände aufgetaucht sind. Eine Gruppe von Journalisten hatte diese Papiere in Rom bei ihm abgeholt und den Ball 1998 ins Rollen gebracht.

Während unseres langen Gesprächs erzählte Hardy mir noch eine schöne Anekdote. Er war nämlich Zeuge eines Gesprächs zwischen zwei Mitarbeitern von Cresson gewesen. Das Thema war der Kauf der deutschen Leuna-Raffinerie durch das französische Unternehmen Elf. Erst Wochen später erschienen diese Details in der Presse.

Ein Blick unter den Teppich
Meistens sprach ich nur mit Quellen, die aus eigenem Antrieb auf mich zukamen. In einigen Fällen versuchte ich von mir aus, mit jemandem Kontakt aufzunehmen. Zum Beispiel in einer Betrugsangelegenheit, bei der auffälligerweise nur niedrige Be-

amte bestraft wurden. Das sorgte für Gerüchte. Es bestand nämlich der Verdacht, dass der leitende Beamte für den Betrug verantwortlich sei. Dank einem Mitglied meiner Gewerkschaft hörte ich von einem Topbeamten, Rafaele Spumante, der geäußert habe, über das Ergebnis der Untersuchung herrsche keine Einigkeit. Man riet mir, es einfach zu wagen und ihn anzurufen. Tatsächlich wollte der Italiener Spumante mich gerne sprechen, jedoch nicht in den Räumen der Kommission, sondern nur bei ihm zu Hause.

Als ich an der Tür klingelte, war es bereits dunkel. Frau Spumante öffnete und empfing mich herzlich, genauso wie Spumante selbst, der in die Diele trat. Wir gingen in sein Arbeitszimmer. Spumante schloss die Tür hinter uns. Der Raum war geschmackvoll eingerichtet, viele Bücher und Ledermöbel, ein Arbeitszimmer, wie es eines Generaldirektors würdig war. Spumante lehnte sich in seinem Stuhl zurück und schlug die Beine übereinander. «Paul, ich freue mich, dass du die Gelegenheit genutzt hast, mich anzurufen und vorbeizuschauen. Ein paar Dinge sollte ich dir erklären.» Eigentlich wollte ich mich ein wenig entspannen, aber ich war äußerst neugierig. Ich hatte schon oft mit Beamten gesprochen, die aus dem Nähkästchen plauderten, aber noch nie mit jemandem von diesem Rang.

«*Ich* habe zu danken. Es ist ansonsten nicht üblich, dass jemand in Ihrer Position mich bei sich zu Hause empfängt.» Spumante schob die Bemerkung mit einer Handbewegung zur Seite.

«Duz mich doch bitte, das erleichtert das Gespräch. Okay?» Ich nickte. «Gut. Zunächst musst du wissen, dass jeder Generaldirektor turnusgemäß angewiesen wird, den Vorsitz bei einem Disziplinarverfahren zu übernehmen, falls dieses eingeleitet wird. Das ist keine schöne Aufgabe. Man muss die Verdachtsmomente gegen einen Kollegen untersuchen und sie oder ihn befragen. Aber das gehört nun mal dazu.»

Die Tür öffnete sich und Frau Spumante trat ein. Sie brachte ein silbernes Tablett mit Tee und Gebäck. Als wir wieder alleine waren, ergriff Spumante erneut das Wort.

«In dem Fall, auf den du mich angesprochen hast, musste auch ich eine solche Untersuchung leiten. Ich kann dir gleich sagen, dass dies nicht einfach war. Meine Hinweise deuteten tatsächlich auf Beihilfe zu Unregelmäßigkeiten, aber diese Schlussfolgerung wurde im Fortgang des Verfahrens nicht aufrechterhalten.» Spumante machte eine Pause. Wir tranken Tee.

Er stand auf und öffnete mit einem Schlüssel eine Schublade. Er griff eine Mappe heraus und zeigte sie mir. «Schau, hier kannst du sehen, was die Untersuchung ergab.»

Er reichte mir einen Bogen mit Schlussfolgerungen, der tatsächlich nach einer Untersuchung aussah. Ich schaute sie mir an. «Angesichts der Person, um die es hier geht, erwartete ich bereits, dass man meine Ansichten keineswegs dankbar aufnehmen würde. Schon schnell wurden bestimmte Ergebnisse und Empfehlungen meines Berichts anders interpretiert.» Spumante wartete kurz. «Darum schrieb ich einen Brief, in dem ich meine Meinung noch einmal verdeutlichte.»

Mein Herz schlug mir bis zum Hals. Ich kannte mich in der Angelegenheit einigermaßen aus, aber das hier war absolut neu für mich. Ich durfte einen Blick hinter die Kulissen werfen! Spumante blätterte durch sein Dossier und zog dann einen Brief hervor. Ich las ihn rasch durch. Spumante ließ darin keinerlei Zweifel bezüglich der Ergebnisse der Untersuchung, wie er sie interpretierte. Er nahm den Brief wieder zurück und legte ihn in die Mappe.

«Diesen Brief kann ich dir nicht mitgeben. Es gibt von ihm nur sehr wenige Kopien, und diese würde man bis zu mir zurückverfolgen können.» Spumante deponierte alles wieder in der Schublade und verschloss sie. Als er wieder saß, ergriff ich das Wort.

«Wenn ich alles richtig verstanden habe, müsst ihr in solchen Verfahren also übereinander urteilen?» Spumante senkte seine Teetasse.

«Ja, die Ergebnisse einer solchen Untersuchung sind abhängig von der Integrität der Kollegen. Ich fand, dass ich in diesem Dossier ein Zeichen setzen müsste, aber ich hätte es genauso gut bleiben lassen können.»

Das musste ich mir nochmals durch den Kopf gehen lassen. Solche Untersuchungen nach Übertretungen, die von Topbeamten begangen wurden, waren demnach eigentlich Inzuchtmechanismen.

Spumante und ich unterhielten uns noch eine Weile, und ich bedankte mich bei ihm für seine Offenheit. Mit einem merkwürdigen Spannungsgefühl verließ ich sein Haus am Rand von Brüssel und fuhr spät in der Nacht heim.

Durchsickern lassen, aber nicht melden
Als ich noch in Brüssel war, besuchten mich ziemlich regelmäßig mir bis dahin unbekannte Menschen. Angelockt wurden sie von meiner Reputation als Whistleblower. Erzählen wollten sie mir von ihren Erfahrungen. Häufig war es für mich schwierig, zwischen persönlichen Frustrationen und tatsächlichen Missständen zu unterscheiden. Einige Kollegen berichteten Dinge, um sich interessant zu machen, hielten das Ganze für unterhaltsamen Klatsch oder suchten ein Ventil, ohne dass man erwartete, dass ich irgendetwas damit anfinge. Wieder andere lieferten knallhartes Beweismaterial, dicke Dossiers mit Fakten, die ich aber auf keinen Fall benutzen konnte. Denn was konnte ich von diesen Dingen mitteilen, wie hätte ich erklärt, wie ich an diese Unterlagen gekommen war?

In Luxemburg setzte sich nun das gleiche Muster fort. Ich ließ alle gewähren, hörte zwar zu, versuchte aber, die Anekdoten in das eine Ohr herein- und aus dem anderen Ohr wieder hinauszulassen. Meine Ambitionen, mit diesen Informationen etwas anzufangen, waren auf einem Tiefpunkt angelangt. Eine Anzahl der Gespräche gingen mir jedoch nach. Viele Leute klagten ihre Not vor allem über die Zustände bei zwei Dienststellen in Luxemburg: beim Europäischen Amt für Statistik, Eurostat, und beim offiziellen Europäischen Amt für Veröffentlichungen, bekannt unter der französischen Abkürzung OPOCE*.

Eine sonderbare Geschichte
In welchem Umfang unterschlagen wird, kann ich bis heute nicht sagen. Die Zahl von «Tausenden korrupten EU-Beamten» aus dem schwedischen Interview, das Neil Kinnock mir in die Schuhe zu schieben versuchte, stimmte nicht. Doch nach und nach glaubte ich daran, dass es schon Hunderte sein müssten, die ungestraft über Jahre hinweg ihren Praktiken nachgingen. Merkwürdig war es allerdings, dass es niemandem gelang, dort einmal richtig auszumisten ...

Ein bestimmtes Muster war nämlich zu erkennen. Höhere Beamte ließen Dinge durchgehen, denn «wo gehobelt wird, da fallen Späne»: Die Arbeit musste weitergehen. Beamte in niedrigeren Positionen behielten aus Angst vor den Konsequenzen – kein Aufstieg, Mobbing – ihre Geschichten für sich.

Da die Missstände andauerten, wuchs auch die Angst. Und diese nahm manchmal irrationale Ausmaße an.

Eines der aussagekräftigsten Beispiele ist das von einem Eurostat-Beamten. Plötzlich stand er in meinem Büro direkt vor mir. Ich kannte ihn überhaupt nicht. Er schloss die Tür hinter sich und stellte sich als Roger Schneider vor, zögerte dann allerdings. Ich überlegte, ob ich ihn abwimmeln sollte, schließlich hatte ich schon genug Arbeit auf meinem Schreibtisch. «Was kann ich für Sie tun?» fragte ich dann aber doch.

Er druckste herum, bevor er zur Sache kam. «Ich arbeite bei Eurostat und muss mit Ihnen sprechen. Aber Sie dürfen mit diesen Informationen nicht an die Öffentlichkeit», ergänzte er schnell. Das brach das Eis. Dieser Roger musste erfahren, dass ich hier in Luxemburg nichts als absolute Stille und Ruhe suchte!

«Kein Problem für mich», sagte ich. «Jeder denkt anscheinend, dass es mein Hobby ist, in irgendwelchem Dreck herumzuwühlen. Dabei habe ich es viel lieber, wenn jeder selbst schaut, wie er zurechtkommt, anstatt mir damit lästig zu fallen. Sie können noch immer einfach mein Büro verlassen, wissen Sie. Dann vergess' ich einfach, dass es Sie überhaupt gibt.»

«Nein, nein», beeilte er sich zu antworten. Er legte los. In der Zwischenzeit suchte ich seinen Datenbestand im System. Es gab tatsächlich einen Beamten mit seinem Namen bei Eurostat, das beruhigte mich. Roger erzählte eine der Standardgeschichten über eine manipulierte Ausschreibung und einen Beamten, der mit seiner diesbezüglichen Kritik eine schroffe Abfuhr erlebte. «Nun, in meiner eigenen Abteilung wollte keiner auf mich hören, das war ja auch logisch, denn sie waren selbst für die Entscheidung verantwortlich. Ich blieb stur und erbat ein Treffen mit meinem Direktor Damien Arthur.»

Ich wurde hellhörig. «Arthur? Den Namen habe ich schon mal gehört. Kann man da einfach so hin?» Bei der Europäischen Kommission ist es keineswegs üblich, dass ein kleiner Beamter einfach so mit seinen Beschwerden zu seinem Direktor durchdringt. Roger (jetzt per du) hatte es auf jeden Fall geschafft.

«Zu Anfang war Arthur sehr nett. Er erkundigte sich, wie es mir ging und welche Arbeit ich verrichtete. Ich fühlte mich recht wohl und dachte, dass ich ihm auch von den Unregelmäßigkeiten erzählen könnte. Als ich diesbezüglich begann, reagierte er irgendwie lässig. Er wechselte in einen väterlichen Ton und erklärte mir, dass ich die Dinge nicht richtig sehe. Bestimmte Entscheidungen müssten getroffen werden, um den Fortgang der Arbeit zu garantieren – allerlei solche Dinge. Ich sollte ganz einfach meine Arbeit tun und mir keine Gedanken über Angelegenheiten machen, die ich zu diesem Zeitpunkt noch nicht begriff. Schließlich bekam ich noch ein Kompliment. Menschen mit einer kritischen und unabhängigen Gesinnung würden gebraucht, daher sei es gut, dass ich bei ihm gewesen sei. Er versicherte auch, er sei voll und ganz informiert über die Geschäfte in meiner Abteilung.»

Ich nickte ihm verständnisvoll zu. Dies war eine bekannte Taktik von höheren Beamten gegenüber jungen oder niedrigeren Beamten.

«Aber dann ging es los», erzählte Roger weiter. «Ich weiß nicht, was geschah. Wahrscheinlich machte ich einen Fehler, indem ich meine Meinung sagte, nämlich dass man die Angelegenheiten in meiner Abteilung doch nicht durchgehen lassen könnte. Die Stimmung von Arthur schlug um. Zunächst merkte ich das überhaupt nicht. Ich vermutete sogar, dass Arthur genau hören wollte, was alles schief lief. Bevor ich es begriff, war alles anders.»

Ich sah Roger fragend an, sagte aber nichts. Ich wollte ihn nicht unterbrechen.

«Paul, ich weiß nicht genau, wie ich das formulieren soll. Es schien, als ob die Heizung in seinem Büro plötzlich auf Null stand. Mir war kalt, und ich bekam Angst, nackte Angst!»

«Wovor denn Angst? Was passierte denn?»

Roger hob beide Hände. «Das klingt verrückt, aber es schien echt so, als ob Arthur plötzlich etwas Bösartiges ausstrahlte. Seine Augen wurden tiefschwarz, weißt du. Ich hatte nur noch den einen Gedanken: Wie komme ich hier so schnell wie möglich weg?! Aber Arthur ließ mich nicht so einfach gehen.

Er warnte mich, dass ich mich besser nicht mit Dingen beschäftigen sollte, von denen ich keine Ahnung hätte. Er hat noch mehr gesagt, aber ich konnte nur an eines denken: Raus aus seinem Büro!»

Fasziniert betrachtete ich Roger. Während seines Berichts war alle Farbe aus seinem Gesicht gewichen. Zusammengesunken saß er auf seinem Stuhl. «Bedrohte dich Arthur denn irgendwie? Warum hattest du Angst vor ihm?»

Roger schloss die Augen. «Ich weiß es nicht. Er hat mich nicht wirklich bedroht, nicht mit Worten. Das kann man nicht sagen. Aber ich hatte Angst. Vielleicht wandte Arthur eine Technik an, keine Ahnung.»

«Eine Technik, wie meinst du das?»

«Solche Techniken kann man lernen, weißt du. Manche bekommen Unterricht. Wie man Leute einschüchtern kann. Und wenn ich darüber nachdenke, dann könnte das bei Arthur auch so sein. Vielleicht hat er das ja in seinem Club gelernt.»

Mir war klar, worauf Roger anspielte. Man erzählte sich über Arthur, dass er Mitglied einer Freimaurerloge* sei. Ich wusste nicht so recht, was ich von all dem halten sollte. Was auch immer zwischen den beiden Männern vorgefallen war, Roger war der Schreck tief in die Glieder gefahren.

Ein glückloser Whistleblower

Trotzdem gab es noch Beamte, die es wagten, Alarm zu schlagen. Ich war noch nicht lange in Luxemburg, als ich eine E-Mail von einem gewissen Warren Garrett* aus London erhielt. Er fiel gleich mit der Tür ins Haus:

> «*Werter Paul van Buitenen, ich würde Sie gerne einmal treffen, um Ihnen interessante Papiere zu zeigen. An diese Mail habe ich schon mal Korrespondenz angehängt, die ich mit dem neuen Direktor von OLAF [dem Betrugsbekämpfungsamt der EU] geführt habe. Aber heute rief OLAF mich an. Man teilte mir mit, dass sie mir nicht helfen werden. Kein Beamter vor Ort oder Abgeordneter, der ab 1989 bei Betrugsfällen involviert war, bei denen es um Mittel aus dem Europäischen Sozialfonds [ESF*] ging, werde vor Gericht gebracht.*»

Mit einer Mischung aus Widerwillen und Interesse las ich weiter.

«Als diese Leute meine Kollegen und mich für diesen Betrug verantwortlich machen wollten, habe ich bei den britischen Behörden Alarm geschlagen. Doch diese sind nicht in Erscheinung getreten. Danach wurde ich Opfer von Strafmaßnahmen. Ich ging zur Zeitung ‹The Observer›, die wiederum UCLAF* [Vorgänger von OLAF] eingeschaltet hat. UCLAF hat mich im Anschluss gebeten, ihnen die notwendigen Informationen zu verschaffen. Das ging zunächst nicht, wegen der Schweigepflicht. Über das Gericht habe ich 1996 die Schriftstücke öffentlich machen können. Dadurch konnte die Europäische Kommission, basierend auf dem UCLAF-Bericht, £ 550 000 von den beteiligten Organisationen in London zurückfordern.»

Ich suchte nach dem Ende des Berichts. Es war eine lange Nachricht, wie ich seufzend feststellen musste.

«Im UCLAF-Bericht stehen Anschuldigungen gegen Führungskräfte meines ehemaligen Arbeitgebers, wie Betrug und Betrugsvertuschung, inklusive strafrechtlicher Übertretungen. Jahrelang ließ der UCLAF-Bericht auf sich warten. In der Zwischenzeit bot mir die Kommission keinen Schutz. Mein Gerichtsverfahren habe ich verloren. Ich wurde verurteilt, die Kosten zu tragen, mehr als £ 100 000. Meine Gewerkschaft hat mich fallen lassen, da die Beschuldigungen sich auch auf Leute aus der britischen Labour Party bezogen.

1998 hat die Europäische Kommissarin Anita Gradin die britische Regierung gebeten, ein strafrechtliches Ermittlungsverfahren zu eröffnen, und sie hat auch Kompensationszahlungen für mich gefordert wegen des Schadens, der mir als Whistleblower entstanden ist. Die britische Regierung hat das abgewiesen, und darüber hinaus haben die gleichen Londoner Organisationen einen Rekordbetrag an neuen ESF-Subventionen bekommen. Ich habe große Probleme, und mein ehemaliger Arbeitgeber will mich

> vernichten. *Das gelingt ihm wahrscheinlich noch, insbesondere wenn die Kommission weiterhin untätig zuschaut. Ich habe meine Bürgerpflicht getan, nun bin ich meinen Job, meine Karriere und meine Gesundheit los.»*

Soll ich Hilfe leisten?
Während des Lesens fühlte ich, wie meine Entrüstung in Wellen anstieg; zugleich spürte ich immer mehr meine Machtlosigkeit. Ich hatte mich zurückgezogen, Edith brauchte Ruhe. Ich konnte mich doch nicht noch einmal in solche Angelegenheiten stürzen? Das konnte ich wirklich nicht. Zwar klang die E-Mail von Garrett überzeugend, aber hatte er auch Beweise?

> *«Des Weiteren muss ich Sie auf die Rolle der Politik in dieser Sache aufmerksam machen. Die Beschuldigten sind Mitglieder oder Abgeordnete der britischen Labour Party. Einer von ihnen kennt Kommissar Kinnock persönlich. Nach der Veröffentlichung des UCLAF-Berichts haben sie auch ein Protestschreiben an Kinnock geschickt. Als Folge der politischen Verbindungen hat die Londoner Polizei keine Untersuchung eingeleitet. Können Sie mir helfen? Und wenn es auch nur mit Rat ist. Ich habe keinen Scanner, kann Ihnen aber gerne den UCLAF-Bericht zuschicken. Dann können Sie alles selbst beurteilen. Meine Probleme wachsen mir über den Kopf, und jegliche Hilfe ist willkommen.*
>
> *Mein Rat an jeden Whistleblower, der mit Betrug konfrontiert wird: Vergiss dein Gewissen! Denk daran: Deine Gesundheit, deine Familie und deine Liebsten sind von deinem Schweigen abhängig.*
>
> *Ich muss Sie zu Ihrer Leistung und Ihrem persönlichen Mut beglückwünschen. Sie sind mir ein Vorbild. Entschuldigen Sie, wenn ich etwas emotional klinge, ich schreibe in Eile und mit Wut. Aus UCLAF mag OLAF geworden sein, aber noch immer sind die Hände derselben Beamten durch Ohnmacht gebunden. Ob Sie mir nun helfen oder nicht, ich wünsche Ihnen auf jeden Fall das Allerbeste.»*

Diese E-Mail bewegte mich tief. Sie zeichnete genau das Schicksal von Whistleblowern: geschmäht, vergessen und mittellos. Aber auch ich saß in der Klemme. Versprechen konnte ich Garrett nichts. Zumindest schrieb ich ihm am gleichen Abend noch zurück. Trotz meiner eigenen Situation wollte ich ihn nicht einfach im Stich lassen.

> «Sehr geehrter Herr Garrett, lieber Warren, deine E-Mail hat mich sehr bewegt, und ich sehe, dass man dich schlecht behandelt hat. Gleich aus mehreren Gründen finde ich den Fall, den du beschreibst, interessant. Allerdings muss ich dir mitteilen, dass ich mich aus der Öffentlichkeit zurückgezogen habe; auch mit Untersuchungen möchte ich mich nicht mehr beschäftigen. Ich habe eigene Wunden zu lecken und muss auch an meine Familie denken. Bei meinem Start in Luxemburg habe ich der Kommission einige Dinge zugesagt, ich muss also erst einmal nachdenken, bevor ich inhaltlich auf deine Nachricht antworten kann. Dankbar wäre ich, wenn du mir tatsächlich eine Kopie des UCLAF-Berichts zuschicken könntest. Eines möchte ich noch fragen: Hast du Kontakt mit ‹Public Concern At Work› aufgenommen? Zwar hat die neue britische Schutzverordnung für Whistleblower keine rückwirkende Kraft, aber deine Sache läuft noch immer, und vielleicht kann ja PCAW etwas für dich tun? Grüße und Gottes Segen.»

Ein Brief für Kinnock
Ich hatte keine Lust, mich selbst um die Sache mit Warren zu kümmern – das heißt, ich wollte nicht selbst anfangen zu recherchieren und die Tatsachen mühsam ans Licht zu bringen. Aber Sympathie empfand ich schon für ihn. Also wollte ich ihn nicht hängen lassen. Nach einigem Nachdenken beschloss ich daher, einen Brief an Neil Kinnock zu schreiben. Das war nicht ohne Risiko. Man weiß ja nie, inwiefern Beschuldigungen zutreffen. Und nur dann ließ es Kinnocks Ressort zu, dass er sich überhaupt mit solchen Untersuchungen beschäftigte. Eigentlich war es eine Angelegenheit für Frau Schreyer. Aber vielleicht

konnte Kinnock etwas für Warren tun. Auch die Möglichkeit, dass Kinnock in diesem Fall vielleicht eine Rolle gespielt hatte, fesselte mich. Ich ging das Risiko also ein. Warren hatte Wort gehalten und mir in der Zwischenzeit einiges an soliden Informationen zugeschickt: den UCLAF-Bericht und die Korrespondenz zwischen der damaligen Kommissarin Gradin und den britischen Behörden.

Ich schickte Kinnock einen Brief, in dem ich in etwa das Folgende schrieb:

> *«Ein Warren Garrett hat mit mir in Zusammenhang mit einem Betrugsfall in London Kontakt aufgenommen. Dieser hat mit Geldern aus dem ESF (Europäischen Sozialfonds) zu tun. Als Whistleblower hat Herr Garrett die notwendigen Informationen an OLAF gegeben. OLAF hat den Betrug untersucht und bestätigt. Die englischen Behörden bezahlen nun das unterschlagene Geld zurück. Herr Garrett wurde aber das Opfer seines Engagements und ist heute ruiniert. Im Gegensatz zu dem, was die englischen Behörden behaupten, weigern sie sich, die Empfehlungen zu befolgen, die die ehemalige Europäische Kommissarin Gradin diesen Behörden gegeben hat. Dies sowohl in Beziehung auf Herrn Garrett als auch auf die Einleitung eines strafrechtlichen Ermittlungsverfahrens gegen die Täter des Betrugsfalls. Darum bitte ich Sie, Ihren Einfluss bei den britischen Behörden geltend zu machen, damit sie doch noch der Aufforderung der Europäischen Kommission entsprechen. Abschließend möchte ich noch um weitere Untersuchungen bitten, da Hinweise vorliegen, die auf einen größeren Betrugsfall deuten.»*

Mit dem Brief schickte ich einige Anlagen, so die Korrespondenz mit den englischen Behörden und einen Auszug aus dem OLAF-Bericht, in dem eine Auflistung der (strafrechtlichen) Übertretungen, die vermutlich begangen wurden, erfolgte.

Eine Kopie dieses Briefes ging an die Kommissarin Schreyer, an OLAF und an einige Europaparlamentarier, wie etwa den deutschen Vorsitzenden der Haushaltskontrollkommission und den Führer der britischen Konservativen im Europäischen Parlament. Letzteres war vielleicht nicht die feine Art, aber ich wollte, dass man meinen Brief ernst nahm. Ich stellte Kinnock ja auch nur eine höfliche Frage.

Selbstverständlich bekam Warren auch eine Kopie. Er freute sich über meinen Brief. Zum soundsovielten Male erwachte in ihm wieder ein wenig Hoffnung, dass vielleicht etwas geschehen würde und sein Verdruss ein Ende hätte. Hoffentlich weckte ich bei ihm keine falschen Erwartungen.

Die Reaktion von Kinnock
Kinnocks Reaktion ließ nicht lange auf sich warten. Schon nach einigen Tagen empfing ich eine persönliche Antwort von ihm; ausführlich, aber formell handelte er meine Punkte ab. Für Hinweise auf Betrug schickte Kinnock mich zum Antibetrugsamt OLAF. Bezüglich der Aufforderungen der Kommission an die englischen Behörden verwies Kinnock mich an Frau Schreyer. Hinsichtlich der Behandlung von Garrett durch die englischen Behörden führte Kinnock die Anlagen meines eigenen Briefes an. Darin stand, dass die Briten bereits alle Möglichkeiten ausgeschöpft hätten. Doch öffnete Kinnock auch eine Tür. Er stellte nämlich fest, dass es zwischen meiner Beschreibung der Haltung der englischen Behörden und der offiziellen Schilderung dieser Behörden selbst einen enormen Unterschied gab. Da er von der Angelegenheit zu wenig wisse, bat er mich darum, ihm weiterführende Informationen zu verschaffen. Diese sollten sich nur auf die Behandlung von Warren Garrett beziehen, damit Kinnock beurteilen könne, ob er dazu einen hilfreichen Beitrag leisten könnte. Ich schickte Warren eine Kopie des Briefes und wartete ab, welches Material er liefern würde.

Treffen in London
Die E-Mails zwischen Warren und mir gingen hin und her. Immer mehr fühlte ich mich in sein Schicksal einbezogen – ob ich nun wollte oder nicht. Unsere Kommunikation verlief nicht immer reibungslos, manchmal dauerte es etwas, bis er an seine Mails kam. Eigentlich hätte ich ihn einmal besuchen müssen, aber die Zeit, in der ich extra für Recherchen unterwegs war, hatte ich doch gerade hinter mir gelassen. Eine Weile später

musste ich nach London, um dort auf einer Tagung zu sprechen. Diese Vereinbarung war schon ein halbes Jahr alt. Dabei nutzte ich die Gelegenheit, um Warren zu treffen.

In der Pause verließ ich die Tagung. Auf das Referat danach konnte ich gerne verzichten, ebenso auf die übliche Beziehungsknüpferei. Ich entschlüpfte und machte mich auf die Suche nach dem Café, in dem ich Warren finden sollte, eine Viertelstunde mit der U-Bahn entfernt. Ich kannte die Gegend überhaupt nicht, und mit dem Stadtplan in Händen irrte ich eine Weile umher. Es wurde immer später, und ich machte mir Sorgen, ob Warren so lange warten würde. Plötzlich tauchte das Café auf der anderen Straßenseite auf. Ich war mir nicht mehr sicher, ob wir uns draußen oder drinnen verabredet hatten. Ich schaute mir noch einmal das Foto von Warren an, das ich aus einer Zeitung hatte. Besonders scharf war es nicht, hoffentlich erkannte ich ihn überhaupt. Zur Sicherheit ging ich hinein und blickte jedem kurz ins Gesicht. Ich war aufgeschmissen. Verpassen wollte ich ihn auf keinen Fall. Nein, drinnen war er nicht, also wieder nach draußen. Eine Zeit lang schlenderte ich hin und her. Hoffentlich traf ich ihn noch ...

Beinahe eine halbe Stunde nach der verabredeten Zeit lief plötzlich ein Mann in einer Jacke auf mich zu. «Hallo, Paul! Was freue ich mich, dich zu sehen! Endlich treffe ich dich einmal.» Ich ergriff seine ausgestreckte Hand und blickte Warren an.

«Schön, Warren, entschuldige, dass ich nicht vorher gekommen bin, aber das hier war die erste Gelegenheit.»

Warren lachte, aber um seine Augen lag auch ein trauriger Zug. «Gehen wir hinein?»

Wir suchten einen ruhigen Tisch und setzten uns einander gegenüber. Warren stellte eine Plastiktüte auf den Tisch. Die Kneipe war rauchverhangen und ziemlich laut. «Was willst du trinken, Paul?»

Ich dachte an ein englisches «Pint».

«Was nimmst du?»

Warren strich sein Haar nach hinten. «Ich nehme ein Wasser.»

Ein wenig enttäuscht nickte ich ihm zu. «Gut, dann für mich auch ein Wasser.»

Warren kam mit den zwei Gläsern zurück an den Tisch. Wir nahmen einen Schluck und studierten einander. «Paul, es gibt so viel, das ich dir erzählen muss. Ich weiß gar nicht, wo ich anfangen soll.»

«Nimm dir Zeit, ich sitze nicht auf heißen Kohlen. Wie ich sehe, hast du Papiere mitgebracht, vielleicht kannst du mir darüber etwas erzählen?»

Warren zog einen Papierstapel aus der Plastiktüte. «Ich weiß nicht mehr genau, was ich dir schon alles geschickt habe. Du musst mal gucken, was du gebrauchen kannst.» Ich blätterte rasch durch den Stapel. Es war ein Durcheinander von Briefen, Berichten, Sitzungsprotokollen und anderem.

Warren erzählte. Zunächst langsam und stockend, aber während des Erzählens kam er in Fahrt. Die übliche Geschichte eines Whistleblowers: wie er Missstände angeprangert hatte und nun dafür büßen musste, während die Täter unbestraft blieben.

Aus seinem Gesicht sprach Übermüdung, und er machte insgesamt einen gejagten Eindruck. Ich versuchte, so viele Informationen wie möglich von ihm zu bekommen. Gelegentlich schien seine Geschichte verworren, dann fragte ich nach. Warren wusste verflixt gut, worüber er sprach. Ich war mehr und mehr davon überzeugt, dass er in den Mühlen der Labour Party zermahlen wurde.

Warren hatte jahrelange Konflikte hinter sich und wirklich alles verloren. «Paul, manchmal ist mir zum Heulen zumute, wenn ich zurückschaue, aber es gibt kein Zurück mehr. Sie haben mir alles genommen. Es gibt nichts, was ich noch zu verlieren hätte.»

Ich blickte vom letzten Papier auf, das er mir gerade gegeben hatte. «Warren, ich verstehe, wie du dich fühlst. Aber manchmal ist es einfach besser aufzuhören, weißt du.»

«Du verstehst mich eben nicht. Ich bin nicht voller Hass, auch wenn sie mir alles genommen haben, mein Haus, meine Freundin, meine Gesundheit und meine Glaubwürdigkeit. Ich glaube weiterhin an die Gerechtigkeit. Diese Papiere sprechen doch für sich?»

Ich musste zugeben, seine Geschichte war gut untermauert. «Hast du das alles vor deiner Entlassung mit nach draußen genommen?»

Warren schüttelte den Kopf.

«Ich habe noch immer Leute in der Organisation, die mich mit Informationen versorgen.»

Ich nickte zufrieden. Das deutete alles darauf, dass seine Geschichte stimmen müsste. «Hat es dir viel Mühe gemacht, all das zusammenzutragen?»

«Ja, ich musste natürlich alles schnell kopieren, man wollte es rasch zurückhaben. Ich hatte gar kein Geld mehr für die Kopien.»

Ich bot ihm an, ihm die Kopien für mich zurückzubezahlen. Es kostete mich richtig Mühe, ihn zu überzeugen, das Geld auch anzunehmen. «Das ist doch das Mindeste, was ich für dich tun kann.»

Später verabschiedeten wir uns voneinander. «Warren, halt dich wacker, Mann, du bist nicht allein!» Ich bezahlte ihm auch die Versandkosten für die Kopien, die er nach Luxemburg schicken wollte. Außerdem versprach ich, noch einen Brief an Kinnock zu schreiben. Als wir wieder auf der Straße standen, schaute ich ihm nach, wie er auf der anderen Straßenseite zwischen den Fußgängern verschwand.

Der zweite Brief an Kinnock
Kurz darauf schrieb ich dann auch einen zweiten Brief an Kommissar Kinnock über diese Angelegenheit. Dieses Mal war es ein persönlicher und vertraulicher Brief, daher verschickte ich keine Kopien an Dritte. Dadurch konnte ich aber auch deutlicher sein und inhaltlich weiter gehen. Kinnocks Hinweis auf OLAF war überflüssig gewesen, denn dieses Betrugsbekämpfungsamt wusste ja längst Bescheid. Darüber hinaus ließ ich ihn wissen, eine bloße Erklärung der britischen Behörden, dass sie alle Untersuchungen durchgeführt hätten, sei für mich unzureichend. Die Kommission sollte doch eigentlich kontrollieren, ob ihre Empfehlungen auch befolgt werden. Und schließlich betonte ich, dass die Behauptungen der britischen Behörden ganz einfach nicht stimmten – als hätten sie Warren eine ehrliche und faire Regelung angeboten.

Ich berichtete Kinnock vom Treffen mit Warren, schrieb von einem Whistleblower, den man mundtot gemacht hatte; einem Mann, der ein Opfer der britischen Regierung geworden war. Am Schluss des Briefes kam ich auf den sensibelsten Punkt zu sprechen. Ich reagierte auf Kinnocks Aussage, dass er über diese

Angelegenheit nicht umfassend informiert sei und daher keinen eigenen Standpunkt beziehen könne. Aus den Informationen, die ich besaß, ergab sich nämlich, dass Kinnock wohl doch gut informiert war. Genau aus diesem Grund hatte ich ihm ja bezüglich dieses Falles geschrieben. Wenn meine Informationen stimmten – das ließ ich Kinnock wissen –, dann hätten die Mitglieder der britischen Labour Party, die des Betrugs beschuldigt wurden, von sich aus Kontakt mit Kinnock aufgenommen. Und daher hätte ich ihn wegen dieser Angelegenheit angesprochen.

Kinnock hätte nun sofort die Möglichkeit zu bestätigen, dass ich diese Angelegenheit korrekt behandelt hätte, damit diesbezüglich keine Missverständnisse entstünden. Ich beendete meinen Brief mit einem Appell an Kinnock, etwas für Garrett zu tun. Er solle bei den britischen Behörden darauf hinarbeiten, dass die Empfehlungen der damaligen Europäischen Kommissarin Gradin befolgt werden.

Hoffentlich war ich mit diesem Brief nicht zu weit gegangen. Es war der letzte Versuch von mir, diesen Fall auf eine für alle Beteiligten befriedigende Art und Weise zu klären. Ich verheimlichte meine Informationen nicht und gab Kinnock die Gelegenheit zu reagieren. Warren bekam eine Briefkopie, allerdings schickte er mir keine E-Mails mehr.

Erst eine Woche später gelang es mir, Warren ans Telefon zu bekommen. Er steckte wieder bis zum Hals in Schwierigkeiten und hatte keine Gelegenheit gehabt, seine E-Mails einzusehen. Finanzielle Probleme beschäftigten ihn nun voll und ganz. Manchmal hatte er keinen Internetanschluss mehr. Vielleicht musste er sogar sein Haus räumen.

Die Mühlen der britischen Labour Party drehen sich
Einige Wochen später rief mich ein Mitglied aus dem Kabinett von Kinnock wegen Warren Garrett an. Die Dame informierte mich, dass Kinnock leider noch nicht in der Lage gewesen sei, meinen zwei Monate alten Brief zu beantworten. Kinnock hatte den englischen Minister für Bildung und Beschäftigung, David Blunkett (darüber hinaus Labour-Parteigenosse) um nähere Informationen gebeten. Diese waren jedoch noch nicht vollständig (siehe die Abbildung auf Seite 78). Wenig später telefo-

nierte ich mit Warren, um ihn auf den aktuellen Stand zu bringen. Die ausstehende Antwort von Kinnock konnte er nicht gelassen abwarten. Ich fand aber, er müsse erst einmal Ruhe bewahren. «So kannst du das doch nicht sagen, Warren. Warum bist du jetzt schon so negativ eingestellt?»

Warrens Reaktion am Telefon war heftig. «Paul, ich weiß schon längst, dass Kinnock Blunkett um nähere Informationen gebeten hat. Aber weißt du, was Blunkett gemacht hat?» Ich verneinte, und Warren fuhr fort: «Blunkett hat sich makabrerweise an die Londoner Einrichtung gewandt, die von OLAF des Betrugs beschuldigt wird, an Camden Council. Weißt du, was das heißt, Paul? Das bedeutet nichts anderes, als dass die Fragen von Blunkett von denjenigen beantwortet werden, die am Betrug beteiligt waren. Na ja, diese Leute gehören übrigens auch zur Labour Party.»

Als mir Warren das erzählte, konnte ich mein Lachen kaum zurückhalten. «Das ist doch nicht dein Ernst?»

Warren war es aber überhaupt nicht zum Lachen zumute. «Du kennst diese Leute noch nicht, Paul. Sie machen alles Mögliche, solange nur am Ende rauskommt, dass OLAF im Unrecht war. Das hast du doch schon bei der so genannten unabhängigen Untersuchung gesehen, die sie selbst zusammengebastelt haben.»

Ich musste Warren Recht geben, da war etwas dran. «Weißt du, Warren, es wäre fantastisch, wenn ich das ganz sicher wüsste. Kannst du mir diese Informationen beschaffen?»

Warren wollte es auf jeden Fall versuchen. «Was brauchst du genau, Paul?»

Ich dachte kurz nach. «Eigentlich alles, was du kriegen kannst. Beispielsweise etwas aus der Korrespondenz, die zwischen Neil Kinnock und David Blunkett geführt wurde. Ganz toll wäre natürlich der Briefwechsel zwischen Blunkett und Camden Council. Wenn ich den hätte, könnte ich Kinnock bezüglich der Herkunft seiner Informationen warnen!»

Warren versprach, sein Bestes zu versuchen, und legte auf.

Ein mitgelesener Briefwechsel
Wunder über Wunder: Es gelang Warren tatsächlich, den Briefwechsel in die Finger zu kriegen. Als ich wieder Post aus

England bekam und den Umschlag geöffnet hatte, traute ich meinen Augen kaum. Offensichtlich hatte Warren tatsächlich den Briefwechsel zwischen Neil Kinnock, dem britischen Minister Blunkett und den Beamten von Camden Council ans Licht gebracht! (Sie können mitlesen. Siehe die Abbildungen auf den Seiten 79 und 81.) Beim Lesen der Schriftstücke erfuhr ich sogar, was Kinnock über meine Person alles an Blunkett weitergegeben hatte. Ich beschloss, mich sofort an Kommissar Kinnock zu wenden.

Am 25. Oktober 2000 schrieb ich unter anderem an Kommissar Kinnock:

> *«Sehr geehrter Herr Kinnock. Gerne möchte ich mich für die Aufmerksamkeit bedanken, die Sie dem Fall Warren Garrett gewidmet haben. Im vorigen Monat haben Sie sich mit der Bitte um nähere Informationen über die Situation von Herrn Garrett an die britischen Behörden gewandt. Zudem baten Sie um Auskünfte über die Maßnahmen, die infolge der Empfehlungen der früheren Kommissarin Gradin erfolgten. Gerne möchte ich Sie wissen lassen, dass die Antwort, die Sie daraufhin von Minister Blunkett erhielten, auf irreführenden Informationen beruht. Diese wurden gerade von denjenigen Leuten beschafft, die selbst der Beteiligung am Betrug beschuldigt werden. Zugleich möchte ich Sie darüber informieren, dass die Untersuchungen, die im Auftrag der beschuldigten Organisation ausgeführt wurden, nicht als unabhängig betrachtet werden können. Dies betrifft auch die SOLACE-Untersuchung* von 1999. Ich hoffe, Sie berücksichtigen dies bei Ihrer Reaktion, so dass das Ergebnis für Herrn Garrett zufriedenstellend sein wird.»*

Wenn Kinnock noch bei Verstand war, konnte er das nicht mehr ignorieren. Er musste nun etwas tun ...

Die Whistleblower-Regelung: eine arrangierte Falle!
Kinnock hatte ja Vorschläge für Verfahrensweisen gemacht, die Beamte in Zukunft einhalten mussten, wenn sie Missstände

2000/0054722PODB

SANCTUARY BUILDINGS GREAT SMITH STREET
WESTMINSTER LONDON SW1P 3BT
TELEPHONE 0870 0012 345
E-mail dfee.ministers@dfee.gov.uk

The Rt Hon DAVID BLUNKETT MP

The Rt Hon Neil Kinnock
Rue de la Loi, 200-B-1049
Brussels
BELGIUM

19 September 2000

Dear Neil

Thank you for your fax of 30 August, about Mr Van Buitenen's letter of 16 August 2000. I will deal with each of the matters in the same order that you raised them.

a) The Migrant Training Company overclaimed ESF amounting to £41,428.00. The Department agreed a schedule of repayment. In line with this, repayments already received amount to £13,000.00. Further instalments to clear the balance fall due in December 2000 and December 2001.

b) The Metropolitan Police Company Fraud Squad will respond to you directly with additional details about their decision not to proceed with the case.

c) To assist you in your response to Mr Van Buitenen, my Department has asked the London Borough of Camden to provide you with a source copy of their independent enquiry, along with any other relevant information. Camden have also agreed to respond to items d) to f) which are more appropriate for them to answer.

I also enclose a copy of the Andrew Smith letter of 8 July 1998 to Anita Gradin, as requested.

As additional background information, you might wish to note that all other London Boroughs involved in this investigation have since cleared their outstanding ESF overclaims in full.

Best wishes

DAVID BLUNKETT

Meine Fragen an den Eurokommissar Neil Kinnock (British Labour) wurden von Vertretern der Labour Party beantwortet, die an dem Betrug beteiligt waren. Die Antwort erfolgte über den Bildungsminister (British Labour)!

Date: 15 September 2000
Your ref:
Our ref: cofs/l/DfEE
Enqs to:
Tel: 020 7974 5933
Fax: 020 7974 5750
Email: ██████@camden.gov.uk

Mr ██████
Department for Education
and Employment
Level 1, Room 108
Caxton House
Tothill Street
London SW1H 9NF

Dear ██████

Thank you for sending me a fax (6 September 2000) of a letter from Mr Neil Kinnock, Vice President of the European Commission addressed to the Rt Hon David Blunkett, Secretary of State for Education and Employment dated 30 August 2000. You have specifically asked me to comment on four of the six matters ie c, d, e and f shown on page 2 of the letter.

In the final paragraph of page 1 of the letter Mr Kinnock says that he has no recollection or record of being previously approached by anybody from Camden or anywhere else about this case. I am enclosing for your information a copy of a letter dated 16 September 1999 which was addressed to Neil Kinnock MEP from our then Leader of the Council, Cllr Richard Arthur. This letter enclosed a copy of the independent report carried out by SOLACE International together with a copy of a covering letter to ex-Commissioner Gradin which refers specifically to Mr W Garrett's situation. You already have a copy of the SOLACE report. The letter to Commissioner Gradin states:

"... we do appreciate the fragility of Mr Garrett's health and financial status and my officers, in conjunction with our insurers and their solicitors, will be discussing with Mr Garrett and his representatives to see if any form of settlement can be reached".

Despite the best endeavours of our insurers Zurich Municipal settlement has not been reached with Mr Garrett who seems determined to take his case to appeal. This is further explained in my responses to the issues mentioned below.

Issue (c)

Issues related to Mr Garrett are mainly contained in Section 6.5 of the SOLACE report. The issue of Mr Garrett's ill health retirement is contained in paragraph

Die Antwort. Man beachte den zweiten Absatz, in dem auf die Tatsache hingewiesen wird, dass sehr wohl ein Brief an Kinnock geschickt wurde, obwohl dieser sich an diesen Brief nicht erinnern kann.

anprangern wollten. Diese Verordnungen für Whistleblower bestätigte die Europäische Kommission Ende November. Obwohl ich auf diesem Gebiet Erfahrung hatte, nahm man mich nicht für voll. Auf die Berichte über Whistleblowing, die ich an die Mitarbeiter von Kinnock schickte, sowohl direkt als auch über die Gewerkschaft, bekam ich nie eine Reaktion.

Die Regelung, die man schließlich fand, war weder Fisch noch Fleisch. Den Whistleblowern wurde kein Schutz gewährt, vielmehr schien es, als ob man sie in eine Falle locken würde. Der Trick ist einfach: ein Verfahren ohne Ausweg. Der Whistleblower muss eine Anzahl fest definierter Wegetappen zurücklegen. Auf diesen Wegen kann die Organisation den Whistleblower kontrollieren; in der Zwischenzeit werden dann so viele Daten wie möglich entfernt. Die Organisation sorgt dafür, dass sie oder er am Ende des Prozesses immer noch unter Kontrolle steht. Das macht man ganz einfach, indem man den Whistleblower bei einer unter Kontrolle stehenden Organisation oder einer politisch benannten Figur enden lässt. Und diese Falle, die man für den Whistleblower arrangiert, präsentiert man dann als Schutzeinrichtung. Und damit hat sich die Sache erledigt! Die Kommission hat ihre Whistleblower-Regelung.

Kinnock lässt uns im Regen stehen
In der Angelegenheit der ESF-Frage und Warren Garrett schrieb ich nun schon den vierten Brief an Kinnock. Auf die vorigen beiden hatte ich überhaupt keine Reaktion mehr bekommen. Wie man hörte, hatte Kinnock den britischen Behörden mitgeteilt, sich keiner früheren Kontakte mit den Betroffenen in diesem Fall bewusst zu sein. Also schrieb ich Kinnock, dass ich mich nun an die zuständigen Behörden wenden würde.

Anscheinend fühlte Kinnock sich letztlich doch angesprochen, denn nach der Jahreswende erhielt ich tatsächlich eine Antwort. Meine Reaktion schien ihn zu erfreuen. Zumindest schrieb er, dass er persönlich nichts mit der Angelegenheit zu tun habe. Daher sei es wirklich besser, wenn ich jetzt mit denjenigen Kontakt aufnehmen würde, die diesen Fall auch in ihrem Zuständigkeitsbereich hätten. Kinnock wollte mir aber auch noch unbedingt mitteilen, dass er in der Zwischenzeit weitere

Rt Hon NEIL KINNOCK
VICE-PRESIDENT OF THE EUROPEAN COMMISSION

RUE DE LA LOI, 200 - B-1049 BRUXELLES
WETSTRAAT - B-1049 BRUSSEL

Brussels, 9 Jan '01
LM/pm (1/01)

Mr Paul VAN BUITENEN
DG SANCO
EUFO 4/4255

Dear Mr van Buitenen,

Thank you for your letter of 3 January concerning Mr Warren Garret. As you say, my locus in this matter is very limited since the issues do not fall within my responsibility, and I have not been personally involved in handling them. I therefore agree that you would be better advised to pursue the matter with those who do have formal responsibility.

After receiving your previous letters, however, I did pursue what enquiries I could with the UK authorities and with my colleague Michaele Schreyer as a matter of general interest, and with the following results:

First, the Commission has finalised recovery of all ESF monies outstanding in the case.

Secondly, for your information, I attach the response I received from Rt Hon David Blunkett MP, Secretary of State for Education and Employment.

Thirdly, I also received information from the London Borough of Camden concerning more specifically the treatment of Mr Garratt. As this information was provided to me in confidence, you will understand that I am unable to provide you with a copy. In essence, however, I was informed that Camden was keen to reach a settlement with Mr Garratt provided that he agreed to withdraw his appeal against the English court's decision in Camden's favour, and not to bring new actions. As of the end of September 1999, no settlement had been reached. I do not know whether there have been subsequent developments.

Finally, at the end of November, I received a letter from the Company Fraud Squad of the Metropolitan Police explaining their decision not to proceed with the case. As this information was provided to me in confidence, you will understand that I am unable to provide you with a copy. However, essentially the Fraud Squad took the view that there was insufficient evidence to support the prosecution of any identifiable person.

I thought that you might be interested to receive this further information which, although necessarily limited, gives evidence that the various official authorities concerned have given active and reasoned attention to the matter.

Yours sincerely,
Neil KINNOCK

TELEPHONE: DIRECT LINE 296 32 20 - TELEPHONE EXCHANGE 299 11 11 - TELEX COMEU B 21877 - TELEGRAPHIC ADDRESS COMEUR BRUSSELS - TELEFAX 296 07 49

Kinnocks letzter Brief an mich betr. Warren Garrett.

Paul van Buitenen an seinem Arbeitsplatz im März 2004.

Informationen erhalten habe – das Geld, das die Europäische Kommission zurückgefordert hatte, war nämlich mittlerweile eingegangen. Darüber hinaus hatte die Londoner Gemeinde Camden* Kinnock wissen lassen, dass Warren Garrett fair behandelt werde und einen Vergleichsvorschlag erhalten habe. In dem Brief stand auch, dass die Londoner Polizei jedoch nicht genügend Hinweise habe, um den Fall zu verfolgen. Kinnock ging davon aus, diese Dinge würden mich interessieren, da sie ja auch zeigten, wie die verschiedenen Behörden in dieser Angelegenheit alles Notwendige unternommen hätten.

Ob Kinnock das wohl selbst glaubt?, fragte ich mich.

Man konnte zusehen, wie die Kettenglieder ineinander griffen. Undurchdringlich schien die Mauer aus Politikern der britischen Labour Party, die zudem um sich selbst kreisten.

Das Schicksal des Whistleblowers Garrett ließ sie vollkommen kalt. Auch Kinnock war nicht bereit, irgendetwas Konstruktives zu diesem Fall beizutragen. Also musste ich mich an Frau Schreyer wenden. De facto war ich so mit der Affäre Garrett wieder da gelandet, wo es begonnen hatte.

Und ich hatte ja auch noch andere Dinge zu tun! Meine GD Gesundheit musste noch immer einen Rückstand bei den Dossiers wettmachen. Um damit voranzukommen, leistete ich im Dezember und um den Jahreswechsel 2001 zahlreiche Überstunden, manchmal auch sonntags. So konzentrierte ich mich erst einmal wieder auf meine eigene Arbeit.

5

Briefoffensive

Nach fast einem Jahr beachtlicher Ruhe wurde mir deutlich, dass sich nichts, aber auch wirklich gar nichts in der politischen Kultur der Europäischen Kommission verändert hatte. Untersuchungen versandeten, die falschen Zeugen wurden gehört, verdächtigte hohe Beamte fasste man mit Samthandschuhen an. Beamte – von welchem Rang auch immer –, die auf schief laufende Fälle aufmerksam machten, stießen auf eine Mauer aus Unverständnis und Bürokratie.

Anfang 2001 beschloss die Kommission, einen lästigen Topbeamten loszuwerden. Anscheinend tanzte er nicht genug nach der Pfeife des Establishments. Der Grieche Pappas bekam es mit einem gewissen Artikel 50 zu tun. Für Altgediente bedeutet dies eigentlich einen goldenen Handschlag, aber für diesen Mann mit nur kurzer Dienstzeit hatte die Kündigung zwangsläufig zur Folge, dass er quasi ohne Geld auf der Straße stand. Kurz darauf bewarb er sich für einen anderen freigewordenen Posten beim Europäischen Ausschuss der Regionen in Brüssel. Dieser entsprach auch seinem Qualifikationsprofil. Mittels falscher Argumente wurde er dann aber aus dem Bewerbungsverfahren hinausgedrängt. Später gelang es ihm, die manipulierte Benennung durch den Europäischen Gerichtshof zu verhindern. Beim selben Europäischen Ausschuss der Regionen wurde mittlerweile ein Beamter wegen seiner gewissenhaften Haltung schikaniert. Es ging um den internen Wirtschaftsprüfer selbst, dessen Beweise für Betrug niemand sehen wollte. Dieser Prüfer, Robert McCoy, ging schließlich mit seinen Hinweisen selbst zu OLAF. Es wurde ein Leidensweg für ihn.

Wie einem Protokoll der Kabinettschef-Versammlung zu entnehmen ist, übte die Kommission unmittelbaren Einfluss auf die Besetzung von hohen Positionen innerhalb von OLAF aus. Wenn hohe OLAF-Beamte jedoch derart von der Kommission abhängig sind, dann kann das Betrugsbekämpfungsamt niemals wirklich unabhängig operieren!

Über verschiedene Kanäle erreichten mich die Berichte. Ich nahm sie wahr – hin und her gerissen zwischen dem Pflichtempfinden für meine Familie, dem Versprechen an Edith, mich nicht mehr auf solche Unternehmungen einzulassen einerseits und der Verantwortung für die anderen Whistleblower (von denen ich hörte)[2] und den Entwicklungen in der Kommission andererseits. Es musste sich doch endlich einmal etwas verändern! ...

Ich beschloss, aufs Neue diverse Briefe zu schreiben, und zwar über eine Anzahl Fälle, die mir übel aufstießen. Und das waren einige.

Forderung nach wirklichen Taten

Um einen Anfang zu machen: die Angelegenheit Cresson-Berthelot. In einem individuellen Brief an alle Kommissare der Europäischen Kommission bat ich um Aufmerksamkeit für diesen Fall. Berthelot, der Zahnarzt der ehemaligen Kommissarin Cresson, war zum hochqualifizierten Aids-Forscher aufgewertet worden. Man hatte für ihn innerhalb der Kommission gefälschte Berichte erstellt, um zu zeigen, dass Berthelot seine «hochqualifizierte» Arbeit auch geleistet habe. In dieser recht einfachen Angelegenheit liefen schon seit Jahren Nachforschungen, auch bezüglich mehrerer hoher Beamter. Ein Sprecher der Kommission hatte einige Wochen zuvor noch erklärt, die zu Unrecht ausbezahlten Gelder an den – mittlerweile verstorbenen – Herrn Berthelot würden nun von seiner Witwe zurückgefordert. Ich schrieb: «Es kann doch nicht angehen, dass die Kommission sich selbst auf die Schulter klopft, weil sie eine Witwe verfolgt, die mit der ganzen Angelegenheit nichts zu

---

[2] Weitere Informationen zu den verschiedenen Whistleblowern siehe Anhang 1.

schaffen hat, während die Täter und Auftraggeber der Fälschungen, die in der Kommission begangen wurden, ungestraft davonkommen!»

Ich erinnerte die Kommissare mit meinem Brief auch daran, dass sie zum Abschluss des Disziplinarverfahrens über die zu erfolgende Strafe abstimmen müssten – in Anbetracht des hohen Dienstranges der Beschuldigten. Ich machte die Kommissare auf ihre individuelle Verantwortung in dieser Sache aufmerksam. Ich nannte einen anderen Fall, in dem ein hoher Beamter aus zweifelhaften Gründen freigesprochen wurde. Hier hatten sich die einzelnen Kommissare hinter dem Kollektiv des Kollegiums versteckt. Es war schließlich noch kein Jahr her, dass die komplette Europäische Kommission über einen Abschnitt aus dem ersten Bericht der Weisen vom 15. März 1999 stürzte. Und darin stand, dass es schwierig werden würde, innerhalb der Kommission noch irgendjemanden mit ein bisschen Verantwortungsbewusstsein zu finden.

Ich ließ die Kommission nun nicht mehr in Ruhe und bedrängte die Offiziellen mit Briefen – auch über den ESF-Fall von Warren Garrett. Da Kinnock nichts unternommen hatte, wandte ich mich nun, wie ich ihm ja bereits angekündigt hatte, an die zuständige Kommissarin Schreyer. Auch Schreyer war in dieser Angelegenheit mittlerweile kein unbeschriebenes Blatt mehr, denn Garrett hatte sie bereits im Mai 2000 kontaktiert. Schreyer wimmelte ihn daraufhin im Juni mit der Antwort ab, die Kommission sei hier nicht befugt und eigentlich könnten die britischen Behörden in diesem Fall machen, was sie wollten.

Ich erklärte ihr die Angelegenheit nochmals in allen Einzelheiten. Auch erläuterte ich, dass am Betrug Mitglieder der Labour Party beteiligt waren, Kinnock sich aber nicht daran erinnern konnte, mit ihnen Kontakt gehabt zu haben. Zu dem Brief legte ich genügend Material, um Schreyer von der Dringlichkeit und Seriosität der Sache zu überzeugen. Hierunter befand sich auch ein Brief eines Juristen der Europäischen Kommission vom Dezember 1999 an Warren Garrett. Der Jurist brachte darin seine Enttäuschung darüber zum Ausdruck, dass die britischen Behörden die Empfehlung, die Beteiligten des Betrugs strafrechtlich zu verfolgen, nicht aufgreifen.

Bezüglich des Leonardo-da-Vinci-Dossiers schrieb ich ebenfalls einen Brief an Schreyer. Die Unterlagen mit Beschwerden über die nicht untersuchten Unregelmäßigkeiten und den Betrug innerhalb des Leonardo-Programms hatte ich schon 1998 eingereicht. Der Bericht der Weisen bekräftigte einige dieser Beschwerden. Jonathan Faull leitete wiederum eine Untersuchung in die Wege, in der ich noch gehört werden sollte. Aber was war in der Zwischenzeit passiert? Ein großes Schweigen. Im September 2000 erkundigte sich meine Gewerkschaft Renouveau & Démocratie noch nach dem Stand der Untersuchung. Wie Präsident Prodi antwortete, konnten im Zusammenhang mit der Vertraulichkeit der Untersuchung keine weiteren Mitteilungen gemacht werden. Schreyer ließ ich meine Vermutung wissen, dass sich in diesem Fall überhaupt nichts mehr bewege. Ich forderte von ihr oder von OLAF eine detaillierte Antwort hinsichtlich aller Beschwerden, die in Bezug auf Leonardo eingereicht worden waren.

In einigen Briefen an Kommissare prangerte ich die Ungleichheit an, mit der Verordnungen für Beamte in Disziplinarverfahren angewandt wurden. Höhere Beamte kannten sich mit diesen Verordnungen besser aus, zogen juristische Hilfe heran und beantragten Einblick in alle Zeugenaussagen, die gegen sie angeführt wurden. Das hatte lächerliche Zustände zur Folge, wenn den beschuldigten Topbeamten nicht gekündigt wurde, sondern sie ganz normal wie eh und je weitermachen konnten. Die kleineren Beamten, die gegen sie in den Zeugenstand treten konnten, waren ja quasi immer Untergebene der Topbeamten. Diese waren zudem auch noch für deren Beurteilung zuständig. Niemand hatte mich damals auf die Möglichkeit hingewiesen, meine Dossiers einzusehen. Ich erkundigte mich, ob ich dies jetzt immer noch tun könnte.

Ein Betrugsfall schleppt sich dahin
Durch einen recht schockierenden Dokumentarfilm des Dänischen Fernsehens wurde der ECHO-Betrugsfall wieder ins Rollen gebracht. Die Abteilung ECHO* war zu einer der weltweit größten Organisationen für humanitäre Hilfe herangewachsen. Der Betrugsfall war meines Erachtens mit den Wurzeln der Probleme verwachsen, durch die die vorige Kommission unter

Jacques Santer schließlich gestürzt wurde. Gerade vor dem definitiven Verschwinden dieser Europäischen Kommission, während der Demission 1999, wurde der damalige Topbeamte von ECHO, Giovanni Compostella, von der Kommission von allen Beschuldigungen freigesprochen. Wie viele meinen, zu Unrecht. Aber jedes Mal, wenn jemand den Freispruch anzweifeln wollte, schlug Compostella mit Briefen und juristischen Drohungen wild um sich. Er zwang auch die heutige Kommission, ihn wieder zu verteidigen. Für viele waren die Gründe für den Freispruch ein Mysterium. Geschichten machten die Runde über die mögliche Beteiligung eines Kommissars bei betrügerischen Unternehmungen, von denen Compostella wisse. Eine Schwierigkeit bei diesem ECHO-Fall liegt darin, dass jemand wegen der gleichen Beschuldigung nur einmal verfolgt werden kann. Ohne neue Fakten kann man also den Fall nicht wieder aufgreifen.

Das dänische Fernsehprogramm machte die Angelegenheit wieder aktuell. Dadurch konnte ich den Fall bei verschiedenen Kommissaren erneut ankurbeln. Ich verwies auf Dokumente, in denen Unregelmäßigkeiten mit europäischen Mitteln bei bestimmten Projekten gemeldet wurden. Leider musste ich sehr verschleiert operieren: So konnte Compostella mir zwar juristisch nichts anhaben, aber die Kommission konnte andererseits auch genauso verrückt weitermachen. Ebenso, wie es in der dänischen Fernsehdokumentation geschah, verwies ich auf alle internen Berichte, in denen die mögliche Involvierung von Compostella bei dem Betrug erwähnt wurde. Auch die ehemaligen OLAF-Rechercheure, denen man Knüppel zwischen die Beine geworfen hatte, und Zeugen, die nicht angehört wurden, ließ ich Revue passieren. Sogar die ehemalige Kommissarin Gradin und ihr damaliger Kabinettschef erklärten, dass die Betrugsuntersuchungen intern sabotiert würden. Zum Abschluss führte ich die Korrespondenz zwischen Kinnock und Gradin an. Kinnock verwies sie darin auf ihre Geheimhaltungspflicht – aber Gradin reagierte entrüstet mit der Frage, ob Kinnock ihr etwa ihr Rederecht streitig machen wolle.

Ich stellte in diesem Brief noch einige nachdrückliche Fragen. Etwa, ob neue Fakten vorlägen, die die Wiedereröffnung des Falls rechtfertigten. Ob der Disziplinarrat wegen einer eventuell falschen Beschlussnahme verfolgt werden könnte. Auch erkundigte ich mich, ob man mich zu einer Befragung einladen würde. Das würde mir nämlich ermöglichen, genau zu sagen, was mir unter den Nägeln brannte ...

Einige Tage später traf eine Empfangsbestätigung von Kinnock ein. Er versprach darin, dem Brief gebührende Aufmerksamkeit zu widmen und mir eine umfassende Antwort zu schicken.

Reformen?

Im März 2001 kam der Generalsekretär O'Sullivan zu den Luxemburger Beamten, um ihnen über die Reformen von Kommissar Kinnock zu berichten. Das Treffen wurde von mehreren hundert Leuten besucht. Meine kritischen Freunde und ich waren auch darunter. O'Sullivan pries die Reformmaßnahmen und erzählte ansonsten wenig Neues. Allerdings durften danach Fragen gestellt werden, und schon wurde es interessanter.

Michel Sautelet*, ein Eurostat-Beamter, der schon viele Eingaben zu Missständen gemacht hatte, befragte O'Sullivan bezüglich der Freiheit, als EU-Beamter seine Meinung zu äußern. Er führte den Fall Bernard Connolly an. Dieser hohe Beamte wurde entlassen, nachdem er ein sehr kritisches Buch über die Europäische Kommission geschrieben hatte. O'Sullivan fand die Entlassung ganz normal, da Connolly vertrauliche Informationen, die nur einem Mann in seiner Position zugänglich waren, nach außen gegeben hätte.

Leider war es nicht erlaubt, mit O'Sullivan zu diskutieren. Wir kannten nämlich die Fortsetzung der Geschichte: Vor dem Europäischen Gerichtshof war die Anklage, Connolly habe vertrauliche Informationen an die Öffentlichkeit gebracht, nicht aufrechtzuerhalten. Letztendlich wurde seine Entlassung zwar bestätigt, aber jetzt unter anderem aufgrund von Vertrauensbruch.

Ich selbst stellte O'Sullivan zwei Fragen: «Wir wissen alle, dass die heutige Europäische Kommission auch mit den bestehenden Verordnungen und innerhalb der existierenden Organisationsstrukturen besser hätte arbeiten können. Das wirkliche Problem liegt bei der nachlässigen Anwendung der bestehenden Verordnungen. Die Einführung von neuen Verordnungen oder der Umzug von Kommissionsdiensten nach Brüssel wird daran also nichts ändern. Das hat alles mit der Courage, Verantwortung zu übernehmen, zu tun. Warum beschränken sich die heutigen Reformen dann doch nur auf neue Verordnungen und die Organisationsstruktur?»

«Meine zweite Frage hängt mit dem guten Vorbild zusammen, das die Führung der neuen Kommission geben soll. Noch immer werden ernst zu nehmende Unregelmäßigkeiten unter den Teppich gekehrt, anstatt sie zu beseitigen. Warum hält die Europäische Kommission an dieser Haltung fest? Ich hoffe auch, dass meine Briefe der vergangenen Wochen ernsthafte Aufmerksamkeit erfahren werden.»

Bei der Beantwortung der ersten Frage tat O'Sullivan gerade so, als ob ich mich gegen neue Verordnungen wenden würde. Auf den Kern meiner Frage ging er nicht ein: «Verordnungen okay, aber wie sieht es mit deren Ausführung aus?» Bei der zweiten Frage brauste er richtig auf. Er beschuldigte mich, meinen Arbeitgeber, die Europäische Kommission, öffentlich als Organisation darzustellen, in der die meisten Beamten korrupt seien. Ich musste unwillkürlich an Kinnocks Unterstellung bezüglich des schwedischen Interviews denken.

Wieder einmal versuchte jemand von der Spitze, mich vor meinen Kollegen fertig zu machen, indem er mich als einen Verräter hinstellte. O'Sullivan erzählte den Hunderten von Beamten, dass meine Beschuldigungen falsch waren. Es habe sich gezeigt, dass sich für die Anklagepunkte, die ich an das Parlament geschickt hatte, nirgendwo Beweise finden ließen. O'Sullivan präsentierte sich als großer Redner, denn er schaltete danach unmittelbar auf einen väterlichen Ton um, wobei er seine Hand auf sein Herz legte. Oh ja, er verstehe schon, dass ich wirklich annahm, meinem Gewissen zu folgen, aber ich hätte mich einfach auf zu vielen Gebieten geirrt und dadurch der Reputation meines Arbeitgebers großen Schaden zugefügt.

Mir wurde nicht zugestanden, eine Erwiderung abzugeben. Martine Reicherts unterbrach mich. Ich erinnerte mich an sie noch deutlich als Sprecherin in der vorigen Kommission unter Jacques Santer, wo sie auch einige nette Dinge über mich mitzuteilen hatte. Inzwischen war sie die Karriereleiter bis zur Personaldirektorin in Luxemburg aufgestiegen. Sie saß bei diesem Treffen direkt neben O'Sullivan und dirigierte wie eine Regisseurin die Fragen. Schließlich fragte ich O'Sullivan, ob ich ihn nachher sprechen könne, und zumindest hier willigte er ein.

Nach Beendigung der Sitzung traf ich ihn vorne im Saal. «Herr O'Sullivan, wir müssen doch jetzt einmal mit dem Unsinn aufhören. Sie wissen genauso gut wie ich, dass die Kommission nicht darauf erpicht ist, höhere Beamte für ihre Verantwortung bei begangenen Unregelmäßigkeiten abzustrafen, oder?»

O'Sullivan schaute mich erstaunt an. «Dafür gibt es keinen einzigen konkreten Beweis. Ich fordere Sie auf, ein konkretes Beispiel zu geben, wo die Kommission bewusst die Untersuchung nicht korrekt durchgeführt haben soll!»

Mir fiel nicht gleich etwas ein, also reagierte ich etwas abweisend.

«Die Briefe, die ich in den letzten Monaten verschickt habe, sind doch wohl deutlich genug?»

O'Sullivan war damit nicht zufrieden. «Nein, nein, jetzt will ich es auch hören. Kommen Sie mit, dann stellen wir uns etwas abseits, und dann können Sie auch ganz offen reden.» O'Sullivan deutete zur Seite, und ich folgte ihm in eine Ecke des Saals.

Ich erzählte: «Zum Beispiel der Berthelot-Fall. 1998 weigerte sich ein hoher Beamter des Betrugsbekämpfungsamts zu bestätigen, dass die wissenschaftlichen Berichte gefälscht waren. 1999 habe ich das Berthelot-Dossier wiederum eingereicht, nun mit den konkreten Hinweisen auf Betrug und der Bitte, dieses Mal jemand anders mit der Prüfung zu beauftragen. Zu meiner großen Überraschung hat dann wieder der gleiche Beamte die Leitung über die Untersuchung innegehabt. Im Anschluss wird der Betrug nur so weit eingeräumt, wie ich sowieso schon die Beweise geliefert habe. Nun gibt es aber Hinweise, dass noch mehr vorliegt!» Ich schwieg und blickte O'Sullivan abwartend an. Der sagte:

«Ja, im Fall Berthelot war OLAF inkompetent. Ich kenne mich da nicht so aus, aber ich habe tatsächlich gehört, dass zusätzliche Nachforschungen notwendig geworden sind.» Ich wollte noch etwas ergänzen, aber O'Sullivan unterbrach mich. «Aber in Hinblick auf die Leonardo-Angelegenheit, wie sieht es damit aus? Darauf kommen Sie doch immer wieder zu sprechen, aber weder Korruption noch Betrug kann man nachweisen. Ich muss es wissen, denn in dem Fall steckte ich selbst bis zum Hals drin. Der belgische Untersuchungsrichter ist noch nicht einmal interessiert, so dünn ist das Dossier.»

Ich antwortete entrüstet: «Die Hinweise auf strafrechtliche Verstöße sind bei Leonardo vielleicht nicht so dicht gesät, aber es sind zahlreiche Unregelmäßigkeiten vorgefallen, die sehr wohl unter das Disziplinarrecht fallen. Die Europäische Kommission versteckt sich immer hinter den strafrechtlichen nationalen Institutionen. Das ganze Gebiet finanzieller Unregelmäßigkeiten und berufsmäßiger Fehler wird durch die Kommission systematisch der Verwahrlosung preisgegeben.»

Wir konnten einander nicht wirklich überzeugen, und Martine Reicherts holte O'Sullivan von mir weg, da sie bereits dem Zeitplan hinterherhinkten.

Am nächsten Tag protokollierte ich unser Treffen in einem Brief an O'Sullivan, aber durch einen Mitarbeiter leugnete er ab, in dieser Art mit mir gesprochen zu haben. Allerdings habe er mit Herrn Reichenbach (Generaldirektor Personal und Disziplinarmaßnahmen) gesprochen und vorgeschlagen, mich einmal nach Brüssel einzuladen.

Die Kommission reagiert

Meine Sturzflut an Briefen blieb nicht unbemerkt. Sie kam sogar auf die Tagesordnung des Kollegiums der Kommissare. Man beschloss, Kinnock solle eine Antwort im Namen aller Kommissare schreiben.

Die erste Antwort von Kinnock behandelte die Berthelot-Angelegenheit. Die Kommission wartete ab, was die strafrechtliche Ermittlung der belgischen Justiz ergeben würde. Erst wenn diese Ergebnisse bekannt wären, würde die Kommission sehen, ob disziplinarische Konsequenzen zu ziehen seien. Das konnte aber noch Jahre dauern, und offensichtlich hielt die Kommission es für unnötig, von sich aus disziplinarrechtliche Schritte zu unternehmen. Wie lange wird die Kommission diese Haltung in anderen Fällen noch beibehalten können?

Andere Antworten trafen später ein. Sie waren ausweichend oder ableugnend.

In dieser Zeit lud mich auch Herr Reichenbach zu einem Gespräch über die Briefe ein ...

Endlich Gehör gefunden?
Vor dem Gespräch mit Reichenbach traf ich Carmen de Barcelona, eine spanische Professorin für Jura, die das Untersuchungs- und Disziplinaramt (IDOC*) zu einer unabhängigen Direktion innerhalb der Personalangelegenheiten ausbauen sollte. Sie empfing mich sehr herzlich. Ich äußerte meine Hoffnung, dass IDOC die Chance ergreifen werde, einen der stillstehenden Fälle anzupacken. Carmen war sehr enthusiastisch und versuchte mich zu überzeugen, dass nun alles in den richtigen Bahnen verlaufe. Wir gingen zusammen ins Büro von Reichenbach, wo wir das Gespräch auf Englisch fortführten. Diesbezüglich war Reichenbach ein Ausnahmefall, denn fast alle Generaldirektoren sprachen miteinander Französisch, die Amtssprache der Europäischen Kommission.

Reichenbach fiel gleich mit der Tür ins Haus. «In letzter Zeit haben einige Personen in der Europäischen Kommission Briefe von Ihnen erhalten. Es schien mir gut, darüber einmal mit Ihnen zu sprechen. Können Sie das vielleicht erläutern?»

Ich überlegte einen Augenblick, wie offen ich wohl sein dürfte. «Herr Reichenbach, ich freue mich sehr, dass Sie sich die Mühe gemacht haben, mich einzuladen, denn ich mache mir ernsthafte Sorgen über die Geschehnisse in der Kommission.»

Kaum merklich zeigte sich auf Reichenbachs Gesicht ein Lächeln. «Dergleichen war uns in der Tat aufgefallen.»

«Sie dürfen nicht denken, dass ich die Briefe einfach so geschrieben habe. Ich bin mir bewusst, dass dies sehr ungewöhnlich sein muss, aber die Situation ist auch dementsprechend.» Reichenbach machte eine Geste mit seiner Hand.

«Können Sie etwas deutlicher werden? Auch in den Briefen bleibt doch alles sehr allgemein. Ich möchte, dass Sie hier ganz unbefangen sprechen. Dafür sind wir hier.»

Abermals wusste ich nicht, wie weit ich gehen sollte. Ich begann sehr vorsichtig: «Ich befürchte, dass alles nur eine Art

Theater ist, eine Show, die alle glauben lassen soll, dass es nun besser wird.»

Reichenbach beugte sich mir ein wenig entgegen. «Und Sie denken das nicht?» Ich schaute ihn direkt an.

«Nein, in meiner Wahrnehmung verändert sich kaum etwas. Noch immer wurden keine Beamte bestraft. Eigentlich bin ich der Einzige, gegen den man so rasch etwas unternommen hat.»

Carmen mischte sich ein. «Wie ich Herrn Van Buitenen bereits erklärt habe, arbeiten wir fleißig am Aufbau des neuen Disziplinaramts, und bald schon werden die ersten Ergebnisse vorliegen.»

Reichenbach nickte zustimmend. «Solche Dinge brauchen Zeit. Sie müssen darauf vertrauen, dass wir uns in die richtige Richtung entwickeln.»

Das Telefon läutete, und Reichenbach entschuldigte sich kurz. Während er vom Tisch zu seinem Arbeitsplatz ging, fiel mir wieder auf, wie schön groß das Büro von einem Generaldirektor doch ist. Diese Angelegenheiten sind innerhalb der Kommission streng geregelt. Je höher der Rang, desto mehr Fenster gibt es im Büro. Ich hatte oft nur ein einziges Fenster, und sogar damit hatte ich noch Glück, denn Leute meines Dienstranges arbeiteten häufig zu mehreren in einem einzelnen Raum oder in einem Großraumbüro.

Reichenbach winkte Carmen, und sie ging auf ihn zu. «Frau de Barcelona, ich glaube, das Gespräch ist für Sie.» Er gab den Hörer an Carmen weiter, die mit ernstem Gesichtsausdruck zuhörte und etwas später das Gespräch beendete. «Herr Reichenbach, der Bericht ist fertig und kann in die ‹Pipeline›, aber ich möchte selbst noch danach schauen, bevor er rausgeht.»

Reichenbach stimmte zu. «Das ist richtig so, gehen Sie ruhig.»

Carmen nickte mir noch kurz zu. «Die Berichte rufen mich.» Sie eilte nach draußen. War das Gespräch zu Ende? Ich machte Anstalten aufzustehen, aber Reichenbach signalisierte mir zu bleiben.

«Nun sind wir nur noch zu zweit. Ich möchte von Ihnen ganz genau wissen, was Sie auf dem Herzen haben.»

«Wie ich schon in den Briefen geschrieben habe, glaube ich nicht an den Fortgang verschiedener Untersuchungen», fing ich zögernd an.

Reichenbach nickte. «So hatte ich Herrn O'Sullivan bereits verstanden. Sie haben ihn doch getroffen?» Ich nickte zustimmend.

Reichenbach gab an, dass der Fall Berthelot untersucht werde. Er erkundigte sich auch nach dem Fall Leonardo. Ich berichtete, dass in dieser Angelegenheit alle Aufmerksamkeit auf den externen Vertragspartner (das Assistenzbüro, das das Programm durchführte) gerichtet wurde, die betroffenen Beamten jedoch systematisch verschont blieben. In die Untersuchung, die nun von Jonathan Faull geleitet wurde, hatte ich keinerlei Vertrauen mehr. Und dass O'Sullivan glattweg behauptete, im Leonardo-Programm seien keine Spuren von Betrug oder Korruption nachzuweisen, beruhigte mich überhaupt nicht. O'Sullivan hatte ja auch von sich aus gesagt, «bis zum Hals» in die Sache involviert gewesen zu sein.

«Ich habe in diesem Programm gearbeitet, sogar viel länger als O'Sullivan. Es ist einfach nicht möglich, dass die Untersuchung von Faull ergeben könnte, dass keiner der betroffenen Beamten seine berufliche Pflicht vernachlässigt hat. Dafür ist doch viel zu viel passiert.»

Reichenbach legte seinen Arm über die Lehne und schien nachzudenken. «Haben Sie Herrn Faull denn alles erzählt? Er hat Sie doch befragt?»

Ich erzählte von dem Gespräch mit Faull im September 1999, auch darüber, dass ich so umfassend wie nur möglich berichtet hatte. «Etwa einen Monat danach habe ich ihm noch Unterlagen gegeben. Allerdings war ich darüber enttäuscht, wie wenig er erst wusste. Mir reichte es dann eigentlich, ich hatte genug, und es fehlte mir auch an Vertrauen. Daher bin ich Faull mit den Fakten, die möglicherweise noch fehlten, nicht hinterhergelaufen. Aber das darf ja keine Entschuldigung sein. Alle Unterlagen sind für ihn zugänglich. Er hätte nur zu fragen brauchen, aber ich habe nie wieder etwas von ihm gehört.»

Reichenbach ließ dieses Thema ruhen und fragte: «Gibt es noch mehr Fälle, bei denen Sie denken, dass sie eigentlich einer genaueren Untersuchung bedürfen?»

Die Fälle schossen durch meinen Kopf. Ich nannte den ECHO-Fall, den ESF-Betrug in London, die Meldungen von Michel Thierry*, Roger Schneider und Michel Sautelet über

Eurostat. Reichenbach gab seine entspannte Sitzposition auf und schaute mich streng an. «Wenn Sie wollen, dass mit diesen Hinweisen noch etwas geschieht, dann müssen sie deutlich und sauber schriftlich dokumentiert werden. Aber das sollten Sie doch wissen?»

Ich wurde ganz ruhig. «Wenn ich die Hinweise, die ich habe, schriftlich einreiche, können Sie mir dann garantieren, dass man sich ernsthaft damit auseinander setzt?»

Reichenbach reagierte entschlossen. «Ja, ganz bestimmt. Allerdings nur, wenn es sich nicht um vage Hinweise handelt, sondern um präzise Sachverhalte, die auf prüfbare Dokumente verweisen. Wenn Sie solche Beschwerden einreichen, dann werden sie immer beachtet.»

Ich dachte an die Stapel von Unterlagen, mit denen ich nichts getan hatte. Dies war eine Chance, vielleicht sogar die einzige, die Dokumente zu ihrem Recht kommen zu lassen.

«Okay, Herr Reichenbach, ich werde sehen, was ich schriftlich einreichen kann. Ich überlasse es dann Ihrer Beurteilung, ob weitere Untersuchungen notwendig sind.»

Reichenbach gab mir die Hand. «Es hängt nun von Ihnen ab, Ihre Kritik zu konkretisieren. Wenn Ihnen das aber nicht gelingt, dann muss auch die Briefschreiberei ein Ende haben.»

6

Ein großer Auftrag

Nach dem Gespräch mit Reichenbach kehrte ich nach Luxemburg zurück. Zunächst musste ich erst einmal alles auf mich wirken lassen. Ich hatte A gesagt und musste jetzt auch B sagen, die Gelegenheit war da. Ich würde die Herausforderung annehmen und alles auflisten. Und als Erstes sah ich nach, was ich eigentlich mittlerweile in meinem ansehnlichen Archiv an Material hatte.

Die Neuigkeiten, die ich in der Zwischenzeit über laufende Fälle erhielt, bestätigten nur meine Vermutungen. An Reichenbach schrieb ich, dass ich einen Bericht anfertigen würde, in dem alle Hinweise systematisch aufgeführt wären. Nicht nur über den Fall Leonardo, sondern auch über alte und neue Fälle, die mir zu Ohren gekommen waren. Ich kündigte einen umfangreichen Bericht an und begann sofort damit. Während ich schrieb und die Informationen auswählte, erschrak ich immer wieder selbst darüber, was sich alles in meinem Besitz befand. Es ging um Dinge aus mehr als zehn verschiedenen GDs. Meine Absicht, in Luxemburg Ruhe zu finden, hatte ich ernst genommen. So stieß ich jetzt auf Umschläge, die ich zwar noch geöffnet, aber dann gleich ungelesen zur Seite gelegt hatte – sobald ich merkte, dass es mal wieder Hinweise auf Betrug und Missstände waren. Damit hatte ich doch eigentlich nichts mehr zu schaffen haben wollen ...

Nachdem Reichenbach von mir einen ersten vorläufigen Bericht erhalten hatte, fand er, dass auch das Betrugsbekämpfungsamt OLAF hier eingeweiht werden müsse. Ich versicherte, die nächste Fassung in doppelter Ausführung zu schicken: eine für ihn und eine für Herrn Brüner, Generaldirektor von OLAF. Reichenbach garantierte mir nochmals, man würde meine Mitteilungen ernst nehmen, sofern ich mich an die Vereinbarungen halten würde.

Eine Woche später besuchte mich Herr Brüner, Generaldirektor von OLAF, in Luxemburg. Ich gab ihm die zweite Fassung meines Textes, die mittlerweile auf 89 Seiten angewachsen war. Ich betonte, dieser Bericht sei noch immer nur ein Entwurf. Wenn der Inhalt durchsickerte, bekäme ich große Probleme, da ich nichts beschönigte und Ross und Reiter beim Namen nannte. Brüner beruhigte mich und erklärte, dass sein Amt tagtäglich mit solchem Material zu tun habe. Er gab mir darüber hinaus noch seine Handynummer; diese Geste flößte mir Vertrauen ein.

Infrastruktur
Es kostete mich viel Mühe, eine Freistellung zu erreichen und so den Bericht in der Arbeitszeit verwirklichen zu können. Die Beratung darüber zwischen Reichenbach, Brüner und meiner Direktion zog sich über Monate hin. Ich hatte keine Zeit mehr zu verlieren und schaltete auf stur. In einem Brief an acht Europaparlamentarier erläuterte ich die Situation und bat sie, sich für mich einzusetzen, so dass ich mit meiner Eingabe beginnen konnte. Gabriele Stauner (Deutsche CSU), Erik Meijer (Niederländische SP), Jens-Peter Bonde (Dänische Junibewegung), Hiltrud Breyer (Deutsche Grüne), Bart Staes (Flämische Volksunion), Lennart Sacrédeus (Schwedische Christen), Herbert Bösch (Österreichische Sozialisten) und Lousewies van der Laan (Niederländische D66) ließen kein Gras über die Sache wachsen. In kürzester Zeit lag per Fax ein unterzeichneter Brief auf den Schreibtischen von Frau Schreyer und Herrn Kinnock mit der Bitte, mir die benötigte Infrastruktur bis zum 31. August 2001 zur Verfügung zu stellen. Am nächsten Tag reichten Bart Staes und Erik Meijer hierzu eine parlamentarische Anfrage bei der Kommission ein. Schließlich bekam ich eine Woche später die Genehmigung; was übrigens den Ärger von einigen Leuten in der Kommission hervorrief.

Nun musste ich nur noch die Infrastruktur organisieren: ein eigenes abschließbares Büro, ein sicheres Archiv, ein Telefon und einen «Stand-alone»-PC (um nicht über das Netzwerk bespitzelt werden zu können). Als ich das alles beisammen hatte, konnte ich loslegen.

Reinen Tisch machen
Etwa zu dieser Zeit traf ich Jules Muis während einer Dienstreise nach Brüssel. Muis ist Generaldirektor des Internen Auditdienstes der Kommission. Wir gingen gemeinsam ins «Grote Zavel», um eine Kleinigkeit zu essen. Muis hatte gerade erst in der Europäischen Kommission angefangen. Davor hatte er sich in den Vereinigten Staaten einen Namen gemacht, indem er bei der Weltbank Reformen durchgeführt hatte. Er hatte von meinen jüngsten Schritten gehört und war ein wenig besorgt. «Paul, wie ich höre, kannst du es immer noch nicht lassen? Machst du schon wieder etwas Neues?»

Ich erklärte es ihm. «Ich habe den entschiedenen Eindruck, dass bei den heutigen Betrugsuntersuchungen überhaupt nichts passiert, und darum will ich alles sauber auflisten.»

Muis winkte jemandem vom Servicepersonal. «Du hältst dich aber an die Regeln? Wenn du das nicht machst, dann kann es für dich dieses Mal sofort das Ende bedeuten.»

«Dieses Mal mache ich alles ganz genau so, wie es im Handbuch steht. Ich habe auch mit Reichenbach und Brüner darüber gesprochen.» Die Bedienung kam an den Tisch, und Muis bestellte.

«Und wie willst du all diese Beschwerden unterfüttern?»

«Oh, mach dir deshalb bloß keine Sorgen. Ich habe ein ganzes Archiv voller Dossiers.» Ein ironischer Zug legte sich um den Mund von Muis:

«Diese Tatsache würde ich nicht so laut herumposaunen. Damit könntest du große Schwierigkeiten bekommen.»

«Wieso, ich habe keine geheimen Unterlagen, bei OLAF ist alles bekannt.»

Muis blieb kritisch. «Du befindest dich in einer äußerst verletzbaren Position, all die Dossiers in einem Privatraum. Du musst versuchen, diese Situation zu normalisieren; ich würde die Dossiers alle einreichen, überhaupt keine Informationen mehr zurückhalten.»

Ich protestierte. «Es gibt keine Information, die ich zurückhalte. Alles ist bei den Untersuchungsämtern bekannt, das ist es ja gerade.»

«Ist schon gut, das glaube ich ja, aber trotzdem musst du so schnell wie möglich zurück zum Normalzustand. Wenn du zu lange ein Außenseiter bleibst, dann kannst du nie wieder ganz normal in der Organisationsstruktur deinen Dienst tun.» Die Bedienung brachte die Bestellung. Wir aßen schweigend. Ich dachte über die Bemerkung von Jules nach. Er hatte da einen Punkt getroffen.

«Glaubst du wirklich, es wäre gut, alles einzureichen?»

Muis nickte bestätigend. «Da du sowieso mit der Inventarisierung beschäftigt bist, musst du auch reinen Tisch machen, weg aus dieser angreifbaren Position. Dass du das jetzt in Zusammenarbeit mit den zuständigen Untersuchungsämtern machen kannst, ist eine Chance, die du nicht verstreichen lassen darfst.»

Ich dachte darüber nach und ließ mir die Idee auf der Zunge zergehen. Alles wieder ganz normal! Alle Dossiers weg! Nach Arbeitsschluss den Kopf frei haben! Viel bei Edith sein! ...

«Vielleicht hast du ja Recht.»

Wir aßen unsere Brötchen und genossen die Sonne. Muis fragte nach Tipps und Vorschlägen, welche Dinge er in Zukunft besonders im Auge haben müsse. Ich versprach ihm, ein paar Aspekte zu Papier zu bringen. Wir beendeten unser Gespräch. «Denk noch mal darüber nach, Paul. Das hier könnte eine einmalige Gelegenheit sein. So dass alles wieder normal wird.» Das Gespräch war sehr hilfreich, und ich versicherte Muis, seinen Rat zu Herzen zu nehmen.

Später am gleichen Tag traf ich Reichenbach und meinen Direktor. Ich erzählte ihnen von den Vorschlägen Muis'. Auch brachte ich die Situation von Edith in Erinnerung. Sie litt schon seit einigen Jahren an schwerer Migräne und in letzter Zeit zudem an chronischen Ermüdungserscheinungen. Die Ärzte schoben es auf den Stress. Und ich hatte Angst, dass dieser Stress mit meiner Situation zusammenhing. Ich konnte mir also auf keinen Fall erlauben, auf längere Zeit in irgendwelche Turbulenzen verwickelt zu werden, und wollte daher gerne alles abgeben.

Eine neue Direktorin für die Ausführung des Haushaltsplans
Während ich an meinem Schlusswort arbeitete und meine ganze Geschichte als Whistleblower loswerden wollte, fing das Drama irgendwo anders in der Kommission von vorne an – allerdings auf einer ganz anderen Ebene!

Am 6. Juni 2001 bewarb sich die Spanierin Marta Andreasen für den freien Posten der Chefbuchhalterin der Europäischen Kommission. Das ist eine Stelle für ein «Schwergewicht», im Range eines Direktors. Einen solchen Posten gibt es in der Kommission nur einmal, geknüpft an besondere Verantwortlichkeiten, aber auch verbunden mit einer gewissen Unabhängigkeit in Hinblick auf ihre hierarchische Struktur. Der Direktor ist zugleich für die Ausführung des Haushaltsplans verantwortlich und unterzeichnet die tatsächlichen Jahresangaben für die ganze Europäische Kommission; dabei geht es jährlich um 100 Milliarden Euro. Frau Andreasen ist eine qualifizierte Buchhalterin mit einem internationalen Lebenslauf. Bei der OECD* in Paris hatte sie eine gleichartige Stelle inne. Durch ihr vehementes Eintreten gegen Missstände hat sie dort allerdings für Erschütterungen gesorgt, was ihre Suspendierung zur Folge hatte.

Da die Qualifikation von Frau Andreasen zur Stellenausschreibung passte, wurde sie zu einem Gespräch eingeladen. Das Gespräch fand mit Jean-Pierre Molocksen, dem französischen Generaldirektor der GD Haushalt, statt, der bei Erfolg ihrer Bewerbung auch ihr zukünftiger Chef sein würde. Andreasen erläuterte ihren Lebenslauf und verwies auch auf die besondere Situation, in der sie sich mit ihrem Arbeitgeber, der OECD, zur Zeit befand.

Im September folgte ein Gespräch im zuständigen Ausschuss der Europäischen Kommission für Benennungsempfehlungen. Neben Molocksen sind Reichenbach und einige andere hohe Beamte in diesem Ausschuss – sowie O'Sullivan als Vorsitzender. Wenige Tage später bekam Andreasen per E-Mail die Mitteilung, dass der Ausschuss beschlossen habe, sie nicht in die so genannte «Shortlist» der besten Bewerber aufzunehmen. Für ihr Interesse dankte man ihr höflich.

Es überraschte Frau Andreasen nicht wenig, als eines der Ausschussmitglieder eine Woche später Kontakt mit ihr aufnahm. Wie man sie wissen ließ, wolle Kommissarin Schreyer sie im Auswahlverfahren behalten, auch wenn der Ausschuss beschlossen hatte, sie nicht auf die Shortlist zu setzen. Andreasen fand die Entwicklung merkwürdig, willigte aber ein, weiter am Auswahlverfahren teilzunehmen. Mögliche weitere Gespräche sollten allerdings in Barcelona erfolgen, das war ihre Bedingung. So fand das folgende Bewerbungsgespräch, zu dem auch einige Prüfungen gehörten, mit einem externen Berater in Barcelona statt.

Am 31. Oktober wurde Andreasen erneut nach Brüssel gebeten. Dort wurde sie von Molocksen gefragt, ob sie einem befristeten Vertrag über fünf Jahre zustimmen würde. Andreasen antwortete, sie müsse dies erst abwägen – wenn es denn tatsächlich eine unumstößliche Bedingung sei. In der Zwischenzeit nahm Molocksen selbst Kontakt mit der OECD in Paris auf, um zu recherchieren, was es mit der Angelegenheit um Frau Andreasen auf sich hatte. Wie man hörte, war er hinterher über ihre Kandidatur nicht mehr so recht glücklich.

Am 20. November rief Frau Schreyer direkt in Barcelona an und fragte Andreasen, ob sie inzwischen einen zeitlich begrenzten Vertrag erwogen habe. War sie bereit, diesen zu akzeptieren? Andreasen entgegnete, sie habe intensiv über einen solchen Vertrag nachgedacht. Allerdings würde dieser sie im Hinblick auf die mehr als 120 Beamten, die unter ihr arbeiten würden und die auf Lebenszeit ein gesichertes Dienstverhältnis hatten, in eine mehr als benachteiligte Situation bringen. Vor allem im Zusammenhang mit der Durchführung von Reformen könnte sich der Vertrag als Nachteil erweisen. Schreyer beruhigte sie: Andreasen bräuchte sich keine Sorgen zu machen, dass sie auf die gleichen Schwierigkeiten stoßen würde wie bei ihrem früheren Arbeitgeber, der OECD. Im Gegenteil: Hier bei der Europäischen Kommission werde das Topmanagement hundertprozentig hinter ihr stehen. Darüber hinaus versicherte Schreyer noch, Andreasen werde eine Einarbeitungsphase durchlaufen, um die speziellen Arbeitsumstände innerhalb der Kommission kennen zu lernen.

Ziemlich unmittelbar darauf rief auch Molocksen bei Andreasen in Barcelona an. Wie er erklärte, wisse er, dass Frau Schreyer sie soeben angerufen habe. Ohne Umschweife wollte er wissen, ob sie Andreasen ein Angebot gemacht habe. Diese bestätigte den ersten Anruf und berichtete Molocksen, was besprochen worden war. Aber auch, dass Frau Schreyer ihr *kein* Angebot gemacht habe. Molocksen reagierte brüskiert und machte klar, dass Andreasen die explizite Wahl von Schreyer gewesen sei, ganz gewiss nicht seine eigene. Daher müsse Schreyer auch die Verantwortung für ein Angebot und die Einstellung übernehmen. Wenn es nach ihm ginge, würde man Andreasen nur einen Vertrag über drei Jahre, jedoch mit Verlängerungsmöglichkeit anbieten.

Andreasen fühlte sich natürlich überrumpelt und erbat sich Zeit, darüber nachzudenken. Sie bat Molocksen um Informationen über die Regelungen für befristete Beamte. Molocksen erklärte, dass diese Informationen zur Verfügung stünden, und beendete das Gespräch.

Anschließend rief der Assistent von Molocksen, Herr Oestermans, in Barcelona an. Er musste auch seinen Senf dazugeben und erzählte Andreasen sogar, die Abteilung Personalangelegenheiten meine, sie könne eigentlich nur einen Vertrag mit zwei Jahren Laufzeit bekommen. Dieser könne einmalig um ein Jahr verlängert werden, also insgesamt maximal drei Jahre laufen.

Andreasen war aufgebracht und beschloss, dies nicht mehr einfach zu schlucken. Sie wollte mit Kommissarin Schreyer telefonieren, die allerdings nicht zu erreichen war. Also hinterließ sie eine Nachricht mit der Kernaussage, dass diese beständige Einschränkung ihres Arbeitsvertrages es ihr unmöglich mache, noch irgendwelche glaubwürdigen Reformen in der Buchhaltung durchzuführen.

Doch noch ernannt worden
Mittlerweile dauerte das Prozedere beinahe ein halbes Jahr. Am 10. Dezember hörte Andreasen von Oestermans, ihre Einstellung sei zurückgestellt worden, weil ihre Ernennung doch noch mit allerlei verwaltungstechnischen Haken und Ösen versehen sei. Man hatte in Erfahrung gebracht, dass das Finanzreglement der Kommission vorsah, den Posten des Direktors der Buchhaltung nur mit einem fest angestellten Beamten zu besetzen.

Wie sich später herausstellte, war diese Information jedoch veraltet.

Schließlich willigte die Kommission am 11. Dezember doch in die Ernennung von Marta Andreasen ein. Sie wurde als Direktorin Buchhaltung in der Besoldungsstufe A2 ab dem 1. Januar 2002 fest eingestellt. Andreasen musste sich schnell einer medizinischen Untersuchung unterziehen, und am 19. Dezember hielt sie den Brief mit der offiziellen Ernennung in Händen.

In dieser Periode erhielt Andreasen einen ziemlich obskuren Anruf von einem jener Abteilungschefs, die ihr unterstellt waren, und zwar vom Engländer Charles Billings. Er wollte sie unbedingt unter vier Augen sprechen. Aber Andreasen, die terminlich bereits vollkommen verplant war, ließ erkennen, dass sie jetzt dafür keine Zeit habe. Sie erklärte, dass es im Januar genug Gelegenheit geben werde für ein vertrauliches Gespräch. Doch Billings gelang es, sie von der Dringlichkeit einer Unterredung zu überzeugen, und so traf man sich am Abend in der Lobby eines Brüsseler Hotels, wo Andreasen zu diesem Zeitpunkt logierte.

Billings ließ nichts anbrennen: «Schön, dass du dir die Zeit genommen hast, mit mir zu sprechen, Marta. Ich denke, es ist wichtig, dass du weißt, was du dir da aufgehalst hast.»

Andreasen setzte sich Billings gegenüber. «Charles, ich habe dir schon erklärt, wie merkwürdig ich dies alles finde. Was soll denn so wichtig sein, dass es nicht bis nach meinem offiziellen Dienstanfang warten kann?»

«Ich dachte, es könnte sehr nützlich sein, dir jetzt schon eine Reihe von Instruktionen zu geben, die von Molocksen kommen. Die kannst du dann schon einmal auf dich einwirken lassen, und dann weißt du auch, wie wir die Dinge hier in Brüssel regeln.» Er gab ihr einige Papiere, und Andreasen betrachtete sie kurz. «Okay, die Unterlagen schaue ich mir an. Gibt es sonst noch etwas, das du mir erzählen wolltest?»

Aus der Körperhaltung von Billings war offensichtlich, dass er noch etwas loswerden wollte. «Marta, du hast ja noch nicht bei uns angefangen, aber da ist eine Sache, über die du gut Bescheid wissen musst.» Andreasen war neugierig, was jetzt wohl kommen würde. «Dein neuer Chef, Molocksen, ist irgendwie ein mürrischer, schwieriger Kerl, der nicht einfach sein wird, auch nicht für dich.» Billings hielt inne, um die Wirkung seiner Worte abzuschätzen.

«Was meinst du damit?» fragte Andreasen.

«Ich weiß nicht genau, wie ich das sagen soll. Eigentlich bin ich hier, um dich vor Molocksen zu warnen. Er kann ruppig und grobschlächtig sein. Es ist nicht immer angenehm, für ihn zu arbeiten.»

Andreasen wusste wirklich nicht, was sie davon halten sollte. «Wenn ich ganz einfach meine Arbeit mache, dann wird es schon gehen, denke ich zumindest. Vielleicht hat Molocksen ja seine Gründe, um grob zu sein, keine Ahnung. Natürlich weiß ich, dass er wegen meiner Kandidatur für die Stelle keine Freudensprünge macht, aber ich werde auf jeden Fall frisch und voller Energie anfangen, ohne Vorurteile. Wer weiß, vielleicht wächst die gegenseitige Anerkennung ja mit der Zeit», antwortete sie entschlossen.

Billings schüttelte zweifelnd seinen Kopf. «Marta, ich möchte dich nur auf die Situation vorbereiten, und ich kam mit den besten Absichten. Du bist gewarnt.»

Das Besondere an der Ernennung von Marta Andreasen war, dass die grüne Kommissarin Michaele Schreyer diese Personalentscheidung ganz einfach durchgedrückt hatte. Sie tat dics gegen die heftige Gegenwehr der Beamten, namentlich des französischen Generaldirektors Jean-Pierre Molocksen. Dass Schreyer dies wagte, ist sehr ungewöhnlich, und laut einigen Beamten und Journalisten unternahm Michaele Schreyer hier den aufrichtigen Versuch, jemanden einzustellen, der wirkliche Reformen in der Buchhaltung der Kommission durchführen konnte. Und Frau Schreyer war über die Vergangenheit von Andreasen bei der OECD informiert. Denn Marta Andreasen hatte diesbezüglich von Anfang an mit offenen Karten gespielt.

7

Fünftausend hochexplosive Seiten

Für mich begann eine Periode, die irgendwie surreale Züge trug. Fast zwei Monate lang arbeitete ich in einem fremden Gebäude, mitten in einem Dienstbereich, dem ich nicht angehörte. Meine Position war isoliert. Ich war eine skurrile Erscheinung für die Menschen in meinem Arbeitsumfeld. Das Büro war für jemanden mit meinem Dienstrang viel zu groß. Es wurde mit neuen Schlössern ausgestattet. Panzerschränke wurden hereingerollt. Menschen besuchten mich, die sonst nie dorthin kamen. Immer wenn ich wegging, und sei es nur kurz gewesen, schloss ich mein Büro sorgfältig ab. Meine Arbeitszeiten waren äußerst unregelmäßig, und oft schleppte ich Kästen und Akten heran.

Glücklicherweise hatte ich genug Platz und erhielt eigentlich auch die nötige Unterstützung, um an den Berichten arbeiten zu können. Ich sorgte dafür, dass auch eine Bibel im Büro bereitlag. Es ist ganz erstaunlich, was die Bibel in Momenten der Besinnung, wenn ich beispielsweise irgendwo nicht weiterkomme, zeigen kann.

Angesichts meiner Erfahrungen aus dem Jahr 1998 traute ich der Sicherheit des Büros anfangs nicht recht. Wenn ich das Zimmer verließ, legte ich bestimmte Gegenstände so hin, dass ich anschließend überprüfen konnte, ob jemand da gewesen war. Die Papierkörbe stellte ich für die Putzkolonne vor die Tür.

Allmählich fühlte ich mich jedoch sicherer. Etappenweise brachte ich die Dossiers von ihrem Aufbewahrungsort hinter dem Brüsseler Geschäft in die Panzerschränke in meinem Büro in Luxemburg.

Die Arbeitstage waren lang. Manchmal machte ich durch, bis ich nicht mehr konnte. Dann legte ich mich für eine halbe Stunde oder auch für ein paar Stunden auf die Liege zwischen dem PC und den Panzerschränken. Sobald ich aufwachte, arbeitete ich weiter.

Im letzten Augenblick erhielt ich noch viele weitere Informationen und Unterlagen. Kollegen, die von meinen Aktivitäten hörten, gaben mir Tipps. Andere bat ich meinerseits um einen Kommentar zu einzelnen Aspekten meines Berichts.

Reibereien
Zwischenzeitlich kam auch noch die Antwort von Kinnock auf meine Fragen zum ECHO-Fall und zur Position von Herrn Compostella. Kinnock fand, dass die Tatsachen in der dänischen Fernsehdokumentation aus dem Zusammenhang gerissen worden seien. Des Weiteren äußerte er sich über die Möglichkeit, Einsicht in die Zeugenaussagen meines Disziplinarverfahrens zu erhalten. Das Verfahren sei bereits abgeschlossen, also könne keine Einsicht mehr gewährt werden. Außerdem sah er keinen Zusammenhang zwischen der Kommission und negativen Äußerungen, die einzelne Personen (man lese: Kommissionsbeamte!) über mich gemacht haben sollen.

Kinnock hatte sein Ziel erreicht. Ich wurde schon müde, wenn ich seinen formellen und ausweichenden Brief bloß las. Diese Diskussion konnte ich ohne die Hilfe teurer Anwälte nicht gewinnen. Zudem hatte ich jetzt etwas anderes im Kopf.

In diesen Tagen erhielt ich auch einen Brief von Reichenbach. Er war enttäuscht von meiner Aktion, über das Europäische Parlament eine Freistellung für die Arbeit an dem Bericht zu erhalten. Die hätte ich auch von der Kommission bekommen, denn die habe doch die Wichtigkeit anerkannt. Er erinnerte mich an die Deadline am 31. August und forderte mich auf, alle Anlagen einzureichen. Er gab der Hoffnung Ausdruck, dass ich mich an mein Versprechen halten würde. Schließlich machte er mich noch darauf aufmerksam, dass ich ausschließlich die mir bereits zur Verfügung stehenden Informationen inventarisieren dürfe und nicht auf eigene Faust ergänzende Recherchen anstellen solle. Es war deutlich: Durch mein Vorgehen, die Sache über die Parlamentarier durchzudrücken, war ich wie ein fehlgeleitetes Projektil aufgetaucht ...

Kinnock schrieb am selben Tag ebenfalls einen enttäuschten Brief an die acht Parlamentsabgeordneten, die mich unterstützten. Meine Aktion, mich hinter dem Rücken meiner Vorgesetzten direkt ans Parlament zu wenden, fand er nicht korrekt. Er wies die Parlamentarier darauf hin, dass ich sogar dazu verpflichtet sei, alle Informationen über Unregelmäßigkeiten einzureichen. Er schloss mit der Feststellung, es handele sich hier um eine interne Angelegenheit der Kommission. Mit anderen Worten: «Kümmert euch nicht weiter darum!»

Natürlich hatte ich für diese Argumente kein Verständnis. Diese Aktion war notwendig gewesen, um den Prozess zu beschleunigen. Die Zeit schritt voran, und die Entscheidung war immer wieder verschleppt worden. Ich hatte das Resultat einfach erzwingen müssen. In diesem Sinne antwortete ich meinen Vorgesetzten brieflich.

Deadline

Die Deadline kam mit rasenden Schritten näher. Einerseits war ich stolz darauf, was ich alles zusammengetragen hatte, andererseits fand ich es schlimm, dass ich nicht zum Abschluss kommen konnte. Im Bericht waren noch viele offene Stellen und Hinweise auf Dokumente, die ich im Grunde genommen noch aufspüren musste.

Bereits einige Wochen vor der Deadline gab ich Dossiers an diejenigen zurück, von denen ich die Informationen erhalten hatte. Denn das war für mich oberstes Gebot: der Schutz meiner Informanten. Tage vor der Deadline wanderten auch andere Abschriften und Akten, aus denen meine Quellen hervorgingen, in den Schredder. Zum Schluss arbeitete ich die Nacht vom 28. auf den 29. August durch. Dann musste ich mit der inhaltlichen Arbeit wirklich aufhören. Noch immer standen viele Mappen praktisch unberührt in den Panzerschränken. Der Bericht war nicht fertig und enthielt noch viele lose Enden. Aber meine Zeit war um. Ich musste den Text abgeben.

Am 30. August ging ich daran, das gesamte Dossier mit dem Stapel Anlagen zu kopieren. Meine Söhne Bart (18) und Stan (17) halfen mir dabei. So standen wir auf drei Etagen des Bürogebäudes in Luxemburg und kopierten. Andere Beamte, die kopieren wollten, schickte ich weg. Sonst würden wir es nicht schaffen. Es hing viel davon ab. Das Dossier nicht fristgemäß einzureichen, konnte mich jetzt den Kopf kosten.

Bart und Stan waren mit den Kopiergeräten nicht vertraut, und in der Eile unterliefen uns Fehler. Die Korrektur brauchte wiederum Zeit. Und Zeit hatten wir nicht. Zwischendurch entdeckte ich, dass zweiseitig bedruckte Berichte nur einseitig kopiert waren. Nichts mehr zu machen. Die Zeit drängte. Um Mitternacht endlich waren wir fertig. Die Kopien steckten jetzt in Mappen. Stichprobenartig zählte ich die Seiten in einer Mappe. Als ich anschließend dann die Mappen zählte, wurde mir klar, dass der Bericht mehr als fünftausend Seiten Anlagen umfasste. Erschöpft nahm ich Stan und Bart mit nach Hause.

Einreichen!
Der große Tag war gekommen. Mit dicken Mappenstapeln fuhr ich am 31. August nach Brüssel. Dort wurde ich um zehn Uhr von einem Stellvertreter von Herrn Brüner empfangen. Ich erzählte etwas über die Hintergründe und erklärte, dass die einzelnen Dossiers nicht fertig seien. Es sei nun die Sache von OLAF und IDOC, die Arbeit zu beenden. Das konnte und durfte ich nicht tun. Auch berichtete ich über die Fehler beim Kopieren; die fehlenden Seiten könnten aber bei Bedarf sofort nachgeliefert werden.

Nach einer Viertelstunde stand ich wieder draußen. Was für ein ernüchterndes Finale!

Nach meinem Besuch bei OLAF ging ich zu Reichenbach, um ihm alles zu übergeben. Bei ihm hinterließ ich auch die ungeöffneten und nicht bearbeiteten Dossiers. Mit einem Postwägelchen, das auf beiden Ebenen voll gepackt war mit Dossiers, kam ich in sein Büro. Er reagierte ungezwungen und menschlich, versicherte mir, dass auf angemessene Weise mit allem verfahren werden solle. Das beruhigte mich. Und einigermaßen zufrieden ging ich zurück zum Auto.

Später stellte ich eine Mappe mit den korrekten Dokumenten zusammen, diesmal zweiseitig kopiert. Aber zu meinem Erstaunen forderte OLAF sie nie an ...

Der Inhalt des Berichts
Der Bericht, den ich eingereicht hatte, umfasst 234 Seiten und
ungefähr fünftausend Seiten Anlagen. Später bearbeitete oder
vertiefte ich bestimmte Themen noch in drei ergänzenden
Teilberichten. Die wichtigsten Dossiers werden hier nachstehend kurz zusammengefasst.

1. Ein großer Teil des Schriftstücks behandelt den Fall Leonardo
da Vinci und andere Angelegenheiten, die in die Amtszeit der
früheren Kommissarin Edith Cresson fallen. In diesen Kapiteln werden detaillierte und sehr gut dokumentierte Anschuldigungen bezüglich folgender Unregelmäßigkeiten
aufgeführt:
- Das externe Büro Agenor (BAT) für technische Assistenz
  beim Leonardo-Programm. Die Unregelmäßigkeiten sollen in der Periode 1995–1999 stattgefunden haben. Es soll
  sich um Urkundenfälschung, manipulierte Ausschreibungen und Nichtbefolgung der Sozialgesetzgebung in Belgien
  handeln.
- Das Weißbuch für Unterricht und Berufsausbildung, das
  unter Frau Cresson erstellt wurde. Die Unregelmäßigkeiten
  sollen in der Periode 1996–1998 stattgefunden haben. Finanzielle Mittel, die eigentlich für die beiden Programme
  Leonardo und Sokrates bestimmt waren, sollen unzulässig
  verwendet worden sein. Diese Mittel sollen für die Ziele
  von Cressons Weißbuch benutzt worden sein. Zu diesem
  Zwecke sollen die Beurteilungskriterien für diese beiden
  Programme unzulässig verändert worden sein.
- Einige Verträge für Berater von Frau Cresson. Die Unregelmäßigkeiten sollen in der Periode 1995–1998 stattgefunden haben. Das bekannteste Beispiel ist ihr Zahnarzt Dr.
  Berthelot. Aber es gibt auch noch andere Fälle, wie etwa
  die Verträge mit Professor Pneumann, der für Cresson das
  oben genannte Weißbuch schrieb und für sie auch eine Art
  Expertenrunde geführt hat.
- Die so genannte «Cellule de Communication», seinerzeit
  innerhalb der vier GDs unter Frau Cresson aktiv. Die
  Unregelmäßigkeiten sollen in der Periode 1995–1997 statt-

gefunden haben. Vorliegen sollen Interessenvermischungen und amtliche Versäumnisse im Zusammenhang mit einem Ausschreibungsverfahren.
- Die Arbeitsweise von UCLAF. Die Unregelmäßigkeiten sollen in der Periode 1998–2000 stattgefunden haben. Sie sollen in Beziehung stehen zu der inkompetenten Behandlung des Dossiers Berthelot durch UCLAF und durch den späteren Nachfolger OLAF. Ebenfalls kritisiere ich die Handlungsweise von UCLAF bei der Leonardo-Untersuchung.
- Die GD Finanzkontrolle und die GD Bildung und Kultur. Die Unregelmäßigkeiten sollen in der Periode 1998–1999 stattgefunden haben. Vorherrschen soll eine ineffiziente und verweigernde Haltung gegenüber den Empfehlungen, die aus den Kontrollberichten über Leonardo und Agenor hervorgegangen waren. Auch bei der vorzeitigen Beendigung des Vertrags mit Agenor und bei der Abwicklung bestimmter Verträge sollen Unregelmäßigkeiten vorgefallen sein.
- Die administrative Untersuchung von Jonathan Faull. In meinem Bericht steht, dass diese Untersuchung aus den Jahren 1999 und 2000 unzureichende Ergebnisse erbracht habe. Ich kann dies nicht hinlänglich belegen, denn zu seinem Bericht habe ich keinen Zugang. Jedoch bitte ich die Kommission zu überprüfen, ob man im Verlauf dieser Untersuchung tatsächlich sein Bestes getan habe. Ich vermute nämlich, dass man die Angelegenheit unter den Teppich kehren will. Warum sonst ist trotz aller erteilter Informationen bei der Untersuchung nichts herausgekommen?

2. Der Fall ECHO. Herr Compostella wird laut drei Untersuchungsprotokollen und Zeugenaussagen mit begangenen Unregelmäßigkeiten in Verbindung gebracht. Er wurde jedoch vom Disziplinarrat der Generaldirektoren freigesprochen. Da niemand wegen derselben Sache zweimal angeklagt werden kann, sammelte ich in dem Bericht verfügbares Material, um mit einer so genannten «neuen Tatsache» eine Wiedereröffnung der Disziplinarsache zuwege zu bringen.

Auch werden Hinweise auf die Rolle, die einer der heutigen Kommissare beim Abschluss dieses Dossiers möglicherweise gespielt hat, thematisiert.

3. Der Fall IRELA-ACEAL. Auch hier tritt Herr Compostella in Erscheinung. In einem früheren Briefwechsel schrieb Kinnock, dass von mir vermutete belastende Dokumente nicht auffindbar seien und also von der Kommission negiert werden könnten. Die Dokumente, die Kinnock früher nicht auffinden konnte, habe ich jetzt in der Hoffnung beigefügt, dass eine Untersuchung hinsichtlich des Zusammenhangs zwischen einer Betrugssache, Herrn Compostella, seinem Anwalt und der Frau eines ehemaligen Kommissars eingeleitet wird.

4. Der Fall EUROSTAT – das Büro für Statistik der Europäischen Kommission. Dieses Kapitel fasst jahrelange Klagen von einzelnen Beamten über ernst zu nehmende und weitverbreitete Unregelmäßigkeiten innerhalb von Eurostat zusammen. Auch führe ich Berichte von verschiedenen Kontrolldiensten an, die große Probleme innerhalb von Eurostat signalisieren. Diese Unregelmäßigkeiten betreffen fiktive Verträge, unerlaubte Nebentätigkeiten von Beamten, Interessenkonflikte, nicht regelkonforme Ausschreibungen, das Aufdrängen von Subunternehmern, unsorgfältige Behandlung vertraulicher Angaben, nicht regelkonforme Arbeitsverhältnisse usw. Es scheint, dass all diesen Beschwerden – manche datieren ab 1993 – noch nie ernsthaft nachgegangen wurde. Auch einer der heutigen Kommissare soll diesbezüglich nachlässig gewesen sein.

5. Der Fall OPOCE – das offizielle Amt für amtliche Veröffentlichungen der Europäischen Gemeinschaften mit Sitz in Luxemburg. Es gibt Hinweise auf mögliche Unregelmäßigkeiten bei der Vergabe von Verträgen mit verschiedenen Firmen, bei denen eine Verbindung zu einem namentlich genannten Beamten des Amts für Veröffentlichungen bestehen soll.

6. Der Fall ESF UK, London Boroughs. In dem dieser Angelegenheit gewidmeten Kapitel beschuldige ich die Kommission und OLAF, den Whistleblower Warren Garrett benutzt und anschließend seinem Schicksal überlassen zu haben. Trotz Hinweisen darauf, dass Empfehlungen der Kommission von den englischen Behörden nicht nachgekommen wurde, genügt der Kommission die Versicherung dieser selben Behörden, dass sie alles getan hätten. Eigene Untersuchungen wurden nicht mehr unternommen. Auch setze ich ein Fragezeichen bei der Rolle, die verschiedene britische Labour-Politiker dabei innehatten. Die Frage müsste untersucht werden, ob Neil Kinnock in diesem Dossier eine Rolle gespielt hat. Hierfür gibt es bestimmte, jedoch nicht bewiesene Fingerzeige.
Schließlich ist es möglich, dass ESF-Geld an die IRA (siehe Anlage 4 in diesem Buch) geflossen ist. Dieser Angabe wurde nie nachgegangen, und ich habe auch nicht das Bedürfnis, weiter danach zu suchen. Ich berichte nur, dass es Hinweise gibt.

7. Der Fall ESF NL. Dieser Fall hat zwei Aspekte. Erstens: die laufenden Untersuchungen, die bereits überall in der Presse erörtert wurden (Rotterdam), und meine Sorge, dass die Europäische Kommission zu nachsichtig mit diesen niederländischen Missständen umgehen könne. Der zweite Aspekt ist eine neue Sache, die in der niederländischen Provinz Limburg durch örtliche Vertreter der SP aufgetaucht ist. Auch da wollte ich sichergehen, dass die Europäische Kommission eine Untersuchung einleitet.

8. Die Gebäude-Angelegenheit, und zwar sowohl vom Europäischen Parlament als auch von der Europäischen Kommission. Hinsichtlich einer Anzahl von Gebäuden von EU-Einrichtungen in Luxemburg und Brüssel melde ich eine Reihe möglicher Unregelmäßigkeiten:
   - BECH-Gebäude der Kommission in Luxemburg. Bei der Ausschreibung, beim Bau und bei der Fertigstellung dieses Komplexes sollen Interessenkonflikte und andere Unregelmäßigkeiten aufgetreten sein. Die mögliche Verwicklung eines ehemaligen Kommissars muss untersucht werden.

- JMO-Gebäude* der Kommission in Luxemburg. Bei dem Bau dieses Gebäudes sollen eine kriminelle Organisation und eine Freimaurer-Loge involviert gewesen sein. Obwohl diese Sache bereits sehr weit zurückliegt, arbeitet dem Verlauten nach einer der betroffenen und namentlich genannten Beamten noch immer in der Kommission, und zwar in einer gehobenen Position. Ich verweise auf ein früher erschienenes Buch und Veröffentlichungen von Seiten der Gewerkschaften, die dies bereits angeprangert hatten. Auch später gab es viele Probleme hinsichtlich der Verwaltung und des Unterhalts von diesem Gebäude. Von dem namentlich genannten höheren Beamten werden auch andere mögliche Unregelmäßigkeiten berichtet.
- Berlaymont-Gebäude der Kommission in Brüssel. Die Renovierung dieses Gebäudes ist durch grobe Geldverschwendung und jahrelange Verzögerungen gekennzeichnet. Schuld daran ist die politische Einflussnahme auf die Beschlussfindung. Nur einige Aspekte werden von mir explizit genannt, aber wer es wirklich will, findet viel mehr Informationen. Auch einige belgische Journalisten und Politiker haben sich in diese Sache reingekniet.
- Erweiterung des Gebäudes vom Europäischen Parlament in Brüssel. Auch hier wird Geldverschwendung und politische Einflussnahme vermutet. Außerdem sollen Bestechung und Preistreiberei bei der Ausschreibung der Erweiterungen stattfinden. In diesem Dossier werden von mir noch mehr konkrete Hinweise für Unregelmäßigkeiten genannt, und ich kann auch mehr Beweismaterial mitliefern als im Fall des Berlaymont-Gebäudes. Die Hinweise sind sehr ernst und deuten auf berufliche Fehler auf höchstem Niveau im Europäischen Parlament.

Neben diesen ausführlich beschriebenen Unregelmäßigkeiten benennt mein Bericht noch eine Vielzahl anderer Dinge, die untersucht werden müssen. Schließlich schrieb ich in meinem Begleitbrief zum Bericht an die Herren Reichenbach und Brüner folgende Zeilen:

«Mein einsamer Job ist vorbei. Jetzt ist die Teamarbeit von OLAF und IDOC gefragt. Gerne würde ich diesem Team angehören, und ich stehe jederzeit für jede Form der Zusammenarbeit zur Verfügung.»

8

Neue Affären

Für mich war es eine große Erleichterung, nun alles losgeworden zu sein. Ich konnte es im buchstäblichen Sinne von mir wegrücken. Gelegentlich machte ich mir noch Gedanken, ob «man» jetzt wirklich etwas damit machen würde, aber andere Dinge erforderten meine Aufmerksamkeit. Meine Frau Edith klagte weiterhin über anhaltende Migräne. Die Mediziner dachten noch immer ausschließlich an Stresssymptome, und in dieser Richtung wurde dann auch eine Therapie entwickelt. Sie bekam Physiotherapie und Medikamente gegen Migräne.

Edith wollte auch wieder anfangen zu arbeiten – und sie wollte gerne zurück in die Niederlande. Im Laufe des Jahres 2001 fanden wir ein schönes Reihenhaus in Breda. An den Wochenenden fuhren wir regelmäßig dorthin, aber die Woche über arbeitete ich in Luxemburg. Doch jetzt schaute ich mich nach einem Job um, der näher bei Breda lag.

Sogar der Rechnungshof ist betroffen
Ende Oktober 2001 suchte wieder ein Whistleblower mit mir in Luxemburg Kontakt. Diesmal betraf es den Europäischen Rechnungshof. Darüber war ich nicht sehr glücklich. Ich selbst war im Dezember 1998 vom Rechnungshof gut aufgenommen worden. Danach hatte ich mit verschiedenen Mitarbeitern dort stets gute Kontakte gehabt, daher wollte ich von Kritik am Rechnungshof eigentlich nichts hören. Mein Vertrauen ging so weit, dass ich seinerzeit öffentlich dafür plädierte, OLAF von der Kommission wegzuholen und als Sonderdirektion an den Europäischen Rechnungshof anzuschließen. Die Beschwerden trafen mich daher besonders. Doch sie waren berechtigt. Nach

einigen Gesprächen übergab mir die Informantin eine ganze Liste mit Missständen:

Ein Mitglied des Rechnungshofes würde das Telefon, die Sekretärinnen und den Dienstwagen inklusive Chauffeur zu Privatzwecken benutzen. Dies reiche vom Umzug bis zur täglichen Versorgung eines kranken Familienmitglieds. Auch sprach man von Vetternwirtschaft bezüglich Materialbestellungen bei Familienangehörigen und von der Bevorzugung der Familie bei Einstellungen. Darüber hinaus gab es Probleme mit Unregelmäßigkeiten bei Spesenabrechnungen und zu hohen Auslandsvergütungen. Auch soll das betreffende Mitglied eine sich illegal im Land aufhaltende Philippinin schwarz beschäftigt haben. Wegen der diplomatischen Immunität des Täters unternahm die Polizei in Luxemburg jedoch nichts.

Andere Mitglieder des Europäischen Rechnungshofs sollen ebenfalls mit Vetternwirtschaft und Unregelmäßigkeiten zu tun haben. Man munkelte von privater Autonutzung und fragwürdigen Ernennungen von Kabinettsmitgliedern.

Innerhalb der Verwaltung des Rechnungshofs würden Anwerbungsverfahren manipuliert. Ein Angehöriger des Personals, der mit einem Widerspruchsverfahren gegen den Rechnungshof drohte, hatte nach einer Abfindungszahlung darauf verzichtet.

Darüber hinaus war ein interner Bericht, der Unregelmäßigkeiten aufzeigte, nie mehr aufgetaucht und blieb im Entwurfsstadium hängen. Es gab Missbrauch bei Beförderungen und Ernennungen. Die Verwaltung war zu tolerant und in manchen Fällen sogar mitschuldig an den Missständen.

Laut dem Whistleblower herrschte innerhalb von großen Teilen des Rechnungshofs eine bestimmte ungute Art der Dienstleistungskultur vor. Damit ging die Verwischung von Normen einher. Das ganze Kollegium der Mitglieder des Rechnungshofs sei hierfür verantwortlich, befand der weibliche Whistleblower.

Ich erzählte ihr, dass ich leider nichts für sie tun könne. Wenn ich ihre Beschwerden melden würde, könnte ich disziplinarrechtlich verfolgt werden, da ich außerhalb des Rechnungshofs arbeitete. Somit war ich nicht die richtige Anlaufstelle, um solche Missstände zu melden. Ich gab ihr den Rat, zu OLAF zu gehen, möglichst unterstützt von anderen Beamten des Rechnungshofs, so dass sie nicht alleine dastehe.

Kinnocks Sonderrechte
Es gab noch mehr ärgerliche Entwicklungen. Ich hatte erfahren, dass Kinnock für sich selbst eine Kopie meines großen Berichts hatte machen lassen. Das könnte die Untersuchung und die weiteren Maßnahmen unschön beeinflussen! Mit einer schriftlichen Anfrage fühlte SP-Parlamentarier Erik Meijer der Kommission im November auf den Zahn. Dies demonstrierte hervorragend, wie das Spiel zwischen der Europäischen Kommission und dem Europäischen Parlament ablief. Wie üblich wurde die Frage verschleiert formuliert, um die Informationsquelle zu schützen. Sie lautete in etwa:

> *«Ende August 2001 wurde eine detaillierte Übersicht eingereicht mit vertraulichen Daten über mögliche Missstände in der Kommission. Das Betrugsbekämpfungsamt OLAF und das Disziplinaramt IDOC führen nun weitergehende Untersuchungen durch. Findet die Kommission es richtig, wenn eines ihrer Mitglieder [Kinnock war gemeint] privilegiert über eine Kopie dieser Eingabe verfügt, sogar noch vor Anfang der Untersuchung? Und wenn tatsächlich eines der Kommissionsmitglieder diese Übersicht in seinem Besitz hat, wie wird die Kommission dann verhindern, dass die Untersuchungen beeinflusst werden oder dass sich einzelne Mitglieder schon im Vorfeld wehren? Darf es sein, dass ein Mitglied der Kommission Vorwissen besitzt und doch namentlich in dieser Übersicht genannt wird?»*

Die Antwort der Kommission, von Kinnock persönlich (!), lautete ungefähr so:

> *«Die Frage von Herrn Meijer suggeriert, dass diese Übersicht offiziell sei. Dem ist aber nicht so. Der Autor jenes Textes [ich also] hat nur eine Anzahl Vermutungen und Missstände notiert. Das muss gründlich untersucht werden. Herr Meijer wird mit der Kommission übereinstimmen, dass die Kommissionsmitglieder über diese Dinge*

Bescheid wissen sollten. Sie können dann Lösungen entwickeln. Und vor allem muss dasjenige Kommissionsmitglied, das für Disziplinarmaßnahmen zuständig ist [Kinnock demnach], über Verdächtigungen informiert werden. Die Mitglieder der Kommission haben keinerlei Interesse daran, sich in einem so frühen Stadium bereits zu verteidigen, und jeglicher Missbrauch dieser Informationen wird mit Nachdruck verneint. Man muss die Untersuchung abwarten.»

Eine Antwort der Europäischen Kommission auf eine parlamentarische Anfrage ist häufig ausweichend und beantwortet die Frage nur selten direkt.

Abschirmung bleibt

Ende 2001 bekam ich den Bericht einer Versammlung aller Generaldirektoren zu sehen. Der Tagesordnungspunkt Interner Auditdienst fesselte meine Aufmerksamkeit. Ich las den Text und bekam den starken Eindruck, dass einige Generaldirektoren ihre kleinen Königreiche davor beschützen wollten, durch den neuen Internen Auditdienst von Jules Muis in Augenschein genommen oder beeinflusst zu werden. Auch die Transparenz ließ zu wünschen übrig. Laut den Anwesenden durfte man gerade noch Kontrollberichte an den Europäischen Rechnungshof weitergeben, aber die Weitergabe von Berichten an das Europäische Parlament betrachtete man als schädlich. Später hörte ich, dass es für Jules Muis tatsächlich schwer war, einen Fuß in die Türen der Generaldirektoren zu bekommen. Man schob das auf sein Auftreten, das als ziemlich undiplomatisch wahrgenommen wurde, und auf sein schlechtes «Networking» innerhalb der französischsprachigen Verwaltung.

Marta Andreasen legt los

Im Januar 2002 fing Marta Andreasen bei der Kommission als Direktorin für die Ausführung des Haushaltsplans an. Sie begann mit der Inventarisierung und Prüfung des finanziellen Berichtswesens und der Verfahren. Und dafür traf sie ihre Abteilungsleiter häufig, um so schnell wie möglich mit den Befugnissen und Verantwortungsbereichen in ihrer Direktion

EUROPEAN COMMISSION

Individual report on alleged irregularities
Detachment 03.07.2001 – 31.08.2001
Paul van Buitenen

Luxembourg. August 31, 2001
ADMIN L·PVB·pvb D(2001) HReichE

SECRET

Final Draft, 31ˢᵗ August 2001

DG ADMIN COURRIER ARRIVEE
40329
0 4. 09. 2001

nds
copie N. Kinnock

Note for the attention of
Mr. H. Reichenbach, Director general of DG ADMIN
(In charge of disciplinary enquiries in the EU Commission)
Mr. Franz-Hermann Brüner, Director of OLAF
(The anti-fraud office of the EU-institutions)

Subject: File on possible irregularities in many Commission services

Dear Mr. Reichenbach and Mr. Brüner,

Please find herewith my final draft of the file mentioned in the subject of this note. This final draft file contains 235 pages, including this 2-page cover letter, and has more than 500 source documents attached (reports, letters, E-mails, notes, etc.). The file is still far from finished, but I deliver you the document as it is on 31ˢᵗ of August as promised with indicated attachments included. From the bulk of the data in this file you will understand that one person can not do this task. As most (or all?) elements in this file are already known to the appropriate services, it is therefore very regrettable that I had to draw up such a file under exceptional circumstances. One man alone can never draw up objectively a complete inventory of alleged irregularities, but I have done my very best in the limited time granted.

My lonely job is over. It is now up to the teamwork of ADMIN and OLAF. I would like to be part of that team and I am available for any co-operation wanted.

Auf dieser Kopie der ersten Seite meines Berichts sieht man deutlich, dass Kinnock einfach eine Kopie erhält, obwohl sein Name in dem Bericht vorkommt!

vertraut zu werden. Manche von ihnen nutzten die Gelegenheit, Andreasen über den Personalmangel, die jahrelange Priorität der Buchhaltung für die Europäische Kommission und die Befolgung der Buchungsregeln zu informieren.

Wöchentlich wurden Direktionstreffen abgehalten. Diese begannen zumeist mit einem einstündigen Vortrag von Molocksen, den er an seine Direktoren richtete. Andreasen fiel schnell auf, dass Molocksen vom Chef des Internen Auditdienstes der Kommission, Jules Muis, rein gar nichts wissen wollte. Die Monologe von Molocksen waren gespickt mit Kritik an den Standpunkten und Empfehlungen von Muis.

Andreasen merkte schon bald, dass das Computersystem (Sincom-2*) nicht zuverlässig war. Die Kommission führte damit ihre Buchhaltung und erstellte die Finanzberichte. Auf dieser Grundlage wiederum wurden die Management-Entscheidungen getroffen und die Auszahlungen durchgeführt. Sie thematisierte das bei einer Versammlung der Direktoren und bei ihrem Chef Molocksen. In einem Memo betonte sie, dass es sich um ein dringendes Problem handelte und man schnell an einer Lösung arbeiten musste. Das Computersystem war weder umfassend noch detailliert genug. Zudem passten die Daten aus diversen Subsystemen nicht zueinander und das System war nicht sicher. Molocksen bestritt die Dringlichkeit des Problems, und trotz mehrerer Treffen zu dieser Frage wurde keine Lösung erzielt.

Marta Andreasen sollte auch die Reformen der Kommission durchführen, soweit sie ihr Arbeitsgebiet betrafen. Obwohl die Planungen 2001 gutgeheißen wurden, war in dieser Hinsicht noch nichts passiert. Sie orientierte sich, was diesbezüglich umsetzbar war, und wählte sorgfältig die Teilaspekte der Planung aus, die ohne besondere Mittel nun schon realisiert werden konnten. Sie schrieb alle Generaldirektionen an, um den Reformbeginn in der Buchhaltung anzukündigen. Sie erbat sich in jeder GD einen Ansprechpartner, der alle finanziellen Transaktionen inventarisieren sollte.

In der Zwischenzeit setzte man Andreasen unter Druck, damit sie die Jahresangaben der Kommission für das vorhergehende Jahr 2001 unterzeichne. Diese Zahlen mussten den

Generaldirektionen zur Verfügung gestellt werden. Allerdings konnte Andreasen für das betreffende Jahr keinerlei Verantwortung übernehmen. Zum einen hatte sie erst im Januar des nächsten Jahres mit ihrer Arbeit begonnen, zum anderen wurde sie sich immer mehr bewusst, dass diese Angaben voller Fehler stecken mussten. Ihre Anfragen an ihren Vorgänger Frédéric Vermieste um Rücksprache über die Zahlen aus dem Vorjahr blieben ungehört. Schließlich bat sie ihn um eine ordentliche Übergabe, aber dieses Anliegen wurde dreist verweigert. Man interpretierte die Finanzordnung dahingehend, dass dies nicht mehr zu den Verpflichtungen von Vermieste gehöre. Trotzdem hielt Andreasen an ihrem Standpunkt fest: Angaben, denen sie nicht vertraue und für die es keine Sicherheiten gebe, könne sie nicht absegnen. So weigerte sie sich weiterhin, die Zahlen von 2001 zu unterzeichnen.

Mit der Zeit wuchs in ihr die Einsicht, dass ihre Weigerung nicht nur rechtens war, sondern dass die Fehler des Computersystems Sincom-2 die Jahresangaben derart gravierend beeinflusst hatten, dass sie unmöglich ein korrektes Bild der wirklichen Situation geben konnten. Sie musste Kommissarin Schreyer warnen, bevor diese die Angaben am 30. April 2002 bestätigen würde.

Der AMIS-Bericht*
Im Februar 2002 schickte der Europäische Rechnungshof einen Berichtsentwurf an die Europäische Kommission und bat um einen Kommentar. Dabei handelt es sich um die Standardpraxis bei jedem Kontrollbericht eines Buchprüfers. Gegen Ende einer Buchprüfung erhält der Kontrollierte, in diesem Fall also die Europäische Kommission, die Möglichkeit, die Ergebnisse des Prüfers, in diesem Fall der Europäische Rechnungshof, zu kommentieren. Dieser Bericht wurde unter der Verantwortung eines der Direktoren des Rechnungshofs, nämlich Justin Richter, verfasst. Zunächst machte sich die Europäische Kommission keine Gedanken. Die Bemerkungen im Bericht waren zwar ernst zu nehmen, aber das waren sie schon seit Jahren.

Dabei zog die Kommission zu wenig in Betracht, dass dieser Bericht nun sehr wohl Bedeutung erlangen konnte, da Marta Andreasen eigene Aktivitäten entwickelte, um sich zur Wehr zu setzen. Dieser Bericht des Rechnungshofs charakterisierte die Kontrolle der Europäischen Kommission über ihren Haushalt von 98 Milliarden Euro als unzuverlässig und unsicher. De facto unterstützten diese Aussagen voll und ganz die Schlussfolgerungen, die Andreasen kurz nach ihrem Dienstantritt gezogen hatte.

Der Bericht verzeichnete «deutliche Risiken in Bezug auf die Zuverlässigkeit, die vor allem in der Sicherheitslücke innerhalb des Buchhaltungssystems begründet sind». Der Text fuhr fort mit der Mitteilung, dass die Europäische Kommission bereits in der Vergangenheit vor diesen Mängeln gewarnt worden war. In den Jahresberichten von 1999 und 2000 kritisierte der Rechnungshof die Mängel des Computersystems, und die Kommission versprach, die Angelegenheit schnell zu bereinigen. Dies war aber nicht geschehen, daher hielt der Bericht fest, dass die ernst zu nehmenden Probleme weiterhin beständen. Bei der Konzeption des Computersystems seien «allgemein anerkannte buchhalterische Prinzipien nicht beachtet» worden. Mit diesem System war es sogar möglich, widersprüchliche Daten zu erstellen. So konnte eine Ausgabenabrechung zwei verschiedene Beträge aufweisen!

Über eine undichte Stelle landete dieser Bericht bei der «Financial Times». Beamte der Kommission erklärten hingegen, dieser Bericht würde vielleicht nie veröffentlicht, da er Fehler beinhalte und sich einer inadäquaten Sprache bediene. Solche Erklärungen von Kommissionsbeamten sind bemerkenswert, da die Kommission formell gar nichts darüber zu sagen hat, was der Rechnungshof veröffentlicht oder nicht.

Dieser so genannte AMIS-Bericht (über die Resultate des Audits von Management und Informationssystemen) benannte nicht nur die Unzulänglichkeiten des Computersystems. Viel wichtiger war, dass der Rechnungshof damit aufzeigte, dass die Europäische Kommission bereits seit Jahren über diese Unzulänglichkeiten informiert war, es aber schlichtweg keinen Fortschritt auf diesem Gebiet gab. Wie sich aus dem Text ergab, stellte Vermieste, der Vorgänger von Andreasen, die Verbesserung des Computersystems hintenan. Jedoch war er sehr wohl Projektleiter bei der Einführung der letzten Version des Systems gewesen. Er war der richtige Mann, um die Verbesserungen zu integrieren und das System den Anforderungen einer abgestimmten und verantwortungsbewussten Buchhaltung anzupassen.

Wo der Bericht Marta Andreasen unterstützen konnte, stellte er jedoch zugleich eine weitere Hürde für ihre junge Karriere bei der Kommission dar. Denn ihr Chef Molocksen akzeptierte die Schlussfolgerungen des Rechnungshofs nicht. Und tatsächlich, später ging der Rechnungshof auf eine Anzahl der Behauptungen ein und betonte, der Bericht sei nicht offiziell. Der Vorsitzende des Rechnungshofs, Herr Fabra-Valles, ersetzte 80 Seiten mit den deutlichen Worten des Direktors Justin Richter durch 7 Seiten mit viel milderen Ergebnissen. Das Gerücht machte die Runde, Fabra-Valles habe diesen dünnen Aufguss von einem Vertrauten schreiben lassen; dafür gab es aber keine Beweise.

Manipulation der Wahrheit

Um einige der Mängel des zentralen Computersystems Sincom-2 auszugleichen, entwickelte Egbert Frieden, ein Abteilungschef unter Marta Andreasen, auf der Basis von Excel ein Spreadsheet-Modell. Zweck dieses Modells war es, ad hoc die Daten über die Zurückführung zu Unrecht bezahlter Gelder der Europäischen Kommission aus Sincom-2 zu extrahieren. Übrigens sah Molocksen die Notwendigkeit eines solchen Modells überhaupt nicht ein.

Der Abteilungsleiter arbeitete noch an dieser Aufgabe, als er von Kommissarin Schreyer herbeizitiert wurde. Sie musste einige kritische Fragen aus dem Europäischen Parlament beantworten. Die Abgeordneten wollten wissen, wie viel Geld die Kommission von anderen Organisationen zurückgefordert hatte und was von diesen Beträgen tatsächlich zurückfloss. Das Sincom-2-System konnte diese Daten nicht ermitteln. Jedoch wusste Streber, der clevere Kabinettschef von Schreyer, dass ein Alternativmodell im Aufbau war. Egbert Frieden war über diese Anfrage keineswegs glücklich, denn seine Software war noch lange nicht ausgereift und konnte daher keine zuverlässigen Ergebnisse liefern. Und das war ganz sicher keine Basis für die Beantwortung einer parlamentarischen Anfrage! Er bat Andreasen, ihn zu Schreyer zu begleiten.

Zusammen erschienen sie bei der Kommissarin. Streber runzelte die Stirn, als er sah, dass Frieden nicht alleine kam. Das Treffen verlief schwerfällig. Schreyer zweifelte noch, aber Streber befand das Modell von Frieden für ausreichend. Andreasen protestierte heftig. Sie machte darauf aufmerksam, dass das Modell in dieser Phase noch keine zuverlässigen Daten liefern konnte. Gerade wenn es um die Beantwortung einer parlamentarischen Anfrage ging, konnte man doch nicht aufs Geratewohl irgendwelche Daten fabrizieren, nur weil diese zufällig gut ins Bild passten, oder? Nun war es ein Vorteil für sie, dass auch der Generaldirektor Haushalt, Molocksen, gegen die Anwendung dieses Modells wetterte.

Man kam nicht weiter, und Andreasen bat Schreyer daher um ein Gespräch unter vier Augen. Für Frieden, mit dem sie sich zuvor abgesprochen hatte, war dies das Signal, sich zurückzuziehen. Allerdings machte Streber keinerlei Anstalten, sich zu entfernen. Andreasen wartete, bis Schreyer eingriff und Streber daraufhin widerwillig das Zimmer verließ. Andreasen legte ihre Karten auf den Tisch. Sie berichtete über die Mängel, die sie bislang ausmachen konnte, und dass die nicht ermittelbaren Daten über die Zurückzahlungen nur ein Beispiel für die Unzulänglichkeit des Computersystems Sincom-2 waren. Schreyer gab zu, von diesen Mängeln gehört zu haben, erklärte aber ebenfalls, diesbezüglich noch auf den Bericht des Rechnungshofs zu warten. Diesen hatte sie noch nicht erhalten.

Andreasen bestätigte hingegen, dass der Bericht mittlerweile zirkuliere, und fasste kurz den Inhalt zusammen. Sie vereinbarten, dass Schreyer so schnell wie möglich eine englische Übersetzung der Schlussfolgerung erhalten solle (das Original war französisch).

Das schwache Computersystem blieb ein Problem. Nach einer Weile machte Andreasen den Vorschlag, eines der Subsysteme von Sincom-2, das auf der SAP-Software aufgebaut war, in der ganzen Europäischen Kommission und demnach in allen GDs anzuwenden. Andreasen schlug sich selbst als Projektleiterin vor. Frau Schreyer hatte keine Einwände – Molocksen aber sehr wohl. Um Unterstützung für ihr Projekt zu erhalten, schrieb Andreasen alle GDs diesbezüglich an. Sobald Molocksen dieses Schriftstück zu sehen bekam, ging er wutentbrannt

Marta Andreasen

zu Schreyer. Diese reagierte ebenfalls wütend und zitierte noch am gleichen Abend Andreasen herbei. Schreyer drohte Andreasen bei dieser Gelegenheit, ihre Vergangenheit bei der OECD öffentlich zu machen. Molocksen schickte auf den Brief von Andreasen hin sofort ein eigenes Schriftstück, worin er zwar (endlich) einräumte, dass das Buchhaltungssystem Sincom-2 Schwachpunkte hatte, gleichzeitig aber behauptete, Andreasen habe ihren Brief ohne seine Zustimmung geschrieben. Die GDs sollten den Brief von Andreasen als nichtig beziehungsweise überhaupt nicht eingegangen betrachten.

Wer zahlt, bestimmt?
Etwa zur gleichen Zeit machte sich Andreasen zunehmend Gedanken über die Verwaltung des Zahlungsverkehrs von der (und zu der) Europäischen Kommission, dem so genannten «Treasury». Das suboptimale Computersystem könnte hierauf negative Einflüsse haben. Aber Andreasen erkannte auch strukturell einen Kontrollmangel. Außerdem wurde die Position und das Verhalten des Abteilungschefs Billings immer fragwürdiger. Er saß schon seit mehr als zehn Jahren auf einer äußerst sensiblen Position. Andreasen erbat sich von ihm Informationen über den Stand der liquiden Mittel und die Höhe der Finanzströme. Billings erfand immer neue Ausreden oder Verzögerungstaktiken, um den Fragen zu entgehen. Sogar auf die einfache Bitte um eine Übersichtsaufstellung aller Personen, die innerhalb der Europäischen Kommission eine Zeichnungsvollmacht für die Ausführung von Bezahlungen besaßen, reagierte er zurückhaltend. Andreasen richtete daher an Molocksen einen schriftlichen Antrag, eine dringende Buchhaltungsprüfung (Audit) der Verwaltung der liquiden Mittel, des «Treasury», zu veranlassen.

Molocksen jedoch hatte für eine externe Buchprüfung der Treasury-Funktion überhaupt nichts übrig. Stattdessen schlug er vor, eine interne Revision durchzuführen, wobei der betroffene Dienst sich allerdings selbst evaluieren solle. Andreasen fand diese Idee absurd und wendete sich erneut an Frau Schreyer. Andreasen erklärte, sie empfände die Situation rund um «Treasury» als derart suspekt, dass sie sogar überlege, die

EUROPEAN COMMISSION
Budget
Budget execution

The Director

Brussels, 20th march, 2002
BUDG/C/MAN/ch D(2002) 45016
E:\heylech\secretariat\45016jpm.doc

NOTE TO THE ATTENTION OF MR M███████
DIRECTOR GENERAL

Subject: **AUDIT ON TREASURY**

Audit on Treasury Management should be a routine procedure performed in order to permanently ensure appropriate internal controls are in place and respected in safeguard of the institution's assets.

As Accounting Officer of the Commission and according to the Financial Regulation I am responsible for managing monies and other assets as well as for their safekeeping.

In relation to what is expressed above, I request an audit of Treasury to be performed by the Internal Audit Service as a <u>matter of urgency.</u> I therefore ask that you communicate to IAS my request.

I bring to your attention that the Head of the Treasury Unit has been performing this function for the last eleven years. Generally accepted risk and internal control measures advise rotation on significantly shorter periods of time, in what refers to treasury responsibilities.

Marta ANDREASEN
Accounting Officer

Commission européenne, B-1049 Bruxelles / Europese Commissie, B-1049 Brussel - Belgium. Telephone: (32-2) 299 11 11.
Office: BRÉ2 8/370. Telephone: direct line (32-2) 2955876. Fax: (32-2) 2961485.

Marta Andreasen hält sich genau an die Regeln und beantragt, endlich eine Buchführungsprüfung hinsichtlich der Geldströme durchzuführen.

Zahlungen einzufrieren, bis deutlicher sei, auf welcher Grundlage diese durchgeführt wurden.

Schreyer hielt das für maßlos übertrieben. Den Ernst der Lage rund um die Situation von «Treasury» gestand sie sich nicht ein. Unterstützt von Molocksen erklärte sie eine Buchhaltungskontrolle für unnötig. Während eines Treffens bläute Kommissarin Schreyer Frau Andreasen ein, dass sie sehr gut dafür bezahlt werde, die Verantwortung für die Situation zu übernehmen. Dabei spielten die Qualität der Systeme und die dabei angewandten Kontrollen zunächst keine Rolle.

Bedrohungen
Damit war der Ton angegeben. Marta Andreasen spürte, dass sie nun auch von Kommissarin Schreyer nicht mehr unterstützt werden würde. Molocksen hatte Wort gehalten: Von Beginn an war er gegen ihre Anstellung gewesen, und von ihm hatte sie dann auch nichts als Widerstand erfahren.

Vor allem ihre Weigerung, die Jahresangaben für 2001 zu bestätigen, kam sie teuer zu stehen. In verschiedenen Treffen versuchte man, sie davon zu überzeugen, dass dies einfach nicht ginge. Jürgen Streber, der Kabinettschef von Schreyer, schlug ihr sogar vor, einen Brief zu schreiben, in dem sie um die Entbindung von ihrer Verantwortung als Direktorin der Buchhaltung bat. Andreasen stand unter großem Druck. Sie bat den Präsidenten Prodi um ein Gespräch mit Kommissar Kinnock, konnte sich aber nur mit Kabinettsmitgliedern treffen.

Am 26. April, kurz bevor Schreyer die Angaben einreichen musste, ließ sie Marta Andreasen kommen. Schreyer behauptete, Andreasen lege die Finanzverordnung falsch aus. De facto bedeutete dies, Andreasen wolle ihre Verantwortung nicht übernehmen.

Andreasen entgegnete, sie sei sich der Verantwortung, welche die Finanzverordnung einer Direktorin der Buchhaltung der Europäischen Kommission überträgt, sehr wohl bewusst. Darum sei es ja gerade ihre ausdrückliche Pflicht, sowohl Molocksen als auch Schreyer über das Risiko, das die Europäische Kommission zur Zeit einging, zu informieren. Dieses Risiko würde bei der Einführung der neuen Finanzverordnung in Zukunft sogar noch größer werden.

Schreyer bestand jedoch darauf, dass Andreasen ihr in einem Brief bestätigte, dass sie die volle Verantwortung für die Buchhaltung der Kommission auf sich nehme, ohne Wenn und Aber. Der Brief, den Andreasen daraufhin abfasste, beinhaltete jedoch jene Einschränkungen, die Schreyer bereits bekannt waren.

Wie Schreyer daraufhin zurückschrieb, waren die Probleme längst bekannt, und Andreasen hätte sich keinesfalls ohne die ausdrückliche Zustimmung von Molocksen direkt an sie wenden dürfen. Schreyer behauptete schließlich sogar, sie bringe durch ihre Aktionen den Verwaltungsablauf der Direktion in Gefahr. Dies war die übliche Taktik, um Strafmaßnahmen vorzubereiten.

Schreyer zitierte Andreasen dann in ihr Büro und warnte sie, dass es auch die Möglichkeit gäbe, Molocksen mit ihrer Entlassung zu beauftragen.

Widerstand
Mittlerweile hatte man eine Pattstellung eingenommen. Wie Schreyer und Molocksen fanden, behinderte Andreasen mit ihren Prinzipien den Arbeitsfortgang. Andreasen war aber weiterhin davon überzeugt, sie könne keine Verantwortung für Angelegenheiten übernehmen, die ihrer Auffassung nach völlig unkorrekt waren.

Auf ihre Bitte, Maßnahmen einleiten zu dürfen, hatte sie keine Antwort erhalten. Dann eben eine Etage höher, dachte sie sich und schrieb einen aufgebrachten Brief an den Präsidenten der Europäischen Kommission, Romano Prodi, und die beiden Vizepräsidenten Neil Kinnock und Layola de Palacio. Darin rief sie die Verwundbarkeit des Systems und die Tatsache, dass bei «Treasury» seit zehn Jahren keine Buchprüfung mehr stattgefunden hatte, in Erinnerung. Dieses Schriftstück sickerte aber durch, und innerhalb einer Woche erhielt sie einen Anruf von einem Mitglied des Europäischen Rechnungshofs. Sofort erklärte sie, der Brief sei nicht für den Rechnungshof bestimmt gewesen.

«Möchten Sie denn, dass der Rechnungshof sich ganz aus der Sache raushält?» lautete die Entgegnung. So weit hatte sie die

Angelegenheit noch gar nicht weitergesponnen. Hier hatte sie die Chance auf mächtige Unterstützung. Daher gab sie an, den Bemühungen des Rechnungshofs keine Steine in den Weg legen zu wollen. Um noch deutlicher zu werden, schickte sie nach dem Gespräch einen Brief an den Rechnungshof mit der formellen Bitte um Intervention.

Am 16. Mai sollte sich Andreasen mit Schreyer und Molocksen zusammensetzen, um über die Reform der Verwaltung zu sprechen. Zuvor erhielt sie einen Brief von Schreyer, in dem sie der Nachlässigkeit beschuldigt wurde, weil das diesbezügliche Papier noch nicht vorlag. Wie Andreasen am 15. Mai antwortete, hatte Molocksen ein Planungstreffen für den gleichen Tag, also den 15. Mai, vereinbart, um den Entwurf abzusprechen. Die Versammlung sollte um 9.30 Uhr beginnen, aber Molocksen hatte die Besprechung kurzfristig zwanzig Minuten vor Beginn ohne weitere Angabe von Gründen abgesagt. Andreasen schickte eine Kopie von Molocksens Absage zusammen mit dem Textentwurf an Schreyer. Später begründete Molocksen seine Absage damit, dass er Andreasens Textentwurf nicht früh genug erhalten habe. Diese griff sofort zum Füller: Molocksen hatte doch am 5. April bereits eine frühere Fassung des Textes gelesen? Er hatte diesen sogar kommentiert, und seine Anmerkungen waren mittlerweile eingearbeitet.

Hinter dieser praktischen Behinderung verbarg sich der eigentliche Konflikt zwischen Andreasen und Molocksen. De facto ging es darum, ob die Europäische Kommission ein ordentliches Buchhaltungssystem bekommen würde oder ein Flickwerk von Lösungen, die nicht miteinander harmonisierten. Andreasen wollte ein durch und durch integriertes System, in dem alle Transaktionen automatisch auf den Konten verbucht würden und in dem auch die Budgetmittel ständig aktualisiert würden. Auf diese Art und Weise könnte man jederzeit den aktuellen Stand abfragen, nicht nur der Kosten und Einkünfte, sondern auch der zur Verfügung stehenden Budgets und der Kredite.

Die Pläne von Andreasen zur Reform der Verwaltung wären ohne die grundsätzliche Anpassung des Computersystems nicht vollständig. In ihrem Brief vom 16. April an Schreyer hatte sie daher auch den Vorschlag gemacht, ein Projekt zur Modernisierung dieses Computersystems ins Leben zu rufen. Andreasen hatte sich dabei selbst als Projektleiterin vorgeschlagen. Sowohl Schreyer als auch Molocksen hatten diesen Vorschlag jedoch abgelehnt, ohne dass zu diesem Zeitpunkt die zentrale Finanzabteilung selbst in der Lage gewesen wäre, einen eigenen Plan zu unterbreiten.

Jules Muis, der erst seit einem Jahr Generaldirektor des neuen Internen Audits war, musste mit Bedauern zusehen, wie Marta Andreasen Schritt für Schritt demontiert wurde. Daher beschloss er Ende Mai, einen sehr ungewöhnlichen Brief an Neil Kinnock zu verfassen. Muis schrieb, dass die Schlussfolgerungen von Frau Andreasen stimmig und ihre Sorgen daher begründet seien. Er beschrieb in diesem Brief auch, wie Marta Andreasen inmitten einer feindlichen Umgebung arbeiten musste und die Generaldirektion Haushalt, der sie zugeordnet war, jegliche Verantwortung für etwaige Unzulänglichkeiten zurückwies.

Muis hielt sich an die Regeln; sein ungewohnt deutlicher Brief blieb dann vorläufig auch intern. Alles deutete darauf hin, dass Andreasen inzwischen vollständig isoliert war, so weit jedenfalls, um von der Kommission abserviert zu werden.

Massiv ins Abseits gedrängt
Am 22. Mai 2002 erhielt Andreasen einen Anruf. Darin wurde für den nächsten Tag ein Treffen mit den Kommissaren Schreyer und Kinnock angekündigt, um 12 Uhr mittags. Der Gegenstand des Treffens wurde nicht erwähnt, aber Andreasen hoffte auf eine Reaktion bezüglich der von ihr angesprochenen Angelegenheiten in den Briefen an Schreyer, Prodi und Kinnock.

Am nächsten Tag, gerade mal eine Stunde vor dem Termin, empfing Andreasen ein Memo von Frau Schreyer, datiert auf den 22. Mai, in dem das Thema des Treffens angegeben war: Wie Schreyer schrieb, erfülle Andreasen ihre Verpflichtungen als Direktorin Verwaltung nicht. Schreyer suggerierte, dass Andreasen von sich aus bereit sei, vom Amt der Direktorin zurückzutreten, um so nicht mehr für die Buchhaltung verantwortlich sein zu müssen.

Andreasen war perplex. Nach ihrer Auffassung hatte sie sich nie irgendeiner Verantwortung entziehen wollen – vielmehr

Brussels, 21 May 2002
IAS/JM D(2002)

NOTE TO THE ATTENTION OF MR. J. LUCHNER

1. MEMBER OF KINNOCK CABINET

1.1. Subject: Proposal by accounting Officer for accounting reform

1. Professional-technical summary of observations

This is a *prima facie* professional-technical summary of observations on the accounting reform proposal by the Commission's Accountant, dated 5th of April, 2002, addressed to Mr. Mingasson; as amended int...

2. WORKING ENVIRONMENT

This briefing would not be complete without pointing out the circumstances under which the new Accountant is presently working, i.e. in a perceived intrinsically hostile work environment, where she has to get control over a department haunted by a profound lack of qualified staff, a host of vacancies/absentees in critical functions, an entrenched mindset and positions/ functions, a power ambience totally catered to the DG who himself has strongly opposed her appointment in the first place, an upset Commissioner who stopped being her main sponsor when she found out she has to work with an individual whose insistent questions are threatening the regular flow of funds and potentially causing embarrassment in the process to the appearance of a smooth functioning BUDG outfit; and an interested staff audience that looks back at the history of the Commission and put their money and support on the most likely winner of the arm twisting exercise; rather than asking themselves who is more right and what is in the better interest of the Commission.

No Commission(er) can let nature have its course without him/herself being seriously exposed, if the source of the controversy proves to be right in the type of questions she raises. We do not know Ms Andersen's managerial capabilities, but we are sure she is raising the right questions and in a very short period of time, despite alleged across the board stonewalling of her colleagues. We do not think her procedural lack of communicational finesse to be an element in this, and see the fact they happen as a possible index of the lack of support she has inside DG BUDG: no-one protecting her *avant la lettre*. At this stage, her demise, if it were to come that far, would be a serious blow to Reform, sending a signal that the old ways of keeping things from happening still work; and put all professionals within the Commission on notice that 'might makes right', whatever one's professional convictions/duties.

The substance of Ms Andreasen's communications so far seem factually substantive and correct. They are benign in comparison with the assurance statement assertions we have seen from the DG's in the recent assurance statement exercise; indeed of DG BUDG itself, which seem to have been shaken out its state of denial by default rather than self-design. She has grasped the key issues at hand, despite her uphill initiation and familiarization phase and relative to a heavy year-end closing workload, very fast indeed. Her intervention/ views/wishes to have up front acknowledgement of the inherent risk environment of the Treasury Management function, has triggered major emotions, but professionally, in particular with the hands on observations/experience she now has with the department, is fully understandable. So far the professional report card; we have no idea whether she is a good manager but would warn for any premature conclusions until she had a real chance to manage.

I thi~   ~ote of May 14, 2002, distributed the June 2001
                               ~~d in the debate on the Accountant's
Copies: IAS management team   ~~ing start to implement her
marching oru~...   Jules Muis   the so-called
Montesinos report commissi~...
question in transitioning from a mixeu ...

Die ungewohnt deutliche Nachricht des internen Prüfers Jules Muis an einen engen Mitarbeiter Neil Kinnocks über die Vorschläge von Marta Andreasen und die feindseligen Bedingungen, unter denen sie arbeiten muss.

wollte sie dieser doch gerade gerecht werden; zur Verärgerung von Molocksen und dann auch von Schreyer.

Obwohl es immer klarer wurde, dass eine weitere Debatte keinen Sinn machen würde, musste sich Andreasen verteidigen, ob sie wollte oder nicht. Sie musste immer wieder aufs Neue zeigen, dass sie sich an die Regeln hielt, ihre Verantwortung übernahm, ihre Vorgesetzten bis ins Detail informiert hatte. Dass sie einfach ihre Arbeit gut machte, war bei der Kommission nicht erwünscht, insbesondere nicht, wenn es um Kontrolle und das Wahren von Verordnungen ging. Genauso wie andere Whistleblower in der Kommission, darunter auch ich, musste nun auch Marta Andreasen* als Direktorin Verwaltung um ihr Überleben kämpfen, alleine und gegen eine Übermacht.

Unmittelbar vor der Versammlung schickte Andreasen per E-Mail noch eine Antwort an Schreyer und Kinnock. Sie wiederholte, dass sie klar und deutlich die Risiken erläutert habe, die durch die Mängel des Computersystems und durch das Fehlen jeglicher Buchhaltungskontrolle in Bezug auf «Treasury» entstanden waren. Es sei ihre ausdrückliche Pflicht, die finanziellen Interessen der Europäischen Kommission zu wahren. Daher müsse sie ihre Unterschrift unter die Angaben aus der Verwaltung so lange verweigern, bis eine unabhängige Buchprüfung stattgefunden habe und ein zuverlässigeres System eingeführt worden sei.

Andreasen schrieb auch, dass sie sich der dadurch entstehenden Probleme bewusst sei, und machte daher präzise Vorschläge für Übergangslösungen, um die Risiken in dieser Situation so weit als möglich zu begrenzen.

Zudem stelle die Erklärung von Schreyer, sie nähme ihre Verantwortung nicht wahr, die Welt auf den Kopf. Wenn Andreasen die Probleme benannte und auch Lösungen anbot, die dann von der Europäischen Kommission verworfen wurden, dann läge die Verantwortung hierfür bei der Europäischen Kommission und nicht bei ihr. Alles, wirklich alles: die Finanzverordnung der Kommission, der Europäische Vertrag der EU, die gebräuchlichen Regeln für eine ordnungsgemäße Verwaltung – sie alle verlangten, dass die Probleme auf allen Ebenen angesprochen wurden. Dies galt auch in Bezug auf den externen Prüfer, in diesem Fall den Europäischen Rechnungshof.

Zum Schluss bemerkte Andreasen, dass sie zum Treffen kommen werde mit der Erwartung, von Schreyer und Kinnock im Namen aller Kommissare doch noch eine Antwort auf die von ihr thematisierten Probleme und die von ihr vorgeschlagenen Lösungen zu erhalten.

Bei dem Gespräch waren nur die Kommissare Kinnock und Schreyer mit den jeweiligen Kabinettschefs anwesend. Man machte Andreasen verständlich, dass sie möglicherweise auf eine andere Stelle versetzt werden würde, nämlich zur Finanzkontrolle (ein anderer Dienst unter Schreyer, der aufgelöst werden sollte!). Andreasen widersetzte sich, da sie sich professionell verhalten und nach bestem Gewissen gehandelt habe. Kinnock erklärte jedoch, zwischen Schreyer und Andreasen bestehe ein Vertrauensbruch und Schreyer könne sie als Kommissarin auch ohne ihre Zustimmung versetzen.

Andreasen wies Kinnock darauf hin, dass er sich selbst widerspräche. Kinnock forderte sie auf, die Angelegenheit zu überdenken, und gab ihr dazu bis zum 27. Mai Bedenkzeit. Sie führten ihr auch vor Augen, dass die Tatsache ihrer vormaligen Suspendierung bei der OECD in Zukunft nicht für sie sprechen werde. Man könnte diese Information in der Presse verbreiten. (Und dies, obwohl Andreasen auch bei der OECD Missstände offen gelegt hatte und diesbezüglich gegenüber der Kommission immer ehrlich gewesen war.)

Andreasen stand allein gegen vier Gegner. Um sich zu verteidigen, fertigte sie unmittelbar nach dem Gespräch einen eigenen Bericht an und schickte diesen an alle Kommissare der Europäischen Kommission. Sie erklärte sich darin mit der Idee, sie von ihrer Funktion als Spitze der Verwaltung zu entbinden, nicht einverstanden – und schon gar nicht mit der Begründung, es bestehe ein Vertrauensbruch zwischen Kommissarin Schreyer und ihr.

Sie wusste merkwürdigerweise noch nicht, dass die Würfel offensichtlich längst gefallen waren. Weder Kinnock noch Schreyer hatten ihr im Gespräch am 23. Mai erzählt, dass die Europäische Kommission in der Versammlung des Kollegiums am 22. Mai bereits beschlossen hatte, Andreasen aus ihrer Position zu entfernen!

Am 24. Mai fragte der Kabinettschef von Kinnock sie, warum

sie den Text an alle Kommissare geschickt habe. Das passte anscheinend gerade nicht! Es gab sofort ein verändertes Protokoll. Generaldirektor Haushalt Molocksen fand die Bedenkzeit bis zum 27. Mai für Andreasen unsinnig. Ohne weitere Zeit zu verlieren, schickte er am 24. Mai an das Personal der GD, auch an die Untergebenen von Andreasen, die Nachricht, die Kommission habe schon am 22. Mai beschlossen, Andreasen von ihrer Funktion als Spitze der Verwaltung zu entbinden. Auch der Name ihres Nachfolgers wurde in dieser Mitteilung bereits verbreitet.

Andreasen saß geschockt vor ihrem PC, nachdem sie dies gelesen hatte. Ohne Vorwarnung war sie in Hinblick auf das Verhältnis zu ihren Mitarbeitern und Angestellten plötzlich in eine unmögliche Position gebracht worden. Sie suchte im internen Netz nach dem Protokoll der Kommissionsversammlung vom 22. Mai, aber dort war keine entsprechende Entscheidung festgehalten worden.

Die Neuigkeit erschien in der «Financial Times» am Samstag, dem 25. Mai. Marta Andreasen selbst hatte noch gar keinen formellen Brief erhalten. Das bedeutete aber auch, dass die Information bereits am 24. Mai an die Zeitung weitergegeben worden war ...

Lüge oder Betrug?
Was war geschehen? Hatte die Kommission nun am 22. Mai eine Entscheidung getroffen oder nicht? Und wenn ja, warum stand das nicht im Protokoll? Wer hielt hier eigentlich die Fäden in der Hand – der französische Generaldirektor Molocksen oder die Kommissare Kinnock und Schreyer? Man darf auch durchaus folgende Frage stellen:

«Haben Kinnock und Schreyer am 23. Mai Marta Andreasen etwas vorgemacht, indem sie so taten, als sei noch keine Entscheidung gefallen, oder gab es zu diesem Zeitpunkt noch gar keine Entscheidung?»

Letzteres würde bedeuten, dass der Beschluss nachträglich mit rückwirkender Kraft doch noch gefasst wurde, und das würde auf Betrug bei den Kollegiumsprotokollen hinauslaufen! Das wiederum ist unwahrscheinlich.

Inzwischen hatte die Kommission den Mitgliedern des parlamentarischen Budgetkontrollausschusses bereits Bericht erstattet. Am 24. Mai trat Andreasen zum ersten Mal an einige Mitglieder des Europäischen Parlaments heran, darunter Frau Theato, die Vorsitzende dieses Ausschusses. Andreasen erläuterte die wirklichen Hintergründe der Auseinandersetzung zwischen ihr und ihrem Generaldirektor Molocksen und der Kommissarin Schreyer. Die Wichtigkeit dieser Angelegenheit in Hinblick auf das Management von 100 Milliarden Euro an Gemeinschaftsgeldern ist riesig. Die Änderungen in der Finanzordnung, die Molocksen und Schreyer durchführen wollten, würden das Risiko von Unregelmäßigkeiten und Betrug noch vergrößern, statt es zu verkleinern.

Erst am Montag, dem 27. Mai, wurde Andreasen in das Büro von Kommissarin Schreyer gerufen. Schreyer überreichte ihr einen Brief, der auf den 24. Mai datiert war. Darin wurde Andreasen über die Entscheidung der Europäischen Kommission informiert. Beigelegt war ein Anhang zum Protokoll vom 22. Mai, in dem der Beschluss sehr wohl vermeldet wurde – in dem offiziell publizierten Protokoll hatte Andreasen vergeblich danach gesucht. Auch in dem Pressebericht, der immer am gleichen Tag (also am 22. Mai) nach Ende der Kommissionssitzung ausgegeben wird, wurde dergleichen nicht erwähnt. Doch wurde der Beschluss bereits am 24. Mai öffentlich gemacht, also noch Tage, bevor Andreasen selbst die Entfernung von ihrem Posten aus dem Brief von Frau Schreyer erfuhr.

In ihrem Brief verteidigt oder begründet Schreyer ihre Entscheidung nicht. Verwirrend fand Andreasen, dass ihre zweite Aufgabe als Direktorin für die Ausführung des Haushaltsplans nirgends zur Sprache kam. Vielleicht konnte sie diese Funktion also behalten und war nur von einem Teil ihrer Verantwortlichkeit entbunden worden?

Sie war Schreyer noch nicht los. Andreasens Maßnahme, Parlament und Rechnungshof zu warnen, war manchem sauer aufgestoßen. Am 29. Mai schickte Schreyer einen geharnischten Brief an Andreasen und schrieb, dass sie damit nicht nur die ganze Kommission beschuldige, sondern auch den Europäischen Rechnungshof, das Parlament und alle Mitgliedsstaaten, die die Änderungen in der Finanzordnung bestätigt hatten.

Andreasen müsste daher ihre Anschuldigungen sofort zurücknehmen oder innerhalb von 48 Stunden unterfüttern.

Andreasen verschickte umgehend eine solche Ausführung und verwies auf ihre Anmerkungen und Vorschläge aus der Vergangenheit, die nie aufgegriffen worden waren.

Am 31. Mai schrieb Schreyer im Namen des Präsidenten Prodi und der Vizepräsidenten de Palacio und Kinnock einen letzten Brief an Andreasen als Antwort auf ihren kritischen Brief vom 7. Mai. Es handelte sich um einen Standardtext, mit dem integere, fachkundige Beamte, die mitdachten, abserviert wurden: Alle Bemerkungen von Andreasen würden nichts Neues enthüllen, sie sei doch gerade angestellt worden, um die signalisierten Probleme anzupacken und die Durchführung der Verwaltungsreform zu unterstützen. Natürlich nur, so weit ihr Chef, der Generaldirektor Molocksen, dazu seine Zustimmung gegeben hatte. Schreyer bedauerte in ihrem Brief das Versagen von Andreasen bei dieser Aufgabe; daher müsse sie Andreasen von ihrer Funktion entbinden.

Dass dieser Vorwurf nicht stimmte, zeigte die Tatsache, dass sowohl der Rechnungshof als auch die interne Buchprüfung die Analyse von Andreasen unterstützte. Der Rechnungshof ließ zudem wissen, dass seit Jahren Meldungen über die Mängel des Buchhaltungssystems eingingen, dass aber die Kommission darauf nicht reagiere.

Die Verantwortung wurde nun auf Marta Andreasen abgewälzt, die gerade mal ein halbes Jahr beteiligt gewesen war und die alles riskiert hatte, um eine ordentliche Arbeit zu leisten. Ihr Chef, der schon mit der Benennung nicht einverstanden gewesen war, hatte es ihr unmöglich gemacht, tatsächlich Maßnahmen einzuleiten und durchzuführen, indem er systematisch in entscheidenden Momenten seine Zustimmung verweigerte.

Whistleblowing unmöglich gemacht

Marta Andreasen hat diesen Brief übrigens nicht mehr beantwortet. Sie wollte ein Widerspruchsverfahren gegen die Entscheidung initiieren, wie es das Beamtenrecht vorsieht. Solche internen Verfahren erreichten zwar nichts bei Problemen auf diesem hohen Niveau und von diesem Umfang, aber Andreasen musste diesen Weg gehen, da es andernfalls später gegen sie verwendet werden könnte, dass sie nicht erst alle internen Möglichkeiten ausgenutzt hatte. Andreasen musste innerhalb der Regeln kämpfen und durfte auf keinen Fall nach draußen gehen, wie sie das mit dem Brief an das Europäische Parlament getan hatte. Die Kommission hingegen hatte zur gleichen Zeit ihre faktische Kündigung sofort der Presse bekannt gemacht. Ein Widerspruchsverfahren anzustrengen war ein kluger Schritt, das wusste ich (P. v. B.) jetzt aus meiner eigenen Tätigkeit als Whistleblower. Ich hatte damals das Widerspruchsverfahren bleiben lassen, weil ich von seiner Sinnlosigkeit überzeugt war. Meine spätere Beschwerde beim Europäischen Ombudsmann wurde dann wegen dieses Verfahrensfehlers für nicht zulässig erklärt.

Erst am 3. Juni erhielt Marta Andreasen eine formelle Entscheidung, unterzeichnet von Kinnock, dass sie aus internen Gründen versetzt werde. Sie war nun nicht länger Direktorin für Verwaltung und Ausführung des Haushaltsplans der Europäischen Kommission, sondern wurde zur Beraterin in der Generaldirektion Personalangelegenheiten ernannt – eine Stelle, die es gar nicht gab, eine Art Abstellgleis. Später verbreitete der Pressereferent von Kinnock noch «Informationen» über Andreasen. Diese «Informationen» sollten ihre Glaubwürdigkeit angreifen; Andreasen hielt sie für verleumderisch.

Andreasen ließ sich aber nicht ins Bockshorn jagen und reichte am 4. Juni einen offiziellen Antrag ein, vom Europäischen Parlament über die neue Finanzordnung gehört zu werden, bevor das Parlament diese beschließen würde. Nach langem Hin und Her wurde die Anfrage als zulässig anerkannt und an den Budgetkontrollausschuss weitergeleitet.

Kinnock wollte das aber auf keinen Fall. Er erkundigte sich beim juristischen Dienst hinsichtlich der Zulässigkeit des Antrags. Die Juristen reagierten schnell, aber ihre Auskunft entsprach nicht der Erwartung Kinnocks. Der juristische Dienst erinnerte Kinnock daran, dass Andreasen ungeachtet ihres Beamtenstatus noch immer eine europäische Bürgerin mit bestimmten Grundrechten war und dass sie daher als solche eine Petition beim Europäischen Parlament einreichen und auch vom Parlament gehört werden konnte. Außerdem wies der

EUROPEAN COMMISSION

LEGAL SERVICE

Brussels, 1 July 2002
JUR(2002) 10306

Note for Vice-President Kinnock

Re: Mrs Andreasen – petition to the Parliament – note 10210 of today from Mr Koopman

1. You refer to my note JUR(2002) 30190 of 25 June 2002 and ask for the Legal Service's opinion about Mrs Andreasen's proposed appearance before the Parliament's Committee on Petititions, taking into account the fact that disciplinary proceedings have now been opened (the Legal Service has already pointed out, after examining the file as it presently stands, the importance of ensuring proportionality between any possible future penalty and the infringements found to have been committed, if any).

   The question is now whether the existence of the disciplinary proceedings could be a ground for the Commission to refuse Mrs Andreasen permission to appear before the Committee. I naturally leave issues of "opportunité" to you.

2. So far as the more specifically legal aspects of your question are concerned, it is certainly true that once disciplinary proceedings are opened, they are in principle the method of choice for establishing the relevant facts.

   However, there are two potential problems with refusing permission:

   a) the approach proposed presupposes that the subject of the disciplinary proceedings is the same as that of the Committee hearing which Mrs Andreasen would like to take part in. That is not necessarily so: even though the disciplinary proceedings presumably[1] cover various public statements she has already made about the proposed Financial Regulation, she appears to want a more general discussion before the Committee, which may well go beyond those issues. It therefore follows that any claim that the two things overlap could easily turn out to be factually wrong;

---

1 I have not yet seen the letter she has now been sent

Commission européenne, B-1049 Bruxelles/Europese Commissie, B-1049 Brussel - Belgium - Office:
Telephone: direct line (+32 witchboard 299.11.11. Fax:
Telex: COMEU B 21877. Telegraphic address: COMEUR Brussels

Internet: @cec.eu.be

Die juristische Abteilung der Kommission teilt mit, dass Kinnocks Versuch, Andreasen aufzuhalten, einer begründeten juristischen Basis entbehrt.

b) the other, more general, problem is that the EC Treaty seems to confer an unlimited right of petition on any EU citizen – there is no specific exception for officials nor is it easy to see any room for an implied exception where there are pending disciplinary (or even criminal) proceedings.

It thus appears that there is no very sound legal basis for preventing Mrs Andreasen from appearing before the Committee, if that is what the Committee wishes[2].

3. On the other hand, if she does appear, she remains subject to all her statutory obligations, in particular under Article 12 and Article 17(1)[3]. On the last point, the fact that she would be giving evidence to the Parliament does not make the Parliament an *"authorized person"* for the purposes of Article 17(1): the Commission's "whistleblowing" decision[4] limits disclosure to the President of the Parliament, and only as a last resort. This decision can be regarded as an interpretation by the Commission as to who is an *"authorized person"* for the purposes of Article 17(1). (For the sake of clarity, it should be pointed out that the decision does not appear to apply at all here, since it does not relate to concerns about actual wrongdoing, only to an internal difference of opinion, in this case about how to prevent possible fraud in future; the Commission intends to say in reply to a parliamentary question during the same session[5] that the decision is not intended to deal with disputes of that kind.)

It would seem useful to remind Mrs Andreasen of her obligations (preferably in writing), in particular her obligations under the provisions just mentioned.

Michel PETITE

Copies: Messrs O'Sullivan, Manservisi, Koopman, Gussetti; Ms McCallum

---

[2] of course, it may decide that it does not want to hear her, if it discovers that disciplinary proceedings have been opened. You may well feel that it should be informed now, so that it can make its decision in full possession of the facts

[3] Article 12, first paragraph: *"An official shall abstain from any action and, in particular, any public expression of opinion which may reflect on his position."*

Article 17, first paragraph: *"An official shall exercise the greatest discretion with regard to all facts and information coming to his knowledge in the course of or in connection with the performance of his duties; he shall not in any manner whatsoever disclose to any unauthorized person any document or information not already made public. He shall continue to be bound by this obligation after leaving the service."*

[4] Commission Decision on raising concerns about serious wrongdoings, 4 April 2002, doc. C(2002) 845

[5] QE 495/02 by Mr Per Gahrton, for which the Legal Service has suggested some amendments in a separate communication, copied to your cabinet

Seite 2 der Mitteilung der juristischen Abteilung: Trotz Neil Kinnocks Beteuerungen kann man dies kaum als Solidaritätsbekundung lesen!

juristische Dienst Kinnock darauf hin, dass ernsthafte Zweifel an der Existenz ausreichender juristischer Gründe für ein Disziplinarverfahren gegen Andreasen vorlagen. Dieser Brief ging an alle Kommissare und sickerte schließlich auch an die Presse durch.

Das war ein heftiger Schlag für Kinnock, aber er ließ sich nicht davon abhalten, nach Wegen zu suchen, um Andreasens Erscheinen vor dem Parlament zu verhindern. Damit ging Kinnock sehr weit. Er versuchte nichts anderes, als Marta Andreasen eines der wertvollsten Grundrechte der europäischen Bürger zu stehlen, nämlich das Recht, beim Europäischen Parlament Gehör zu finden!

Am 10. Juni erhielt Marta Andreasen eine Nachricht von ihrem neuen Chef, Generaldirektor Personalangelegenheiten Reichenbach. Ihm war «zu Ohren gekommen», dass Andreasen sich mit Journalisten treffen wolle. Er erinnerte sie an ihre Verpflichtung zur Geheimhaltung aus dem Beamtenrecht. Auch wies er auf das Vertrauensverhältnis zwischen der Institution und ihren Beamten hin. Eine überflüssige Warnung, denn Andreasen war sich durchaus bewusst, dass sie sich strikt an die Regeln halten musste, wenn sie noch eine kleine Chance auf die Rückkehr in ihre alte Position haben wollte (was sie damals noch erhoffte).

In der Zwischenzeit erkundigte sie sich bei Reichenbach nach Informationen, wie sie sich auf den Anti-Diffamierungsartikel aus dem Beamtenrecht berufen konnte. Dieser Artikel schützt EU-Beamte, wenn sie bei ihrer Arbeit verleumdet werden. Andreasen suchte Schutz vor verleumderischen Aussagen der Informationsstelle der Kommission und von Frau Schreyer.

Eigentlich erbat Andreasen die gleiche juristische Unterstützung, die die Kommission schon früher Beamten gegeben hatte, die möglicherweise an Missständen zwar beteiligt waren, allerdings nicht bestraft wurden. Nach meiner Erfahrung wird diese juristische Hilfe Topbeamten, die mit Missständen in Zusammenhang gebracht werden, jeweils rasch angeboten. Mir wurde eine solche Unterstützung nicht gewährt. Auch Marta Andreasen wurde diese Hilfe verweigert; zuvor musste sie allerdings noch monatelang auf eine Antwort warten. Diese Verzögerungs-

MARTA ANDREASEN.
De inmiddels ex-hoofdaccountant van de Commissie weigerde de problemen te verzwijgen.

NEIL KINNOCK.
De commissaris voor de Administratieve Hervormingen heeft nog maar weinig zichtbare resultaten geboekt.

De Europese Commissie ligt weer onder vuur. Drie jaar na de val van de Commissie-Santer wordt het dagelijks bestuur van de EU opnieuw beschuldigd van fraude en wanbeheer.

Het zwarte gat in de begroting

Haar kritiek was niet mals. 'De gebrekkige controle op de boekhouding van de Europese Commissie zet de deur wijd open voor fraude', beweerde Marta Andreasen. De hoofdaccountant van de Commissie, die aan de kant gezet is, trekt een parallel met Enron en Worldcom. Maar de boekhouding van de EU ziet ze als een bron voor nóg meer gesjoemel: bij de Amerikaanse bedrijven kon je de transacties nog natrekken, bij de Europese Commissie kan dat nauwelijks.

'Haar boekhouding kent geen methodes om wijzigingen en aanpassingen van de cijfers zoals ze voorliggen, op te sporen', zei ze tegen de Britse krant *The Guardian*. Bovendien heeft de Commissie het veralgemeende dubbele boekhoudsysteem nog steeds niet ingevoerd. De veiligheid van de computers laat te wensen over, en gekwalificeerde boekhouders om de boekhouding te controleren, zijn er niet. 'De fraude kan dus verborgen zitten in het hart van het systeem. Zonder dat ze wordt opgemerkt of kan worden nagetrokken.' Een nachtmerrie voor elke accountant. Andreasen weigerde dan ook de rekeningen over 2001 goed te keuren. Het ging daarbij om een budgetbeheer van 98 miljard euro.

Reeds bij haar aantreden in januari van dit jaar stootte ze op meer dan één merkwaardig element in de boekhouding. Massale boekhoudkundige fouten, naast onregelmatigheden in de begroting en zelfs de vraag om foute rekeningen goed te keuren. Wat moest Andreasen doen? De problemen die ze meldde, werden genegeerd. Volgens een woordvoerder van het comité voor begrotingscontrole van het Europees parlement werd ze onder druk gezet om te zwijgen. Zich te gedragen als 'een keurig ambtenaar'.

En 'te doen wat haar werd gevraagd'.

Een laatste uitweg was een brief aan Commissievoorzitter Romano Prodi. Een tussenpersoon bezorgde hem aan het weekblad *The European Voice*. Doel was het 'financiële geweten van de Europese Unie', de Europese Rekenkamer, zo snel mogelijk te alarmeren. Die is enigszins 'vertrouwd' met de vreemde cijfers in de rekeningen. Volgens de *Financial Times* ontdekte ze in opeenvolgende jaarverslagen 'onregelmatigheden' in zowat 5 procent van de betalingen met geld van de Europese Unie. De meest waanzinnige verhalen komen uit de landbouwsector. Jarenlang wist een Britse boer subsidies binnen te halen voor een grond ergens ver weg van de kust van IJsland.

DISCIPLINAIRE PROCEDURE

Maar de kern van het probleem ligt niet in dat soort buitenissige story's. De meeste fraudegevallen kunnen in het huidige systeem gewoon niet worden opgespoord. 'Ik had er geen idee van wat ik moest ondertekenen', zegt Andreasen. 'Het systeem liet duidelijk gesjoemel toe, maar ik wist niet wanneer of fraude in het spel was en wanneer niet.'

De Commissie reageerde furieus. Zoals het klokkenluider Paul van Buitenen was vergaan, zo zou het ook lopen met Andreasen. De obligate disciplinaire procedure werd ingezet: de Spaanse Andreasen was buiten haar boekje gegaan. Meermaals was ze nochtans herinnerd aan haar plicht interne klachten stil te houden. Zelfs vice-voorzitter van de Commissie Neil Kinnock had getracht haar het zwijgen op te leggen. Meer nog, hij verhinderde zelfs dat ze bewijsmateriaal aan Europese parlementariërs zou kunnen doorspelen, zo luidt het. 'Een doofpotoperatie', klaagde Andreasen. Waaraan ze elke vorm van medewerking weigerde. Amper vier maanden na haar aantreden werd ze uit haar ambt ontslagen.

'Het is initieel een vergissing geweest haar aan te werven', zegt een woordvoerder van de Commissie. 'Andreasen was eerder aan de deur gezet bij de Organisatie voor Economische Samenwerking en Ontwikkeling, nadat ze ook daar de boekhoudcontrole had aangeklaagd.' En een topmedewerker van Begrotingscommissaris Michaele Schreyer verklaarde dat de Commissie zich wel degelijk bewust was van de zwakheid van haar boekhouding. 'De taak van Andreasen was precies de hervormingen helpen door te voeren.'

Die hervormingen, één van de belangrijkste engagementen van de Commissie-Prodi in 1999, zijn naar verluidt volop aan de gang. Met veel toeters en bellen had de Brit Neil Kinnock, de toen aangewezen Commissaris voor de Administratieve Hervormingen, een moderniseringsprogramma aangekondigd. En zijn spindoctors zullen erop wijzen dat er al aanzienlijke, zij het voorlopig nog weinig zichtbare resultaten geboekt zijn. Volgens Europese Rekenkamer staan ze vandaag evenwel nog nergens.

De Britse Conservatieven uitten alvast veel kritiek op de vroegere Labourleider. 'De Britten verdienen wel beter dan dat ze hun belastinggeld in een zwart gat zien verdwijnen', zeggen ze. 'Als bewezen wordt dat Neil Kinnock er niet in geslaagd is orde op zaken te stellen in de financiën van de Commissie, kan hij beter huiswaarts keren.' Vooralsnog is dat lot voorbehouden voor de klokkenluiders. ■

INGRID VAN DAELE

strategien stellen leider ein bekanntes Element des Umgangs der Kommission mit Whistleblowern dar.

Der Anti-Diffamierungsartikel wurde übrigens auch aus der Schublade gezogen, als ich mein erstes Buch publizieren wollte. Die Kommission machte mich seinerzeit auf Abschnitte aufmerksam, die von bestimmten Beamten möglicherweise als verleumderisch empfunden werden könnten. Sie könnten mich juristisch belangen, und dabei würde ihnen die Kommission natürlich im Rechtsstreit zur Seite stehen – laut Artikel 24 aus dem Beamtenrecht.

9

Eine umtriebige Zeit

Im Jahr 1997 hatte meine Frau Edith zum ersten Mal unter Migräne zu leiden. Weil die Symptome parallel zu meinen Aktivitäten als EU-Whistleblower auftraten, waren wir und auch die behandelnden Ärzte davon überzeugt, dass nur Stress die Ursache für die Schmerzen sein konnte. Entsprechende Medikamente, die bei Migräne verschrieben wurden, schlugen auch zunächst an. Das wiederum bestärkte die Ärzte in ihrer Diagnose. Dennoch hielten die Beschwerden auf Dauer an. Edith war oft krank, kam aber immer wieder auf die Beine. Sie war guten Muts und voller Lebenslust. Sie freute sich riesig über unser Haus in Breda. Da wollte sie gerne hin. Zweimal fand Edith eine angenehme Teilzeitarbeit. Dadurch konnte sie länger in Breda bleiben. Aber ihr Gesundheitszustand verschlechterte sich, so dass sie jedes Mal wieder aufhören musste. Ihre Vorgesetzten bedauerten das. Edith war so begeistert von ihrer Arbeit; sobald sie sich entsprechend besser fühlte, würde sie auf jeden Fall zurückkommen dürfen.

Wegen ihrer Beschwerden wie Schmerz, Schwindel und Übelkeit suchte sie neben regulären Ärzten auch einen Physiotherapeuten, einen Haptonomen (Berührungstherapeuten) und einen Experten für Kinästhesie auf.

Unsere beiden Söhne Bart und Stan machten nun eine Lebensphase mit großen Veränderungen durch. Sie hatten die erste Freundin, mussten wichtige Entscheidungen hinsichtlich ihres Studiums und ihrer Arbeit treffen. Und sie suchten ihre erste eigene Wohnung. Als mir klar wurde, dass eine Rehabilitierung durch Versetzung zu einem Kontrolldienst nicht machbar war, bewarb ich mich für eine Stelle näher an Breda.

Financial Times

22 AOUT 2002

Tot ziens!

It is farewell – but not a fond one – to the European Commission for Paul van Buitenen, the Dutch official whose fraud allegations in 1999 eventually brought down president Jacques Santer's Commission.

He is taking a police job in Breda, his home town – initially on a year's leave from the Commission, but it may well be for good.

Van Buitenen, 45, continued to bug the current Commission with allegations of irregularities, even after moving to a post in Luxembourg. He says he leaves feeling "very disappointed".

But he has agreed not to say too much, and homesickness also played a role. Van Buitenen told Dutch newspaper NRC Handelsblad: "I want so much to go back to the Netherlands that I will kiss the dog mess on the streets and kiss the graffiti on the walls".

Welche Ehre! Ein «Goodbye» in der englischen «Financial Times».

Zunächst in Brüssel, später auch in den Niederlanden. Meine Familie brauchte mich, so viel war klar ...

Die Bewerbungen verliefen glücklos. Für Dutzende von Stellen bewarb ich mich: von forensischer Buchprüfung und anderen Kontrollfunktionen bis zu Aufgaben bei der Polizei und bei Informationsdiensten. Zuletzt bewarb ich mich auch für normale Verwaltungsstellen.

Wahrscheinlich war meine Vergangenheit als Whistleblower kein Pluspunkt. In den Gesprächen – vor allem bei denen unter vier Augen – erntete ich freilich überall Wertschätzung. Aber wenn es dann darauf ankam, zögerte man, einen gestandenen Whistleblower in die eigene Organisation aufzunehmen. Ob es nun innerhalb der Kommission in Brüssel war oder bei einem Ministerium in Den Haag, überall hatte man Angst vor mir. In Den Haag wurde sogar einmal zugegeben, dass die niederländischen EU-Subventionen für dieses Ministerium gefährdet seien, wenn ich dort die Kontrollfunktion, für die ich mich beworben hatte, erhalten würde. Der Orden am «Königinnentag»[3] 2000 war zwar eine schöne Geste gewesen, aber noch immer wurde ich als Außenseiter behandelt. Das war bitter. Es schien, als sei mir der Weg zu einem Posten als anonymer Beamter für immer versperrt.

Schließlich hatte ich doch noch Erfolg. Ich erhielt einen Verwaltungsposten bei der Polizei in Breda. Mitte September 2002 konnte ich dort anfangen. Bei der Europäischen Kommission konnte ich ein Jahr unbezahlten Urlaub bekommen. Mit meinem neuen Arbeitgeber besprach ich die Situation. Wir einigten uns, dass meine Probezeit genau dieses eine Jahr dauern solle. Auf diese Weise brauchte ich nicht alle Brücken hinter mir abzubrechen. Mein Gehalt betrug gerade mal die Hälfte dessen, was ich als Kommissionsbeamter verdient hatte. Aber Edith war selig, dass ich jetzt jeden Tag nach der Arbeit mit dem Fahrrad gemütlich nach Hause kam. Auch an meinem Arbeitsplatz bei der Polizei in Breda wurde ich herzlich emp-

---

[3] Nationales Volksfest am 30. April, an dem traditionsgemäß der Geburtstag der Regentin gefeiert wird.

fangen. So viel Kollegialität war ich gar nicht mehr gewohnt. Nach einigem Suchen fanden wir sogar ein Zuhause in einer Glaubensgemeinschaft. Wir traten der evangelischen Kirchengemeinde «Jefta» bei und ließen uns im Jahr 2002 taufen.

Gegen eine Wand
Im ersten Halbjahr 2002 war ich als Kommissionsbeamter durchaus noch gefragt. In dieser ganzen Zeit blieb ich der Ansprechpartner für mehr oder weniger anonyme Beamte, die für mich den Schleier der einen oder anderen Angelegenheit lüften wollten. Auch Politiker wussten, wo ich zu finden war – obwohl sie mir im Gegenzug nicht die Unterstützung bieten konnten oder wollten, die ich nötig hatte. Bei den Wahlen 1999 hatte ich die Grünen unterstützt, inzwischen war ich Mitglied der SP – und noch immer hatte ich guten Kontakt zu einigen Parlamentariern. Mein Interesse für die europäische Politik nahm zu, denn es gab so vieles, das erst gar nicht zu den Parlamentariern durchdrang. Sie mussten endlich informiert werden! ...

Zu meinem Erstaunen wollte das Europäische Parlament sich mit dem Fall Leonardo doch zufrieden geben. Die Europäische Kommission hatte einen Bericht voll eitel Sonnenschein geschrieben, und das Parlament schien diesen Bericht kommentarlos zu akzeptieren. Ein Kollege, der bei der Leonardo-Abteilung der Kommission arbeitete, war darüber äußerst ungehalten und machte mich darauf aufmerksam. Unglaublich! Einfach vergessen? Schnee von gestern?

Glücklicherweise sah ich, dass die deutsche Abgeordnete Gabriele Stauner dem Parlament über Leonardo berichten sollte. Im allerletzten Augenblick mailte ich ihr, dass ich in diesem Fall erneut ernst zu nehmende Beschwerden eingereicht hatte und dass die Unregelmäßigkeiten doch erst einmal auf den Tisch kommen müssten.

Frau Stauner akzeptierte meine Bedenken. Auf ihren Rat hin beschloss das Parlament, den Fall Leonardo doch nicht zu den Akten zu legen und die Europäische Kommission nach Details zu fragen.

Mein Wunsch nach Rehabilitierung ließ mich Anfang 2002 eine

Bewerbung für eine Kontrollfunktion bei Eurostat versuchen. Der Sektionschef der kleinen internen Rechnungsabteilung von Eurostat lud mich zu einem Gespräch ein. Ich freute mich über die Einladung. Zu diesem Zeitpunkt war es mein letzter Versuch, in Luxemburg eine passende und interessante Stelle zu bekommen. Ich wusste, dass bei Eurostat einiges zu tun war. Als Assistenz-Buchprüfer war ich der richtige Mann, dabei zu helfen, die Schwierigkeiten in den Griff zu bekommen.

Ich wurde von Judith Laroche empfangen. Sie hatte einen guten Ruf: Ihrer Abteilung war es gelungen, einige Probleme innerhalb von Eurostat schwarz auf weiß festzuhalten. Dass daraufhin nichts weiter geschah, stand auf einem anderen Blatt. Darüber hatte ich wahrscheinlich eine andere Meinung als sie. Aber ich wusste, dass es innerhalb der Europäischen Kommission schon ein großes Verdienst war, überhaupt die Courage aufzubringen, Unregelmäßigkeiten aufzuschreiben und zu melden.

Das Gespräch verlief freundlich, aber nicht wie ein übliches Bewerbungsgespräch. «Guten Tag, Herr Van Buitenen. Schön, dass Sie gekommen sind.»

Wir gaben uns die Hand. «Ich danke Ihnen für die Einladung.»

Frau Laroche schaute mich an und legte los. «Warum wollen Sie eigentlich in dieser kleinen Kontrollabteilung arbeiten?»

Darüber brauchte ich nicht lange nachzudenken. «Die Funktion entspricht meiner Ausbildung. Außerdem würde es für mich viel bedeuten, wenn ich wieder in einer Kontrollabteilung der Kommission arbeiten könnte.»

Laroche nickte. «Aber warum ausgerechnet bei Eurostat?»

Wieder war mir völlig klar, warum sie dies fragte. «Die Kontrollstellen sind in Luxemburg nicht dicht gesät. Eurostat ist ein großes Amt, in dem viel passiert. Und außerdem bin ich sicher, dass ich mich in dieser Abteilung nicht langweilen würde.»

Laroche schien durch meine Offenheit überrascht. «Was meinen Sie damit?»

Ich rutschte auf meinem Stuhl hin und her. «Nun ja, ab und zu höre ich etwas, und ich habe früher auch für die interne Prüfungsabteilung der Kommission in Brüssel gearbeitet. Da fiel mir auf, dass bei Eurostat durchaus das eine und andere zu verbessern ist.»

Laroche schaute mir gerade in die Augen. «Finden Sie, dass wir unsere Arbeit hier nicht gut machen?»

«Nein, das meine ich nicht. Ich meine vielmehr, dass Sie Ihre Arbeit gerade besonders gut machen. Daher fasste ich das Vertrauen, Ihnen diesen Bewerbungsbrief zu schreiben.»

Frau Laroche dachte kurz nach. «Herr Van Buitenen, Sie sind sich doch bewusst, dass wir hier nach den Regeln des internen Berichtswesens arbeiten? Damit will ich sagen, dass wir hier im Prinzip ausschließlich an den Generaldirektor von Eurostat berichten. Von Ihnen möchte ich gerne wissen, was Sie tun werden, wenn Sie den Eindruck haben, dass unser Generaldirektor unsere Berichte nicht ernst genug nimmt.»

Eine schwierige Frage, die ich im Übrigen erwartet hatte. «Ich weiß, dass ich einen bestimmten Ruf habe, auch innerhalb der Kommission. Aber Sie müssen wissen, dass ich loyal bin. Der Schritt, den ich 1998 unternommen habe, war eine große Ausnahme. Und auch da habe ich zunächst alle internen Möglichkeiten ausgeschöpft. Inzwischen habe ich wohl bewiesen, dass ich die internen Verfahren respektiere. Ein neuer Bericht im vorigen Jahr ist ganz nach den Regeln und unter Mitarbeit meiner Vorgesetzten entstanden ...»

Frau Laroche unterbrach mich.

«Ja, das habe ich gehört. Aber beantworten Sie meine Frage. Was tun Sie, wenn Sie zu dem Schluss kommen, dass Herr Franchet, unser Generaldirektor, dem wir berichten, unsere Berichte nicht ernst genug nimmt?»

Ich schaute sie an. «Nun, ein Urteil darüber steht mir zunächst nicht zu. Ich nehme an, dass Sie in der besseren Position sind, um das einzuschätzen. Aber gut, ich will nicht um den heißen Brei herumreden. In einem extremen Fall, wenn ich wirklich denke, dass Hinweise über Missstände und Unregelmäßigkeiten übergangen werden, darum geht es doch, nicht wahr?»

Laroche nickte, und ich fuhr fort.

«In einem solchen Fall werde ich zunächst Sie darauf ansprechen. Ihre Meinung hat Gewicht. Es könnte sein, dass Sie gute Gründe haben, eine Sache vorläufig ruhen zu lassen.»

Laroche gab mir durch eine Geste zu verstehen, dass ich fortfahren solle.

«Ja, und wenn dabei eine Meinungsverschiedenheit bleibt, nun, dann würde ich überlegen, nachdem ich Sie davon in Kenntnis gesetzt habe, mich an OLAF zu wenden, ja.»

Frau Laroche runzelte jetzt die Stirn. «Sehen Sie, genau dieses Verhalten finde ich fragwürdig. Als Chefin dieser Abteilung trage ich die Verantwortung. Ich habe durchaus schon einmal die Entscheidung treffen müssen, OLAF zu informieren, aber das ist meine Aufgabe. Ich weiß nicht, ob es gut ist, in diesem Bereich jeden nach seinem eigenen Gutdünken handeln zu lassen.»

Ich verstand ihr Argument. «Frau Laroche, Sie müssen wissen, dass ich nicht auf solche Meldungen aus bin. Ich möchte eine gute Stelle. Mein Abenteuer habe ich gehabt, das liegt hinter mir. Außerdem ist meine Frau seit einiger Zeit krank, und sie kann auf solche Dinge voll und ganz verzichten. Ich wäre einer der Letzten, der hinter dem Rücken seines Vorgesetzten zu OLAF gehen würde.»

Laroche schien einigermaßen beruhigt. Das Gespräch plätscherte noch ein bisschen dahin, bis wir uns schließlich verabschiedeten. Ich hatte ein wenig Hoffnung, und nach einigen Wochen erhielt ich eine Absage. Die Art und Weise, wie das geschah, gab den Ausschlag für meine Entscheidung, Luxemburg wieder zu verlassen. Der Zufall (?) wollte es, dass ich von Frau Laroches Vorgehensweise erfuhr: Sie hatte den Leiter Personalangelegenheiten um Rat gefragt, wie sie mich abweisen könne, ohne den wahren Grund zu nennen. Wahrscheinlich war ich besser qualifiziert als der Mitbewerber, den man dann einstellen wollte.

Solidaritätsbekundungen

Zu meinem Ärger sickerte mein Bericht von 2001 überall durch. Zuerst hörte ich, dass Kinnock eine Kopie angefordert hatte. Später rief mich ein völlig enthusiastischer Journalist an. Auch Kollegen bekamen den Text zu Gesicht. Es wirkte sich nicht immer zu meinem Nachteil aus. Im Februar 2002 erhielt ich mit der internen Post ein handschriftlich unterzeichnetes Schreiben von einem Kollegen:

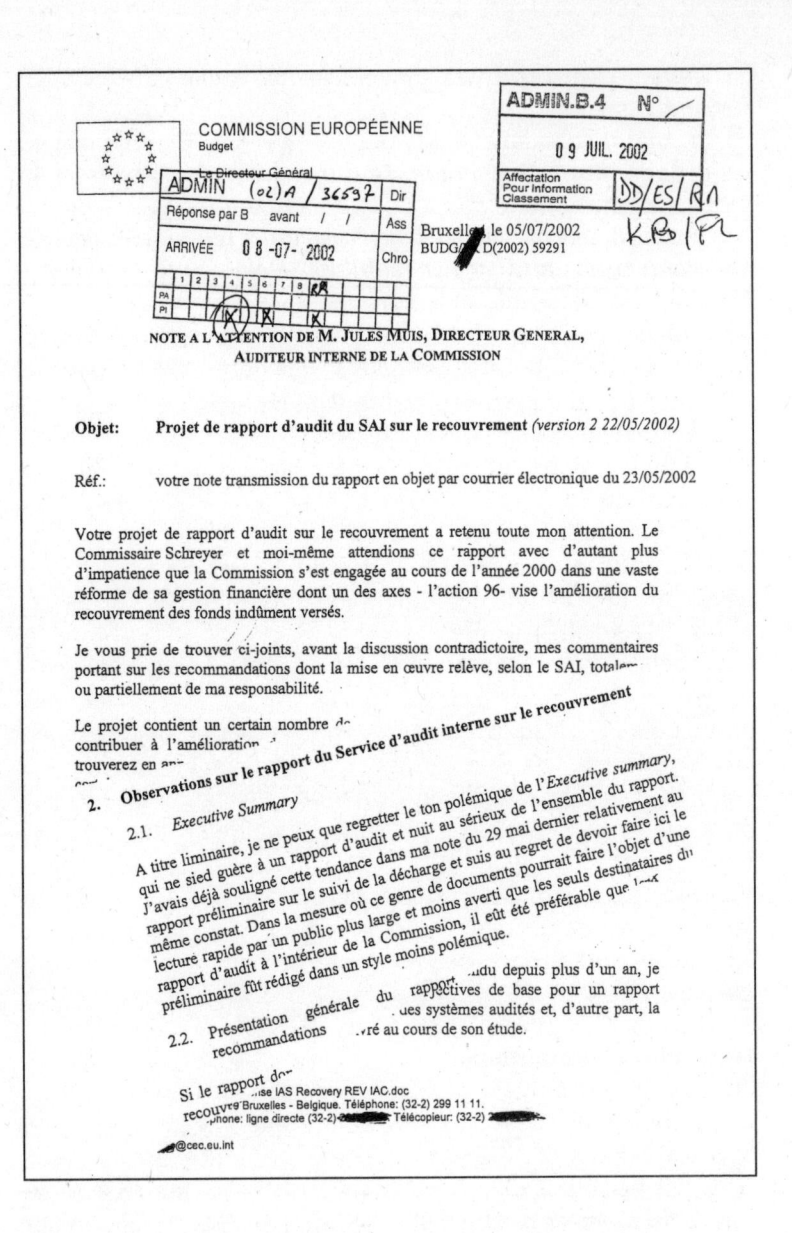

COMMISSION EUROPÉENNE
Budget
Le Directeur Général

ADMIN (02) A / 36537

ADMIN.B.4	N°
0 9 JUIL. 2002	
Affectation Pour information Classement	DD/ES/RA KB/PL

Réponse par B avant / /
ARRIVÉE 0 8 -07- 2002

Bruxelles, le 05/07/2002
BUDG/A D(2002) 59291

NOTE A L'ATTENTION DE M. JULES MUIS, DIRECTEUR GENERAL,
AUDITEUR INTERNE DE LA COMMISSION

Objet: Projet de rapport d'audit du SAI sur le recouvrement *(version 2 22/05/2002)*

Réf.: votre note transmission du rapport en objet par courrier électronique du 23/05/2002

Votre projet de rapport d'audit sur le recouvrement a retenu toute mon attention. Le Commissaire Schreyer et moi-même attendions ce rapport avec d'autant plus d'impatience que la Commission s'est engagée au cours de l'année 2000 dans une vaste réforme de sa gestion financière dont un des axes - l'action 96- vise l'amélioration du recouvrement des fonds indûment versés.

Je vous prie de trouver ci-joints, avant la discussion contradictoire, mes commentaires portant sur les recommandations dont la mise en œuvre relève, selon le SAI, totalement ou partiellement de ma responsabilité.

Le projet contient un certain nombre de
contribuer à l'amélioration
trouverez en an

2. Observations sur le rapport du Service d'audit interne sur le recouvrement

2.1. *Executive Summary*

A titre liminaire, je ne peux que regretter le ton polémique de l'*Executive summary*, qui ne sied guère à un rapport d'audit et nuit au sérieux de l'ensemble du rapport. J'avais déjà souligné cette tendance dans ma note du 29 mai dernier relativement au rapport préliminaire sur le suivi de la décharge et suis au regret de devoir faire ici le même constat. Dans la mesure où ce genre de documents pourrait faire l'objet d'une lecture rapide par un public plus large et moins averti que les seuls destinataires du rapport d'audit à l'intérieur de la Commission, il eût été préférable que l'...
préliminaire fût rédigé dans un style moins polémique.

2.2. Présentation générale du rapp......du depuis plus d'un an, je
recommandations ...es systèmes audités et, d'autre part, la
...vré au cours de son étude.

Si le rapport d...
...se IAS Recovery REV IAC.doc
recouvre Bruxelles - Belgique. Téléphone: (32-2) 299 11 11.
...phone: ligne directe (32-2) ███████ Télécopieur: (32-2) ███████

█@cec.eu.int

Die GD Haushalt geriet nicht nur mit Marta Andreasen aneinander, wie dieser Briefwechsel mit dem internen Prüfer der Kommission bezeugt.

> *«Paul, vielen Dank, dass du mich über deine Arbeit auf dem Laufenden hältst. Ich bin ganz deiner Meinung. Es ist in der Tat bezeichnend, dass du bisher der einzige Beamte bist, der abgestraft wurde. Und dies trotz der Arbeit des Disziplinaramts. Ich habe schon lange aufgehört mitzuzählen, wie oft ich bei denen angetanzt bin, ihre Fragen beantwortet und schier zahllose Dokumente herbeigebracht habe. Es ist bestürzend, dass Beamte, die bei finanziellen Unregelmäßigkeiten und frecher Missachtung der Verfahren beteiligt waren, noch immer hohe Posten innehaben, und dass Menschen, die beim «cover-up» von Missständen mitgewirkt haben, zum Abteilungsleiter einer internen Rechnungsprüfungsabteilung benannt werden!*
>
> *Wenn man sieht, wie in der GD Haushalt mit den Reformen umgegangen wird, stimmt einen das auch nicht gerade fröhlich. Ihre zentrale Funktion für den Bereich Finanzen wird von den GDs ganz einfach negiert. Die Abteilung, die für die Berichtlegung der Kommission an das Parlament und den Ministerrat Sorge trägt, ist unterbesetzt. Sie können eigentlich unmöglich die richtigen Informationen beschaffen.*
>
> *Vielleicht hilft es dir, wenn du weißt, dass Kinnock einmal an die einseitige Abrüstung glaubte, dass er gegen den EWG-Beitritt von Großbritannien war, gegen die Open University usw. usw. Jetzt bekennt er, alles falsch gesehen zu haben. Wer weiß, was wir in zehn Jahren noch alles an Bekenntnissen von Kinnock zu hören bekommen, wenn er auf seine Arbeit in den Kommissionen Santer und Prodi zurückblickt!*
>
> *Paul, ich wünsche dir das Allerbeste. Gerne drücke ich dir hiermit meine Bewunderung für deine Bemühungen aus, vollends, wenn ich daran denke, welche Antipathien und Feindseligkeiten in den Topetagen herrschen.»*

Es bedeutete mir sehr viel, dass ich von einem älteren und erfahreneren Kollegen aus dem früheren Finanzkontrolldienst ein solches Schreiben erhielt. Mir traten die Tränen in die Augen, als mir klar wurde, welche Einsicht sich da zeigte und welches Risiko er auf sich nahm, indem er den Brief, persönlich unterzeichnet, mit der internen Post verschickte. Ein größeres Kompliment konnte mir ein Eingeweihter nicht machen!

Ende Februar bekam ich endlich ein Feedback von Reichenbach. Carmen de Barcelona und ihr Assistent waren auch dabei. Es war ein Moment der Bestätigung: Man sagte mir, dass es offensichtlich der Mühe wert sei, vielen der Hinweise aus meinem Bericht nachzugehen. Mir wurde versprochen, dass IDOC und OLAF entsprechend tätig würden; die beiden Institutionen hatten eine Aufgabenteilung vorgenommen. Über den Verlauf der Untersuchungen und die Erkenntnisse teilte man mir jedoch keine Details mit. Das fand ich allerdings enttäuschend, denn sogar die Presse verfügte über bessere Informationen. Ich zeigte Reichenbach und den anderen die Papiere, die wahrscheinlich über OLAF oder über das Parlament nach außen gedrungen waren. Sie bedauerten das zwar, sagten aber, keine weiteren Informationen geben zu können. Ich ergriff die Gelegenheit, um die Aufmerksamkeit auf meine Position zu lenken, in einer Situation, da alles deutliche Konturen annahm und mein gesamter Bericht quasi auf der Straße lag.

Das half nicht viel, denn einen Monat später wurde ich wieder bestellt. Ein Beamter des Sicherheitsdienstes der Kommission befragte mich, wie es denn sein könne, dass mein Bericht überall durchsickert? Ja, das hätte ich auch gern gewusst! Ich fand diese Befragung lächerlich, denn für mich war diese undichte Stelle natürlich sehr unvorteilhaft. Dadurch wurde meine Position unterlaufen. Aber ich ertrug das Verhör gelassen und lakonisch. Der Beamte gab dann selbst zu, dass ich kein naheliegender Hauptverdächtiger war, aber über die Richtung der Untersuchung wollte er auch nichts weiter sagen.

Millionenbetrug in den Niederlanden
Sogar in der Zeit, als ich mit meinem ältesten Sohn Bart auf Zimmersuche in Eindhoven war, wurde ich von Menschen verfolgt, die das Whistleblowen guthießen, solange sie selbst nicht im Vordergrund standen. Ein potenzieller Vermieter sagte, dass ein guter Bekannter von ihm mit europäischen Subventionen zu tun habe und ebenfalls Missstände kenne. Ich hatte freundlich genickt, aber innerlich mit den Schultern gezuckt. Schließlich suchten Bart und ich ein Zimmer und keine Euro-

Skandälchen. Wir saßen auf dem Marktplatz und warteten, bis wir das letzte Zimmer besichtigen konnten, als mein Handy läutete. «Ja, Paul van Buitenen.»

Am anderen Ende der Leitung hörte ich eine Männerstimme. «Sie sprechen mit Piet Hendrickx. Sie waren gerade bei einem Bekannten von mir wegen eines Zimmers.» Ich gab Bart ein Zeichen und flüsterte:

«Das ist wegen des Zimmers, wo wir gerade waren.» Zu Hendrickx sagte ich: «Wir sind schon wieder in Eindhoven. Haben wir etwas vergessen?»

Hendrickx lachte.

«Nein, nein, es geht nicht um das Zimmer. Ich hörte, dass Sie der Paul van Buitenen von der Europäischen Kommission sind?»

Ich sackte in meinem Stuhl zusammen. Zu Bart gewandt schüttelte ich nur mit dem Kopf.

«Ja, der bin ich, aber ich gehe da weg.»

Hendrickx merkte offenbar an meiner Stimme, dass ich nicht begeistert war, und wollte mich beruhigen.

«Ich will bestimmt nichts von Ihnen. Nur wenn Sie vielleicht einen Moment Zeit haben, möchte ich Sie kurz um Rat fragen wegen einer Situation, in der ich mich befinde. Ist das möglich?»

Ich schaute auf die Uhr und sah, dass der nächste Termin erst in einer Stunde war. «Ja, das geht.»

Ich gab Bart wieder ein Zeichen, und glücklicherweise verstand er, dass ich ein Bier wollte. Während Bart bestellte, hörte ich mir die Geschichte von Hendrickx an.

«Sie müssen wissen, dass ich mit europäischen Subventionen zu tun habe. Dabei bin ich unlängst auf einen Millionenbetrug im Ministerium von X gestoßen.» Hendrickx erzählte weiter, und inzwischen genehmigte ich mir den ersten Schluck Bier. Bart gegenüber machte ich eine entschuldigende Geste. «Der externe Rechnungsprüfer Y weiß von dem Betrug, aber in seinem Bericht taucht keine entsprechende Meldung auf. Vermutlich hat er Angst, den Kontrollauftrag zu verlieren.»

Hendrickx fragte mich, wie er am besten vorgehen solle, denn das wolle er nicht auf sich beruhen lassen. Ich erklärte ihm, was in so einem Fall alles passieren kann, und gab ihm schließlich den Rat, um die ganze Angelegenheit einen weiten Bogen zu machen, es sei denn, er sei bereit, seinen Arbeitsplatz, seine Ehe und seine finanzielle Sicherheit aufs Spiel zu setzen. Das waren nämlich die Konsequenzen bei einer Anprangerung von Missständen, die den Verantwortlichen bereits bekannt waren.

Hendrickx war über meinen Rat ziemlich erstaunt, wollte aber darüber nachdenken. Ich befestigte mein Handy wieder an meinem Gürtel. Mir war klar, wie zynisch mein Rat war, aber ich sah keinen Grund, die Situation rosiger darzustellen. Ich nippte an meinem Bier und sagte: «Dass ich so tief gefallen bin und Menschen solche Ratschläge geben muss! ...» Bart schwieg und schaute auf seine Uhr.

Betrug beim EU-Amt für Veröffentlichungen
Im April erhielt ich unerwartet Besuch von einem höheren Beamten von OPOCE, dem offiziellen Amt für Veröffentlichungen der Europäischen Gemeinschaften mit Sitz in Luxemburg. Zunächst empfing ich ihn mit großem Misstrauen, denn er fragte mich nach dem Inhalt meines Berichts vom vorigen Jahr. Suchte auch er nach einer undichten Stelle? Er wollte wissen, was ich in meinem Bericht über das Amt für Veröffentlichungen geschrieben hatte.

Erst nachdem wir eine Weile miteinander gesprochen hatten, gewann ich den Eindruck, dass er mit ehrlichen Absichten zu mir gekommen war. Er war wohl nicht vom Generaldirektor von OPOCE, Herrn Bubbles, zu mir geschickt worden. Nachdem ich seinen Dienstausweis gesehen und auf meinem Computer kurz nachgeschaut hatte, wo genau er bei der Kommission arbeitete, war ich bereit, Auskunft zu geben, was in meinem Bericht über OPOCE stand. Von mir aus konnte er es nachlesen, aber ich wollte ihm die betreffenden Seiten nicht mitgeben. Er war einverstanden, las die Seiten durch und begann dann selbst zu erzählen.

Seine Geschichte war erschütternd. Was ich geschrieben hatte, war seiner Meinung nach gerade mal die Spitze des Eisbergs von Unregelmäßigkeiten innerhalb von OPOCE. Ehe ich mich versah, hatte der Mann fast eine Dreiviertelstunde lang ununterbrochen geredet. Ich bezwang mich und machte keine Notizen. Endlich versuchte ich dann der Flut seiner Angaben Einhalt zu gebieten und hakte ein. Ich erklärte ihm, dass ich mit all seinen Informationen eigentlich nichts anfangen könne. Natürlich könne ich das wiederum aufschreiben und einen neuen Bericht machen. Aber das wolle ich nicht mehr. Es sei an der Zeit, dass meine Kollegen endlich selbst die Verantwortung übernähmen.

Er war nicht meiner Meinung. Wenn er mit seiner Geschichte zu OLAF gehe, werde bei OPOCE eine Untersuchung stattfinden. In diesem Fall werde Generaldirektor Bubbles früher oder später erfahren, woher der Wind weht, und dann sei er verraten und verkauft.

Das konnte ich nicht leugnen. Schließlich war es mir selbst so ergangen. Zusammen suchten wir eine andere Lösung. Nach einigem Hin und Her war ich bereit, mit OLAF zu sprechen, zunächst ohne seinen Namen zu nennen. Aber zum gegebenen Zeitpunkt würde er doch selbst dafür geradestehen müssen, sonst konnte OLAF nicht tätig werden. Aufgrund vager Geschichten aus zweiter Hand würden sie nicht noch mehr Untersuchungen einleiten. Das hatte ich schon oft genug beobachtet. Mein Besucher wollte sich darauf nicht einlassen, es sei denn, man organisiere das so, dass OLAF ihn zufällig einladen würde, weil noch weitere Informationen im Rahmen einer bereits laufenden Untersuchung benötigt wurden. OLAF hatte trotz der konkreten Hinweise in meinem Bericht keine Veranlassung gesehen, eine Untersuchung gegen OPOCE zu eröffnen. Ich versprach ihm jedoch, mein Bestes zu tun, OLAF davon zu überzeugen, eine Untersuchung einzuleiten und ihn dann in diesem Rahmen einmal einzuladen.

Als mein Besucher weg war, brach ich in ein kurzes, unbeherrschtes Lachen aus. Und Kinnock versicherte dem Publikum, wo immer er ging und stand, wie hervorragend die Verfahren für die Whistleblower seien und wie gut alles geregelt wäre! Ich wusste das inzwischen besser. Fast niemand wagte es, seinen Kopf hinzuhalten; und wenn doch, tja ...

Erste Kontakte mit Marta
Kurz nachdem Marta Andreasen so schmählich zum Nichtstun verurteilt worden war, hatte ich ihr eine ermutigende E-Mail geschickt. Anfang Juli rief sie mich auf meinem Handy an. Das war der erste Kontakt zwischen uns. Sie war mir sofort sym-

pathisch, und ich hatte großen Respekt vor ihrer Streitlust in dieser Situation. Wo ich nur konnte, versuchte ich, ihr mit Rat und Tat als «Sachverständiger» zur Seite zu stehen. Obwohl ich inzwischen ein Haus in Breda hatte und die Kommission bald verlassen würde, verfolgte ich aufmerksam ihren Fall. Die Art und Weise, wie sie behandelt wurde, fand ich skandalös. Es war für mich der ultimative Beweis dafür, dass die Kommission sich nicht wirklich um irgendwelche sinnvollen Reformen bemühte.

Anfang Juli äußerte Kinnock seine Beschuldigungen gegen Andreasen und kündigte ein Disziplinarverfahren an. Er benannte notabene Theodore Bubbles, den Generaldirektor des EU-Amtes für Veröffentlichungen (OPOCE), zum Leiter des Verhörs. Auch die Möglichkeit einer Suspendierung sollte er untersuchen.

Bubbles ließ einen Monat lang nichts von sich hören. Erst als Andreasen in die Ferien ging, versuchte er, Kontakt mit ihr aufzunehmen. Der Urlaub war bereits einen Monat vorher von der Kommission genehmigt worden. Bubbles gebärdete sich jetzt wie verrückt: Er schickte einen Kommissionsvertreter zu Andreasens Privatadresse in Barcelona und ließ bei der Concierge des Gebäudes einen Brief abgeben. Er lud Andreasen ein, zu ihrer Suspendierung Stellung zu beziehen, doch dabei durfte sie inhaltlich nicht auf Kinnocks Beschuldigungen eingehen.

Andreasen weigerte sich, denn es war sinnlos, sich über die Suspendierung auszulassen, ohne zum Kern der Sache zu kommen. Man befragt einen Dieb doch auch nicht über seine Meinung zu seiner Gefängnisstrafe, ohne über den Diebstahl selbst zu sprechen, dessen er beschuldigt wird, oder?

Kurz nach dieser Weigerung wurde Andreasen von ihrem Posten suspendiert. Der Zugang zu den Computern wurde ihr untersagt, und sie durfte die Gebäude der Kommission nicht mehr betreten.

Erst am 15. Oktober wurde Martas Ersuchen um juristischen Beistand zurückgewiesen. Sie habe kein Recht auf juristischen Beistand, weil das interne Disziplinarverfahren gegen sie inzwischen eingeleitet worden sei. Als sie den Antrag am 4. Juni eingereicht hatte, war aber von einem Disziplinarverfahren noch keine Rede gewesen.

Unterstützung für Andreasen
Obwohl ich wusste, dass es Marta Andreasen nicht viel helfen würde, schien es mir richtig, Kinnock wissen zu lassen, wie absurd sein Verhalten ihr gegenüber war. Später konnte er dann wenigstens nicht vorgeben, von nichts gewusst zu haben. Am 26. Oktober schrieb ich aus Breda einen Brief an Kommissar Kinnock:

> *Sehr geehrter Herr Kinnock,*
> *obwohl ich mich aus der europäischen Szene zurückgezogen habe, beobachte ich noch immer mit Interesse, wie die Europäische Kommission mit Beamten umgeht, die es wagen, Missstände an den Pranger zu stellen.*
> *Frau Andreasen hat intern über ernste Missstände und Unregelmäßigkeiten berichtet. Erst als keine angemessene Reaktion erfolgte, hat sie dies alles nach außen getragen; bescheiden und verantwortungsbewusst hat sie sich an die richtigen Organe gewandt (den Rechnungshof und das Parlament). Ihre Analyse wurde von Rechnungsprüfern der Kommission unterstützt. Der Fall von Frau Andreasen ist deshalb von besonderem Interesse, weil hier ernst zu nehmende Hinweise auf strukturelle Missstände berührt werden. Die Kommission reagierte aber so:*
> - *Frau Andreasen wurde durch die Kommission von ihrem Posten als Chefin der Buchhaltung entfernt, sie ist suspendiert und öffentlich diffamiert. Sie kündigen ein Disziplinarverfahren gegen sie an, trotz des gegenteiligen Rats Ihrer eigenen Behörden, des juristischen Diensts und des Disziplinaramts, dies nicht zu tun.*
> - *Sie benennen den Generaldirektor des EU-Amtes für Veröffentlichungen (OPOCE), Theodore Bubbles, zum Leiter der Untersuchung gegen Frau Andreasen. Wie Sie wissen, wird diese Behörde in meinem Bericht vom 31.08.2001 über Unregelmäßigkeiten in der Europäischen Kommission ausdrücklich genannt. Gegen diese Behörde läuft jetzt eine Untersuchung durch das Antibetrugsamt OLAF.*
> - *In der vergangenen Woche schrieb Bubbles an Frau Andreasen, sie müsse zu einer Befragung wegen der möglichen Eröffnung eines Disziplinarverfahrens gegen*

> sie erscheinen. Aber Sie, Herr Kinnock, schreiben dann an das Europäische Parlament, dass dieses Disziplinarverfahren bereits begonnen habe. Daraufhin nimmt das Parlament Abstand von der Möglichkeit, Frau Andreasen anzuhören. Jetzt wird Frau Andreasen auf einmal vorgehalten, dass tatsächlich ein Disziplinarverfahren anhängig ist. Dies steht aber im Gegensatz zu dem Brief, den sie in der Woche zuvor erhalten hatte. Wenn das wahr ist, steht dieses Vorgehen zumindest im Widerspruch zu den Verordnungen.
> - *Die Befragung von Frau Andreasen ist auf Mitte November verschoben worden. Zunächst werden andere Beamte angehört. Jetzt verweigert Bubbles Frau Andreasen und ihrem Anwalt den Zugang zu den Kopien von den Briefen und den Protokollen der Verhöre in ihrer eigenen Sache mit dem Argument, sie seien vertraulich. Herr Kinnock, dies steht im Widerspruch zu dem Briefwechsel mit Ihnen aus dem Jahr 2001. Da informierten Sie mich dahingehend, dass ein Beamter, gegen den eine Untersuchung läuft, ein Recht auf Zugang zu diesen Dokumenten hat, solange die Sache noch anhängig ist. Damals benutzten Sie genau dieses Argument gegen mich, um mir die Einsicht in die Untersuchungsdokumente zu verweigern.*
>
> Herr Vizepräsident, die Behandlung, die Frau Andreasen durch Sie erfährt, ist äußerst fragwürdig und kann ernste Folgen für die Europäische Kommission nach sich ziehen.
>
> Hochachtungsvoll,
Paul van Buitenen
Europäischer Bürger

Deutlicher konnte ich Kinnock gegenüber nicht sein. Zu meiner Überraschung reagierte Kinnock schon innerhalb einer Woche. Er schrieb mir, dass Marta Andreasen kein Recht auf den Schutz der Whistleblower-Regelung habe, weil sie die Verfahrensweisen nicht beachtet habe. Seiner Meinung nach war auch mein Vorwurf falsch, dass er gegen den Rat seiner eigenen Dienste handele; er kriege durchaus würdige Unterstützung für die Art und Weise, wie er diesen Fall handhabe. Kinnock forderte mich auf, eventuelle Unterstellungen an die Adresse von Bubbles zurückzunehmen. Des Weiteren verteidigte Kinnock die Tatsache, dass er den Haushaltsausschuss auf das Disziplinarverfahren aufmerksam gemacht habe. Nun sei alles bei Gericht anhängig, wie es so schön heißt. Und dadurch könne Andreasen nicht mehr im Parlament sprechen. Die Aussetzung des Verfahrens sei nicht Schuld der Kommission, sondern gehe zu Lasten von Frau Andreasen und ihrem Anwalt. Schließlich begründete Kinnock die Weigerung, Andreasen Einsicht in ihren Fall zu geben, damit, dass sie und ihr Anwalt diese Informationen dann weitergeben würden, was wiederum die Geheimhaltung verletzen würde.

In meiner Antwort an Kinnock wies ich ihm im Detail nach, wo seine Informationen nicht richtig waren. Ich teilte ihm ebenfalls mit, dass ich überhaupt nicht das Bedürfnis habe, irgendetwas aus meiner früheren Korrespondenz zurückzunehmen. Ich beschuldigte Kinnock direkt des Versuchs, Andreasen das Recht zu nehmen, vor dem Parlament angehört zu werden.

Kinnock ließ sich jedoch nicht zu weiteren Diskussionen hinreißen und beendete die Korrespondenz.

Disziplinarverfahren gegen Marta
Bubbles hörte Andreasen zum ersten Mal am 19. November 2002 zu den Beschuldigungen, die Kinnock gegen sie vorgebracht hatte. Bei dieser Gelegenheit versprach Bubbles ihr, dass sein Bericht im Dezember fertig sei und dass Kinnock aufgrund dieses Berichts entscheiden werde, ob das Disziplinarverfahren fortgesetzt würde. Zu diesem Zeitpunkt war Marta noch kein Jahr im Dienst – und schon fünf Monate ihres Amtes enthoben.

Am 1. Januar 2003 wurde ein neuer Direktor «Ausführung des Haushaltsplans» in Personalunion mit dem Amt des Verwaltungsleiters benannt, der Brite Brian Gray. Damit hat die Besetzung dieses Führungspostens der Verwaltung eine unwahrscheinliche Fluktuation erlebt: Vermieste bis Dezember 2001, Marta Andreasen von Januar 2002 bis Mai 2002, Philippe Taverne von Juni 2002 bis August 2002, Marc Oostens von September 2002 bis Dezember 2002 und schließlich Brian Gray ab Januar 2003. Das sind fünf Spitzen der Verwaltung in vierzehn

Rt Hon NEIL KINNOCK
VICE-PRESIDENT OF THE EUROPEAN COMMISSION

B-1049 BRUSSELS

Brussels, 6 November 2003
Our Ref VS/aho D(2003) 10285 / 26317

NOTE FOR THE ATTENTION OF MRS M. ANDREASEN
DG ADMIN

Subject: **Disciplinary Procedure**

By note of 2 July 2002, I informed you of my decision to open a disciplinary procedure against you. On 26 August 2002 I informed you that additional allegations were being considered against you.

It has been brought to my attention that you have apparently made several public statements (for example at conferences organised by third parties) which may have reflected on your position as a Commission official. On the basis of the information given to me, it would appear, in particular, that you did not request a prior authorisation from the Appointing Authority for these events (as you are bound to do, as a Commission official). This would also mean that you have chosen to disregard the note of 28 August 2002, addressed to you by Mr Horst Reichenbach, Director-General of DG Admin, informing you of your rights and obligations as a suspended official.

These facts, if confirmed, would constitute an infringement of Article 21 of the Staff Regulations and would mean that the requirement of Article 12, third paragraph, has not been respected. They may also constitute an infringement of Articles 11 and 12, first paragraph, of the Staff Regulations. The information given to me further points to a possible infringement of Article 17, second paragraph, of the Staff Regulations.

I hereby inform you that, on the basis of the above, I am considering bringing a further allegation against you, which would be added to the allegations set out in the notes of 2 July and 26 August 2002.

Naturally, you should be heard on these potential allegations pursuant to Article 87 of the Staff Regulations. For this purpose I have asked Mr Thomas Cranfield, a Director General in the Commission to contact you shortly with a view to setting a date for the hearing. Obviously, you have the right to be assisted at this hearing by a person of your choice.

NEIL KINNOCK

Auch aus dieser Mücke macht man einen Elefanten, als man versucht, Marta Andreasen abzustrafen.

Monaten. Die Benennung von Brian Gray (manche sagen: handverlesen von Kinnock) ist fragwürdig, da er es bei einer früheren Bewerbung für genau diesen Posten nicht einmal auf die «Shortlist» geschafft hatte. Außerdem wurde die Funktion jetzt auf einmal einen Rang höher eingestuft als zu der Zeit, als Marta sie eingenommen hatte. Interessant ist auch, dass Molocksen nach einer elfjährigen Amtszeit als Generaldirektor Haushalt auf einen anderen Posten versetzt wurde.

Andreasen hörte lange nichts mehr von der Kommission, weder von Kinnock noch von Bubbles. Über ihren Anwalt ließ sie im März 2003 nachfragen, wo der Bericht bliebe, den Bubbles bereits im Dezember erstellen wollte. Bubbles reagierte mit dem Versprechen, den Bericht in der folgenden Woche an Kinnock zu schicken. Aber letzten Endes geschah dies erst im September 2003. Marta Andreasen war zu dem Zeitpunkt mehr als zwanzig Monate im Dienst der Europäischen Kommission, von denen sie fünfzehn Monate lang ihre normale Arbeit nicht ausüben durfte. Was für eine Verschwendung!

Im September 2003 bestätigte der Sprecher von Kinnock den Erhalt von Bubbles' Bericht. Andreasen hörte jedoch nichts und durfte auch keine Einsicht nehmen. Erst am 18. November 2003 schickte Kinnock einen Brief (auf den 6. November zurückdatiert), in dem er neue Beschuldigungen gegen Andreasen vorbrachte. Sie soll angeblich auf Konferenzen gesprochen haben. Kinnock kündigte bezüglich dieser neuen Tatsachen kurzfristig ein Verhör an, das dann im Februar 2004 stattfand.

Mein Eindruck war, dass Kinnock und Bubbles keine hinreichenden Fakten gegen Andreasen in der Hand hatten und deshalb jede Kleinigkeit aufgriffen, um ein Dossier zusammenzustellen. Scharen europäischer Beamter hielten Reden und nahmen an Konferenzen teil, ohne jeweils um Erlaubnis zu fragen. Sie mussten lediglich klar zu erkennen geben, dass sie ihre persönliche Meinung äußerten. Im Fall von Andreasen war das von vorneherein deutlich, denn schließlich war sie all ihrer Funktionen enthoben.

Anderthalb Jahre nach der Suspendierung und dem Beginn der Untersuchung bezüglich der Beschuldigungen des Vizevorsitzenden Kinnock gegen Frau Andreasen war noch nicht einmal die Phase der Voruntersuchung abgeschlossen. Andreasen wurde hier also einem internen Kommissionsverfahren mit einem – sozusagen – hohen Inzuchtfaktor unterzogen. Zwischenzeitlich hatte sie kaum noch Bewegungsspielraum: In Erwartung eines Disziplinarverfahrens war sie wirksam kaltgestellt worden. Da drängten sich wichtige Fragen auf:

Was hatte Marta Andreasen gesehen? An wessen Macht hatte sie gerührt, dass man ein so langwieriges, völlig überzogenes Verfahren gegen sie führte, ohne ihr offenkundig Regelmissachtungen vorwerfen zu können? Sonst wäre doch längst eine konkrete Anklage formuliert und das Disziplinarverfahren eingeleitet worden.

Wer hatte wirklich die Macht innerhalb der Kommission inne? Die Kommissare? Oder einige Mitglieder an der Spitze des Beamtenapparates?

Weswegen hatte sich die grüne Kommissarin Schreyer wie ein Fähnchen im Wind gedreht und ihre Favoritin erst in die Kommission geholt und dann wie eine heiße Kartoffel fallen gelassen?

Was war in der GD Haushalt los? Warum gab es einen beständigen Wechsel in der Leitung der Verwaltung? Welche Rolle und welche Position nahm der französische Generaldirektor Jean-Pierre Molocksen ein? Elf Jahre stand er an der Spitze der GD Haushalt, und jetzt wurde er doch noch versetzt. Gerüchten zufolge wollte Kinnock ihn in Rente schicken, aber Molocksen konnte das verhindern (!).

Angst um Edith
Meine Aufmerksamkeit galt inzwischen voll und ganz der Gesundheit meiner Frau. Erst Anfang des Jahres 2003 trat ihre Krankheit offen zutage. Ihr Zustand verschlechterte sich. Sie hatte epileptische Anfälle, die die Ärzte nicht länger mit der Diagnose Stress und Migräne erklären konnten. Während eines notwendigen Krankenhausaufenthalts wurde sie geröntgt; es stellte sich heraus, dass in ihrem Kopf ein großer Tumor wuchs. Das Geschwür drückte auf verschiedene vitale Teile unter ihrer Schädeldecke. Mit Edith ging es schnell bergab. Es war eine schreckliche Nachricht. Wir fühlten uns wie erschlagen.

Edith konnte kaum noch sehen, und eine Kommunikation war fast nicht mehr möglich.

Eine schnelle Entscheidung musste getroffen werden. Eigentlich bestand gar keine Wahl: Sie musste so schnell wie möglich operiert werden. Wir gingen durch eine Hölle. Obwohl Edith schon lange unter einer Krankheit gelitten hatte, die wir nicht kannten, hat uns diese Diagnose doch total schockiert. Der Eingriff war schwerwiegend. Man konnte nur abwarten, ob sie das alles überstehen würde.

Schließlich schien die Operation einigermaßen gelungen zu sein, auch wenn Edith bleibende Schäden davontragen würde. Edith erholte sich nur langsam und mit Mühe. Monate später stellte man fest, dass der Tumor wieder gewachsen war. Bestrahlungen wurden nötig.

Wir lebten zwischen Angst und Hoffnung, zwischen Beten und Weinen.

10

Hans-Martin Tillack

Gerade wollte ich die Gartenstühle aus der Garage holen, als mein Handy läutete. Ich sah eine unbekannte belgische Nummer auf dem Display und nahm das Gespräch gedankenlos an. Am anderen Ende sprach eine aufgeregte Stimme auf Deutsch. «Ich hab's! Ich hab' ihn bekommen!» Ich war irritiert.

«Verzeihung, mit wem spreche ich?»

«Oh, Entschuldigung! Sie sprechen mit Tillack, Hans-Martin Tillack. Ich habe Ihren Bericht, wirklich wahr. Ich habe eine Kopie!»

Ich dachte, ich höre nicht richtig. «Wieso? Worüber sprechen Sie? Was für ein Bericht?» versuchte ich noch auszuweichen.

Tillack, der Reporter des deutschen Wochenmagazins «stern», lachte. «Ihr Bericht! Der dicke Bericht, den Sie im vorigen Jahr geschrieben haben. Der liegt jetzt vor mir!»

Ich konnte und wollte meinen Ohren nicht trauen. «Also, Sie wollen mir erzählen, dass Sie eine Kopie meines Berichts vom 31. August vorigen Jahres haben?»

«Ja, genau richtig! Den habe ich hier. Unglaublich, nicht wahr? Fragen Sie mich nur, kontrollieren Sie mich, es liegt alles vor mir.»

Ich wusste nicht recht, wie ich mich verhalten sollte. Wenn das jetzt ein Bluff war, um etwas aus mir herauszulocken? «Wie viele Seiten hat der Bericht?» versuchte ich es vorsichtig.

«Hah! 234 natürlich. Aber das ist eine leichte Frage, das weiß doch sowieso jeder. Was wollen Sie noch wissen?» Und Tillack fing an, wie wild Textstellen aus meinem Bericht zu zitieren.

«Okay, okay», sagte ich schließlich überzeugt. «Ich habe keine Ahnung, wie Sie das bewerkstelligt haben, aber ich glaube Ihnen. Hören Sie auf.»

Es war unglaublich. Ich versuchte mir im Zeitraffer vorzustellen, welche Konsequenzen diese undichte Stelle bedeutete. Aber richtig einschätzen konnte ich das nicht. Ich musste herausfinden, wie groß der Schaden war.

«Wer hat meinen Bericht sonst noch?» fragte ich.

«Niemand!» Tillack schrie beinahe ins Telefon. «Ich bin der Einzige! Das ist fantastisch! Ich bin der Einzige, der Ihren Bericht hat!» Er lachte wieder.

Ich überlegte rasch. Die Folgen konnten also noch in Grenzen gehalten werden.

«Herr Tillack, Sie werden mir wahrscheinlich nicht erzählen wollen, wie in Gottes Namen Sie an diesen Bericht gekommen sind?»

Am anderen Ende erklang wieder Gelächter. «Nein, darauf lasse ich mich gar nicht erst ein. Berufsgeheimnis, Sie verstehen?»

Ich hatte nichts anderes erwartet.

«Und jetzt werden Sie daraus veröffentlichen?»

Tillack bestätigte das. «Ja. Ich muss natürlich eine Auswahl treffen, denn es ist nicht alles gleich gut verwertbar, aber immerhin.»

Mir wurde das unheimlich. Ich dachte an den Inhalt des Berichts. Alle Namen, die darin auftauchten, alle losen Enden und Dinge, die noch bewiesen werden mussten ...

«Herr Tillack, Ihnen ist doch wohl klar, dass es sich um Hinweise und nicht um Beweise handelt? Der Bericht war noch nicht fertig. Es gibt erst wirklich eine Schlagzeile, wenn die Anschuldigungen durch Untersuchungen bestätigt werden.»

Tillack sagte, dass er das wisse. Und ich fuhr fort.

«Gut. Ich möchte Ihnen dann aber doch wenigstens eine Überlegung ans Herz legen. Ich weiß nicht, wie Sie an meinen Bericht herangekommen sind, aber versuchen Sie sich einmal vorzustellen, mit welcher Absicht Ihnen dieser Bericht zugespielt worden ist. Eine frühzeitige Publikation kann für die Ergebnisse der laufenden Untersuchung äußerst kontraproduktiv sein. Und Sie müssen wissen, dass ich gerade jetzt zum ersten Mal das Gefühl habe, dass da ernsthaft gearbeitet wird. Es wäre wirklich schade, wenn dieser ganze Prozess durch eine vorzeitige Veröffentlichung sabotiert wird.»

Am anderen Ende der Leitung war es kurz still. «Das leuchtet mir ein. Ich werde bei der Publikation darauf Rücksicht nehmen. Darauf können Sie sich verlassen.»

Ich dankte Tillack für sein Verständnis, und einigermaßen verwirrt hängte ich mein Handy wieder an meinen Gürtel. An einen ruhigen Nachmittag in der Sonne war nicht mehr zu denken.

Krieg hinter den Kulissen
Am 28. Februar preschte Tillack vor: «Van Buitenens heiße Papiere erschüttern Brüssel». In einem langen Artikel in der Zeitschrift «stern» zitierte Tillack aus meinem Bericht. Ich las das alles mit sehr gemischten Gefühlen. Die europäische Presse stürzte sich darauf, und mein Name stand wieder in allen großen Zeitungen in Europa. Ich gab allerdings nicht nach, sondern blieb zurückgezogen, und aus Mangel an Interviews blieb die Geschichte dann ziemlich schnell auf der Strecke.

Die Europäische Kommission reagierte wie gewöhnlich, rigide und ausschließlich auf Schadensbegrenzung bedacht. Dass die Wahrheit dabei vernachlässigt wurde, war weniger wichtig. Hinter den Kulissen spielte sich ein kurzes, aber heftiges Gefecht zwischen mir und der Europäischen Kommission ab.

Die Kommission sah das Unheil schon vor der Publikation kommen und gab am 26. Februar und am 28. Februar offizielle Presse-Erklärungen ab. Die erste Stellungnahme war inhaltlich nicht ganz richtig, aber relativ neutral im Ton. Damit hätte ich leben können. Aber die zweite Verlautbarung der Kommission schmerzte mich sehr. Durch Halbwahrheiten und eine sehr suggestive Präsentation von Zahlen zeichnete die Kommission ein Bild, als habe mein Bericht zum großen Teil nicht zu Untersuchungen geführt und sei folglich weitgehend unbrauchbar gewesen. In Wirklichkeit hatte mein Bericht ein kleines Erdbeben verursacht. Es waren nicht nur zahlreiche neue Untersuchungen eingeleitet worden, auch einige ruhende oder vergessene Verfahren wurden neu aufgegriffen.

Manche Zeitungen wählten jedoch wieder einmal den einfachsten Weg und übernahmen kritiklos den negativen und skepti-

Van Buitenens heiße Papiere

Ein Dossier über Missmanagement und Vetternwirtschaft in der EU erschüttert Brüssel. Auf 234 Seiten werden Vorwürfe von Betrug und Mauscheleien aufgelistet. Die **ANTIKORRUPTIONSBEHÖRDE** ermittelt

Den vergangenen Sommer verbrachte Paul van Buitenen in einem einbruchsicheren Büro in Luxemburg. Jeden Abend wenn der EU-Beamte den Raum verließ, achtete er darauf, dass die drei Panzerschränke darin sorgfältig verschlossen waren. Denn dort lagerte er brisante Dokumente über Vetternwirtschaft und Missmanagement in der EU-Kommission.

Jeder in der EU-Bürokratie wusste, dass der Niederländer wieder aktiv ist. Und viele zitterten vor ihm. Denn schon einmal hatte der 44-jährige Kontrolleur die EU-Administration erschüttert. Der damalige Kommissionspräsident Jacques Santer musste im März 1999 nach van Buitenens Enthüllungen zurücktreten.

SEINEN NEUEN BERICHT über „mögliche Unregelmäßigkeiten in vielen Kommissionsdienststellen" hat van Buitenen im August zwei deutschen EU-Generaldirektoren übergeben, Horst Reichenbach (zuständig für Personal und Verwaltung) und Franz-Hermann Brüner (Chef des Betrugsbekämpfungsamts Olaf). Sie hatten ihm acht Wochen Sonderurlaub gewähren lassen, ein ungewöhnlich mutiger Schritt im Brüsseler Apparat.

Brüner reichte das Van-Buitenen-Dossier an acht seiner besten Juristen weiter, und die kamen zu dem Schluss: Was der Niederländer geliefert hat, ist heißer Stoff. Vier neue formelle Ermittlungsverfahren raten die Olaf-Leute auf der Grundlage des Van-Buitenen-Papiers einzuleiten – eingeschlossen eine Untersuchung gegen eigene ehemalige Mitarbeiter, die womöglich eher vertuscht als ermittelt haben.

Auf 234 Seiten (plus 5000 Blättern Anhang) dokumentiert van Buitenen, wie weit Betrügereien und Unregelmäßigkeiten in der EU-Administration verbreitet sind. Obwohl Kommissionspräsident Romano Prodi bei Amtsantritt mit „null Toleranz" für Betrüger gedroht hatte, hat sich offenbar nicht viel geändert. Schlimmer noch: →

Zwei seiner engsten Mitarbeiter – Generalsekretär David O'Sullivan und Chefsprecher Jonathan Faull – sind eventuell Teil des Verharmloser-Kartells.

BESONDERS BRISANT scheinen die zahlreichen Hinweise auf Affären und Betrügereien bei Eurostat. Aufgabe der Luxemburger EU-Statistikbehörde ist es, verlässliche Zahlen über Wirtschaft und Währung in Europa zu liefern. Jetzt kommt heraus, dass EU-Kommissar Erkki Likanen bereits vor fünf Jahren über massive Vorwürfe gegen das Amt informiert worden ist. Van Buitenen nennt in seinem Bericht Vorwürfe über manipulierte Ausschreibungen, Aufträge für den Mann einer ehemaligen Eurostat-Direktorin und Betrug mit Reisekosten. Jetzt laufen bei Olaf bereits mehrere Ermittlungsverfahren in Sachen Eurostat.

Ebenfalls betroffen ist die europäische Behörde für Atomenergie, Euratom. Bis zu 20 Kontrolleure der Kommissionsdienststelle wohnen offenbar am Ort ihrer Inspektionen – und ließen sich trotzdem die Kosten für die Anreise von Luxemburg zahlen.

In seinem Papier zeichnet van Buitenen ein schockierendes Sittengemälde der EU-Verwaltung. Da gibt es Beamte, die angeblich reihenweise ihre Ex-Geliebten bei Subauftragnehmern unterbringen. Andere schanzen Aufträge der Ehefrau oder dem Ehemann zu.

Eines von vielen Beispielen aus dem Dossier: Der französische Beamte François Lamoureux organisierte nach van Buitenens Unterlagen 1995 eine Ausschreibung über Millionenaufträge für die Öffentlichkeitsarbeit von vier großen Kommissionsdienststellen. Van Buitenen spricht jetzt von „deutlichen Hinweisen", dass die Ausschreibung „betrügerisch" war. So durfte sich an der Vorbereitung eine Pariser PR-Expertin beteiligen, die hinterher mit ihrer eigenen Firma selbst einen Vertrag ergatterte. Lamoureux' Karriere hat der Fall nicht geschadet: Er wurde von Prodi zum Generaldirektor und damit auf die höchste Hierarchiestufe befördert.

Verschweigen und verharmlosen – so agierte die Kommission auch nach dem Fiasko um das 600 Millionen Euro schwere EU-Bildungsprogramm Leonardo (stern Nr. 2/1999). Abwickler war die Brüsseler Firma Agenor, und die war ein echter Selbstbedienungsladen. So beförderte der Chef seine Ehefrau von der Assistentin zur hoch bezahlten Direktorin, obwohl sie keine einzige Fremdsprache beherrscht. Spätestens seit 1996 lagen den zuständigen Beamten detaillierte Hinweise über Missiwrtschaft und Betrügereien vor – aber keiner der hochbezahlten Eurokraten reagierte.

Van Buitenen attackiert besonders den Prodi-Schützling O'Sullivan. Als Generaldirektor für Bildung versuchte der Ire

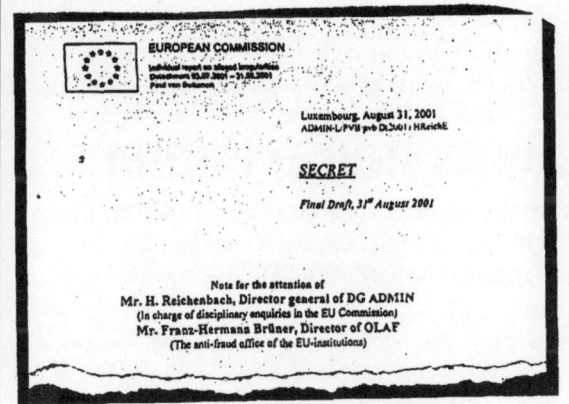

Dieses Geheimpapier, das dem *stern* zugespielt wurde, mischt die EU auf

Wird der Korruption nicht Herr: EU-Kommissionspräsident Romano Prodi

noch Anfang 1999, Agenor trotz der massiven Vorwürfe die Kündigung zu ersparen. Nur ein paar personelle Änderungen seien nötig, versicherte er bei einer internen Sitzung laut Protokoll. Abfindungen seien nicht möglich, weil – leider – die Journalisten hinter ihm her seien. „Die Presse steht vor der Tür", bedauerte O'Sullivan. „Unter anderen Umständen hätte man diskutieren können."

O'Sullivan verteidigt sein Verhalten heute als „völlig korrekt". Er habe das Programm retten wollen. Prodis heutiger Sprecher Faull wurde im März 1999 mit einer internen Untersuchung zum Fall Leonardo/Agenor betraut. Der Brite kam im Oktober 2000 offenbar zu dem Schluss, dass es keinen Beamten gebe, der persönliche Konsequenzen tragen müsse. „Das Ergebnis könnte man als Vertuschung bezeichnen", folgert der Niederländer.

Schon vorher hatte Faull an einer ähnlichen Operation teilgenommen: Zusammen mit vier anderen Mitgliedern eines Disziplinarrates empfahl er Freispruch für den hohen spanischen EU-Beamten Santiago Gomez-Reino. Der hatte drei fiktive Verträge über 2,4 Millionen Euro unterschrieben. Mindestens 600 000 Euro verschwanden. Während zuvor andere interne Prüfer Gomez-Reino für verantwortlich befunden hatten, urteilten Faull und Co. milde: Es gebe keinen Beweis gegen den Spanier. Faull heute: „Ich stehe zu dem, was ich tat."

Van Buitenen sitzt jetzt in Luxemburg und ist ein bisschen nervös. 1999 brachte er eine Lawine ins Rollen – und wurde von seinen Bossen zur Strafe erst suspendiert, dann ließ er sich versetzen. Nun hofft der hartnäckige Mann, dass er demnächst wieder seinen alten Job zurückbekommt – als interner Prüfer in Brüssel.

HANS-MARTIN TILLACK
MITARBEIT: ALBERT EIKENAAR

schen Tonfall der Kommission. Es tat weh, so etwas über sich lesen zu müssen, während man nur in lauterer Absicht gehandelt hatte. Die Dummheit der Kommission oder des Antibetrugsamtes hatte die Beschuldigungen an die Öffentlichkeit gebracht.

Ich war rasend vor Wut und schrieb eine böse E-Mail an die Kommission, in der ich eine Richtigstellung verlangte. Kurz vor Ablauf der von mir gesetzten Frist reagierte die Kommission. Man wollte mich sichtlich in die Irre führen. Obwohl die Mail von der Personalabteilung kam, wusste ich, dass das Kinnock-Kabinett hinter dem Schreiben stand. Nur wegen meines festen Vorsatzes, nicht wieder an die Öffentlichkeit zu gehen, habe ich dann doch von einer Pressemitteilung abgesehen.

Mein Name wurde in den Schmutz gezogen, und die Kommission kam ungeschoren davon. Mir wurde nachgesagt, ich sei auf dem Ego-Trip und koste den Steuerzahler viel Geld wegen unnützer Untersuchungen. Meine Beschuldigungen pfiffen die Spatzen von den Dächern. Sogar der Text eines stundenlangen Verhörs war durchgesickert, und dadurch waren auch die Namen einiger Informanten bekannt geworden. Ich musste das alles schlucken und fühlte mich als der große Verlierer.

Scheitern der Demokratie
Etwa ein Jahr später schickte mir Hans-Martin Tillack ein Exemplar seines gerade erschienenen Buches zu: *Raumschiff Brüssel – Wie die Demokratie in Europa scheitert*[4]. Er hatte es zusammen mit Andreas Oldag geschrieben. Ich packte das Buch aus und blätterte es kurz durch. Ich konnte der Versuchung nicht widerstehen und wollte wissen, ob die Autoren auch über meinen Fall geschrieben hatten.

Und tatsächlich: Mehrere Seiten handelten von meinen Abenteuern. Nachdem ich diese gelesen hatte, legte ich das Buch zur Seite. «Ich darf nicht vergessen, Hans-Martin für die

---

[4] Andreas Oldag und Hans-Martin Tillack: *Raumschiff Brüssel. Wie die Demokratie in Europa scheitert*, Argon Verlag, Berlin 2003.

aufmerksame Geste zu danken», dachte ich zerstreut. Aber ich war viel zu sehr mit dem Gesundheitszustand von Edith beschäftigt und vergaß es.

Eine Woche später sprach mich jemand auf das Buch an, und ich nahm mir vor, den Rest auch noch zu lesen. Am selben Abend wollte ich im Bett gewohnheitsgemäß noch ein bisschen in meiner damaligen Lektüre lesen. Da fiel mein Blick auf *Raumschiff Brüssel*. Etwas widerstrebend griff ich danach. Schnell war mein Interesse geweckt. Da stand mehr drin, als ich gedacht hatte, auch neue Dinge, die ich noch nicht wusste. Am nächsten Abend las ich weiter und war jetzt fasziniert von den unerwarteten Informationen, die ich darin fand.

Raumschiff Brüssel
Das Buch von Tillack und Oldag enthielt eine Fülle an Neuigkeiten und Fakten, die ihre These von Europa als scheiternder Demokratie untermauerten. Wie ich beispielsweise erfuhr, spielte sich unter Mitwirkung des heutigen Präsidenten der EU-Kommission, Prodi,

«*eine schier unglaubliche Geschichte ab: Prodi und seine Frau bezeugen bei der Polizei, mit zehn Freunden zum Zeitvertreib an einer spiritistischen Sitzung teilgenommen zu haben*», und zwar «*am Nachmittag des 2. April 1978 in der Nähe von Bologna*».

Die Angabe des genauen Datums fiel mir auf, und ich notierte mir die Frage, ob Hans-Martin Tillack dazu vielleicht Dokumente zur Verfügung habe. Ich las Prodis Aussage zu der spiritistischen Sitzung weiter:

Eine sich rasch bewegende Untertasse habe brisante Hinweise gegeben – auf den Ort, an dem Terroristen der Roten Brigaden den entführten christdemokratischen Politiker Aldo Moro versteckt hielten. Auch sei der Name Gradoli erwähnt worden. Wie sich dann später herausstellte, benutzten die Roten Brigaden tatsächlich in einer Straße solchen Namens eine Wohnung. Die Autoren fuhren fort:

«*Prodi gerät wegen der Geschichte unter Druck. Hat er vielleicht die spiritistische Sitzung nur vorgetäuscht, um die wahren Quellen zu vertuschen?*» Allerdings bestritt Prodi das.

Das fand ich nun ausgesprochen interessant: Man nehme einmal an, es stimmt, und Prodi hat seine Information bei einer

Séance bekommen. Das ist ja noch viel interessanter. Was hat Prodi auf einer solchen spiritistischen Sitzung verloren? Und woher kommen denn dort die Informationen?

Ein paar Seiten später kann man über die Kommission lesen: *«Verheugen und Co. führen die größte und bei weitem mächtigste supranationale Behörde dieses Planeten. Helmut Kohl nannte sie einen ‹Moloch›. Wie viele Beschäftigte hier genau arbeiten, weiß nicht mal EU-Personalkommissar Neil Kinnock. Mal spricht er von ‹22 000 Beschäftigten›, mal nennen seine Mitarbeiter die Zahl von 24 000. Budgetkommissarin Schreyer beziffert in einer offiziellen Tabelle die ‹Humanressourcen› der Kommission auf 28 600.»*

Ich machte mir eine Notiz, dass ich mich bei Hans-Martin nach diesen Zahlen erkundigen musste. Natürlich machten verschiedene Angaben die Runde, und wahrscheinlich wurden hin und wieder bestimmte Personalkategorien nicht mit einbezogen. Trotzdem spricht das Bild für sich: die Europäische Kommission als undefinierbare Größe.

An die folgende Anekdote erinnerte ich mich noch gut. Wie erstaunt war der Dänische Kommissar, und wie ungehalten waren die Gewerkschaften über seine Äußerungen: *«Mir ist jetzt klar, wem die Kommission gehört. Es sind nicht unbedingt die Kommissare, sondern vielmehr die hohen Beamten».* Zitiert wird im Buch auch die Deutsche Kommissarin Monika Wulf-Mathies, die sich kurz nach ihrer Amtszeit darüber beklagte, dass die Kommissare gegenüber dem Beamtenapparat keine Sanktionsmöglichkeiten besitzen. Diese Artikel hatte ich wahrscheinlich noch, vielleicht sogar im Computer. Ich musste dort nachschauen, denn dies konnte eine wichtige Feststellung sein.

Freimaurerei
Auch in Tillacks Buch begegnete ich wieder Hinweisen auf die Freimaurerei; so zitiert ein britischer Anthropologe einen Generaldirektor und seine Beschreibung der Brüsseler Netzwerkkultur: *«Wir haben überall Mafiosi, aber es sind verschiedene Sorten von Mafiosi. Da ist die schwule Mafia, die Mafia der Freimaurer, eine Opus-Dei-Mafia, eine sozialistische und eine kommunistische Mafia. Das Wichtigste ist, dass sie sich gegen-*

seitig neutralisieren – das war mein Ziel, als ich für Personalfragen verantwortlich war.»

Ich erinnerte mich vage an diesen Fall. Vielleicht konnte ich an die Originalzitate dieses Anthropologen kommen. Und ich überlegte, wer dieser Generaldirektor gewesen sein konnte. Ich musste auch an das Verhör in einem Disziplinarverfahren, das Jahre zurücklag, denken: Der Befragte sagte zu einem gewissen Zeitpunkt, er wolle erst mit seinem geistlichen Meister und «Paten» («Parrain») sprechen, bevor er eine bestimmte Frage beantworten könne.

Das Verwaltungssystem taugt nichts

Besonders interessant fand ich die Gedanken über den unglücklichen Aufbau des Systems der EU-Einrichtungen. Dieser Analyse zufolge enthielt die Struktur an sich bereits so viele Fehler, dass der Apparat von vornherein zum Scheitern verurteilt war:

«45 Jahre nach Gründung der Gemeinschaft ist klar, dass der Fehler nicht bei einigen unfähigen Beamten liegt, sondern im System. Das wurde von dem Franzosen Jean Monnet erdacht. Er kam zwischen den Weltkriegen als Vize-Generalsekretär des Völkerbundes zu dem Schluss, dass internationale Organisationen zur Lähmung verurteilt sind, wenn sie keine supranationalen Institutionen haben, die über den Mitgliedsstaaten stehen.

Im Mittelpunkt von Monnets Bauplan für Europa stand nicht das Parlament, sondern eine Behörde. Sie bekam den Auftrag, unabhängig von den Hauptstädten die sachlich besten Vorschläge zu machen – so wie es die Kommission bis heute für sich in Anspruch nimmt.»

Diese Institution wird ganz bewusst nicht demokratisch kontrolliert und hat im Laufe der Jahre eine eigene bürokratische Dynamik entwickelt. Ein Apparat also, der nicht beständig unter parlamentarischer Kontrolle steht und für die Presse nicht transparent ist. Die Autoren kommen zu der Schlussfolgerung: *«Das Wuchern von Seilschaften, der Schlendrian und die kollektive Verantwortungsverweigerung – es sind nur Symptome.»*

Hier wurden mir die Augen geöffnet! Selbstverständlich kannte ich die Fehler des Systems, und ich wusste auch, wie wenig transparent die EU ist. Aber eine Beziehung herzustellen zu den Anfängen, wie die «Gründungsväter» – vermutlich mit den allerbesten Absichten – die europäischen Institutionen organisiert hatten, war eine völlig logische Betrachtungsweise. Zudem konnte sie durchaus wahr sein! Etwas weiter konnte ich lesen, dass der Europäische Ombudsmann, der Finne Södermann, einen plastischen Vergleich für die Kommission hat: «*In der Kommission lebt ein Dinosaurier. Ich habe Herrn Dinosaurier nie getroffen. Aber es gibt ihn.*» Nur zeitweise, nach dem Sturz der Kommission Santer, sei der Dinosaurier geschwächt gewesen, meint der Finne – aber das sei nun passé.

Das war eine Bildsprache, die an den «Moloch» von Helmut Kohl erinnerte und auch zu der Unklarheit passte, die hinsichtlich der wirklichen Arbeitnehmerzahl bei der Kommission herrschte. Als ob die Europäische Kommission ein eigenständiges, unkontrollierbares Wesen sei. Ich notierte mir die Frage, ob die Autoren diese Bildsprache bewusst eingesetzt haben oder ob es nur Zufall war.

Ein lahmes Parlament

Bei Tillack und Oldag traf ich auch auf mein eigenes Steckenpferd, die eingeschränkten Befugnisse des Europäischen Parlaments: «*Die Rechte des Parlaments stehen da nur an zweiter Stelle. Ohne große Bedenken stimmte ... die Mehrheit des Parlaments im Jahr 2000 einem so genannten Rahmenabkommen mit der Kommission zu, das den Abgeordneten im Haushaltskontrollausschuss* [COCOBU*; der Verfasser] *den Zugang zu vertraulichen Dokumenten auf absurde Weise beschränkt. Warum? Krittelei am Kommissionshaushalt unterminiere die Autorität der EU-Administration, lautet das im Parlament weitverbreitete Argument.*» Die Dokumente dürften allenfalls in einem streng gesicherten Büro eingesehen werden, allerdings lägen sie dann häufig nur auf Französisch vor.

Ich erinnerte mich, dass der Haushaltskontrollausschuss noch bis zum Jahr 1998 eine kleine unbedeutende Kommission des Europäischen Parlaments war. Nach den Ereignissen von 1998 und 1999 wurde dieser Ausschuss zunehmend wichtiger. In meinen Augen war das die einzige Kommission des Parlaments, von der die Europäische Kommission wirklich etwas zu befürchten hatte. «Der Haushaltskontrollausschuss ist die parlamentarische Kommission, der ich, sollte ich je einmal gewählt werden, angehören möchte», überlegte ich mir. Langsam, aber sicher wuchs bei mir die Einsicht, dass ich nur dadurch etwas an der Situation ändern könne, wenn ich selbst in die Politik ginge.

Nun folgte eine interessante Mitteilung auf die andere. Wie ich las, wollten manche Christdemokraten, wie das Mitglied des Haushaltskontrollausschusses Gabriele Stauner und sogar der Vorsitzende der Christdemokratischen Fraktion Gerd Pöttering, die von der Europäischen Kommission suspendierte ehemalige Chefin der Buchhaltung Marta Andreasen im Haushaltskontrollausschuss anhören, während «*der frühere Revoluzzer und heutige Grüne Daniel Cohn-Bendit Rücksicht auf die Kommission*» verlangte.

Von Gabriele Stauner hatte ich diese Haltung durchaus erwartet. Denn sie ist ihren Prinzipien treu. Bei Pöttering vermutete ich eher politische Motive, aber dem musste ich erst noch nachgehen. Befremdet hat mich die Haltung von Cohn-Bendit. Sollten sich die Grünen so abgeschottet haben, dass sie, koste es, was es wolle, ihre grüne Kommissarin Michaele Schreyer aus der Schusslinie halten wollten? Die Antwort auf diese Frage interessierte mich!

Undurchsichtige Informationskanäle
Weiter hinten in dem Buch fand ich erneut ein Puzzleteil zu dem Beschlussfindungssystem innerhalb der EU-Institutionen. Die Autoren beschreiben ein System der zeitversetzten Kommunikation bei EU-Gipfeln, das von dem italienischen Diplomaten Paolo Antici 1975 entwickelt worden ist: «*Drei EU-Beamte aus dem Ratssekretariat schreiben abwechselnd in Französisch und Englisch die Redebeiträge der Regenten mit. Alle 15 Minuten verlässt einer der Protokollanten den Saal und eilt in die so genannte rote Zone vor dem Tagungssaal. Dort diktiert er 15 Diplomaten der Mitgliedsstaaten, was sich gerade in der Gipfelrunde zugetragen hat. Die 15 – sie heißen nach ihrem Erfinder bis heute Antici – notieren das in Blöcke oder hämmern es in ihren Laptop ... Die Beamten der Regierungszentralen, die in der so genannten blauen, äußeren Zone warten, erfahren erst mit etwa 40 Minuten Verspätung, was sich im Allerheiligsten der Ratstagung zuträgt.*

Der Vorteil ist klar: Die großen Chefs können Kompromisse finden, ohne dass ihre Beamten überall ihre Fußnoten und Bedenken anbringen können.»

Immer wieder werden Beispiele angeführt für die Machtspiele, die zu beobachten sind, und für die Undurchsichtigkeit, die zielgerichtet geduldet wird; die EU-Regel lautet: «*Je undurchschaubarer das Geschehen, desto größer die Macht der Beamten, die hinter den Kulissen die Strippen ziehen.*» Der ehemalige französische Botschafter und heutige Vize-Generalsekretär im Brüsseler Ratssekretariat, Pierre de Boissieu, würde diesen 2700-köpfigen Beamtenapparat gerne «*zu einem machtvollen Gegenspieler der EU-Kommission ummodeln*». Dafür bräuchte man aber einen permanenten Ratspräsidenten.

Die Entscheidung für oder gegen einen ständigen Präsidenten des Ministerrats hing also nicht nur von den politischen Erwägungen bezüglich der Ausgestaltung dieser Führungsfunktion ab. Auch die Ellenbogenarbeit der Beamten spielt eine Rolle, wie in *Raumschiff Brüssel* erläutert wird: Die Ratsmitglieder tagen hinter verschlossenen Türen. Dies wird ganz bewusst so beibehalten, da die einzelnen Minister dann nicht mehr von ihren jeweiligen Ländern zur Verantwortung gerufen werden können. Für ein solches Minimalmodell haben sich insbesondere Jacques Chirac und Jean-Claude Juncker ausgesprochen.

Im Verlauf des Buches erklären die Autoren noch andere Aspekte des undurchsichtigen Beschlussfindungssystems in Brüssel. Zunächst: «*Immer mehr Fragen werden heute entweder von den Staats- und Regierungschefs auf ihren dreimonatlichen Gipfeln entschieden ... oder aber vom Ausschuss der Ständigen Vertreter, dem so genannten ASV. Viele nennen ihn einfach ‹Coreper› – für Comité des Représentants Permanents.*

Gäbe es einen Guinness-Rekord für heimliche Machtausübung, gebührte er diesem Gremium. Im Schnitt zweimal pro Woche treffen sich dort die so genannten Ständigen Vertreter (Botschafter) der Mitgliedsstaaten bei der EU. 80 bis 85 Prozent der Beschlüsse und Gesetzestexte, die die Minister formell absegnen, werden im Coreper oder einer seiner zahlreichen Unterarbeitsgruppen getroffen – aber kein Bürger hat die Teilnehmer je gewählt.» Der ehemalige luxemburgische Außenminister Poos spricht von einer bürokratischen «*Aristokratie, weit weg von den nationalen Realitäten*». Ein Mitglied von Coreper* bestätigt, die anderen Mitglieder häufiger zu sehen als die eigene Frau. Das Arbeitspensum ist derart hoch, dass jeder seinen eigenen Mitarbeiter, «*seinen eigenen Sherpa hat. Es sind – hier schließt sich der Kreis – die Antici. Die Beamten, die bei Gipfeln die Protokolle erstellen, schreiben auch im Ausschuss der Ständigen Vertreter mit. Und nicht nur das: Sie treffen sich einen Tag vor jeder Sitzung und klären ab, was auf ihrer Ebene vorab entschieden werden kann.*» (Siehe dazu Anhang 3, Seite 252.)

Einige Seiten weiter stieß ich auf das folgende Puzzleteil: «*Das mächtigste und geheimnisumwittertste Brüsseler Komitee ist ohne jeden Zweifel der so genannte Wirtschafts- und Finanzausschuss (WFA). Je zwei Repräsentanten aus jedem Mitgliedstaat sowie Vertreter von Kommission und Europäischer Zentralbank bereiten hier jede Sitzung der Finanzminister im Ecofin*-Rat vor ...*

Oft beginnen die Mitglieder ihre Sitzung abends über ein paar Sandwiches ... Bis 1988 veröffentlichte der Ausschuss immerhin jährlich einen Bericht über seine Aktivitäten. Der Ausschusssekretär, ein hoher Kommissionsbeamter, schaffte das ab. Begründung: Man habe ‹nicht genug Personal›.»

Diese Analysen sind messerscharf. Beim Lesen stellte ich mir vor, dass manch ein EU-Beamter, der sich wund gestoßen hatte, bei dieser Sicht auf den Apparat gleichermaßen erschrecken wie genüsslich weiterlesen würde.

Betrugsfälle

Schließlich fiel mir bei der Beschreibung einer Betrugssache ein besonderes Detail auf: Vize-Generaldirektor Gomez-Reino versucht im Jahr 2002 mit einer Klage vor dem Europäischen Gerichtshof alle Ermittlungen, die gegen ihn und gegen einen hohen Ex-Beamten von OLAF laufen, zu stoppen.

Das fand ich seltsam. Es war verständlich, dass Gomez-Reino versuchte, die Untersuchungen gegen sich selbst zu stoppen. Aber warum wollte er auch, dass die Untersuchungen gegen diesen früheren OLAF-Beamten eingestellt wurden? Das überstieg meinen Verstand. Vielleicht war ein erhellender Hinweis in

COMMISSION EUROPÉENNE

SERVICE JURIDIQUE
Le Directeur général

Bruxelles, le 17 mai 2000
JLD/gf

NOTE A L'ATTENTION DE MADAME SCHREYER

Objet : **Dossier FLECHARD**
Relevé de conclusions de la réunion du 7 janvier 1994

Vous avez souhaité recevoir un témoignage écrit de la part des Directeurs généraux des trois services qui ont participé à l'instruction du dossier FLECHARD, quant à la nature et au contenu du relevé de conclusions de la réunion du 7 janvier 1994. Ce document, que nous avons reçu, a en effet été soustrait de nos archives respectives dans des conditions tout à fait étranges.

1) Il s'agissait, non pas d'un procès-verbal des discussions, mais, comme cela est d'usage dans des réunions de ce type, d'un simple relevé de conclusions, d'une page.

2) En faisant appel à nos mémoires, six ans après, ces conclusions étaient les suivantes :

> fixation du montant de la pénalisation à suggérer aux autorités irlandaises, avec indication du mode de calcul retenu ;

> motivation de cet avis, par référence à la situation économique et politique en ex-URSS à l'époque de l'opération et, surtout, par le caractère disproportionné et inéquitable de la saisie intégrale de la garantie, par rapport aux faits, eu égard aux conséquences sociales ;

> indication aux autorités irlandaises, auxquelles appartenait la décision finale, que la solution de ce dossier était conditionnée au retrait, par la Société FLECHARD des procédures engagées par elle devant les tribunaux irlandais, suite à l'ordonnance en référé qui avait bloqué la demande de paiement intégral ;

> invitation au Directeur général de la DG VI d'écrire aux autorités irlandaises en ce sens. La lettre dont s'agit a été paraphée par les services compétents.

Jean-Louis D████   Gu███████   Lucien de M███████

Copie :   O'   SULLIVAN

Ohne rot zu werden, erklären drei Generaldirektoren, dass das gleiche Dokument unter mysteriösen Umständen aus ihren Archiven verschwunden ist.

der öffentlichen Rechtsprechung des Europäischen Gerichtshofs im Internet zu finden.

Ich las über den Fall Fléchard und die mögliche Rolle der französischen Topbeamten Guy Legras, Michel Jacquot, Pascal Lamy, Jean-Luc Demarty und Jean-Louis Dewost ... Die Unterlagen einer entscheidenden Versammlung in diesem Fall waren gleichzeitig aus drei verschiedenen Behörden verschwunden! Und das wurde auch noch allseits akzeptiert! Mittlerweile konnte ein solches Dokument aber doch aufgespürt werden (siehe die Abbildung auf S. 184).

Wegen der verschwundenen Unterlagen musste ich auch bei Tillack nachforschen. Meines Wissens wurde nämlich behauptet, dass die bewusste Versammlung nie stattgefunden habe und daher auch keine Unterlagen vorhanden sein könnten.

Im *Raumschiff Brüssel* war noch vieles mehr zu finden. Ich konnte nur feststellen, dass dies wahrscheinlich eines der besten Bücher war, die ich je über die Verwaltung und die Beschlussfindung in Brüssel in Händen gehalten hatte.

Nach der Lektüre schwirrten viele Gedanken durch meinen Kopf. Ein Bild schob sich immer wieder nach vorn: die Europäische Kommission als abgehobene, undurchdringliche Macht. Tillack und Oldag war es gelungen, all die Mechanismen, die die EU-Entscheidungen so undurchsichtig und unkontrollierbar machen, glasklar zu beschreiben!

11

In die Politik?

Die Arbeitsatmosphäre bei der Polizei in Breda war sehr angenehm und entspannt. Ich hatte das Gefühl, eine neue Zukunft habe begonnen. Auf dem Fahrrad zur Arbeit fahren, die Vögel zwitschern hören und den Regen im Gesicht spüren – es machte mir nichts aus. Ich gehörte wieder zu einer Gemeinschaft und wurde mit offenen Armen empfangen.

Für die Stelle hatte ich mich vor allem deshalb entschieden, weil ich nahe bei Edith sein wollte. Ich wollte mich um sie kümmern und sie auffangen. Aber bald merkte ich, dass mir mein Aufgabenbereich nicht genügend Herausforderungen bot. Die Polizeiorganisation war zwar interessant, und wenn ich «Action» brauchte, konnte ich sogar bei den Einsätzen vor Ort mitgehen. Nur schien ich für Verwaltungsarbeit nicht geeignet zu sein. Und die Vergangenheit holte mich immer wieder ein.

Als ich eines Morgens in mein Büro kam und das Licht anmachte, lag ein dicker Umschlag auf meinem Schreibtisch, adressiert an «Paul van Buitenen, Financial Controller Breda Police, The Netherlands» mit der richtigen Anschrift darunter. Der Brief war per Luftpost gekommen. Nachdem ich den Umschlag geöffnet hatte, sah ich vor mir einen Stapel Papier und Briefe über ein Thema, das ich gerne vergessen wollte: Betrug und Korruption in den Europäischen Institutionen. Darauf hatte ich nun überhaupt keine Lust. Ich legte das Ganze zur Seite und begab mich wie gewohnt an die Arbeit. Ein paar Tage lag der Umschlag da herum. Irgendwann beschloss ich, es sei besser, die Unterlagen durchzusehen. Dann wäre das Thema erledigt und aus dem Kopf. Ich blätterte hier und da ein bisschen und las einige Seiten quer.

Whistleblower in Not
Obenauf lag ein Brief von einem gewissen Robert Dougal Watt*. Er stellte sich vor als Rechnungsprüfer beim Europäischen Rechnungshof, wo er seit 1995 arbeitete. Davor, schrieb Watt, sei er viele Jahre beim Britischen Zoll und beim Britischen Nationalen Buchprüfungsdienst tätig gewesen. Er erzählte seine Geschichte – eine Geschichte, die mir natürlich nur allzu bekannt vorkam.

Ein Kontrollbericht wurde nicht ordnungsgemäß behandelt, und er ließ nicht locker, fragte zu oft nach, weswegen er dann bestraft wurde. Als seine Klage dann endlich ernst genommen wurde, führte das jedoch nicht zur Rücknahme der Strafe. Außerdem prangerte Watt tiefgreifende Missstände innerhalb der Organisation seines Arbeitgebers an, des Europäischen Rechnungshofs. Korruption und Vetternwirtschaft von Mitgliedern des Kollegiums des Rechnungshofs wurden angesprochen. So sollen Mitglieder des Rechnungshofs über Jahre hin Freunde und Familie begünstigt haben.

Anstellungen wurden vergeben, ohne dass der Betreffende ausreichende Kontrollerfahrung mitbrachte. Die Tragweite dieser Anstellungen blieb vielleicht noch in einem überschaubaren Rahmen, aber die Vorbildwirkung, die davon ausging, war für die Motivation des übrigen Personals verheerend. Watt nannte noch mehr Beispiele, etwa unsittliche Angebote eines Personalfunktionärs gegenüber Zeitarbeitskräften, ohne dass dies je disziplinarische Konsequenzen gehabt hätte. Die Managementstruktur des Rechnungshofs, die nur über einen begrenzten Personalbestand von etwa fünfhundert Personen verfügte, mit fünfzehn Mitgliedern in einer Ratsversammlung, charakterisierte er zusammenfassend als «balkanisiert».

Alles in allem bildete dies genau die Fortsetzung der Klagen, die mir ein Jahr zuvor von einem anderen Beamten des Rechnungshofs zugetragen worden waren. Watt richtete dann auch einen Appell an alle fünfzehn gegenwärtigen Mitglieder des Rechnungshofs, wegen ihrer Küngeleien oder ihrer Verantwortung für die aktuellen Missstände zurückzutreten. Er kündigte in seiner ausführlich formulierten Beschuldigung auch an, bei den Betriebsratswahlen zu kandidieren. Dadurch wolle er testen, wie die Kollegen seinen Vorstoß beurteilen würden. Kurz darauf wurde er bei diesen internen Wahlen im Rechnungshof tatsächlich gewählt, zudem mit dem zweitbesten Stimmenergebnis aller Kandidaten.

Einige Monate später brachte Watt neue Beschuldigungen vor, allerdings in einem völlig anderen Bereich. Er behauptete, dass innerhalb der europäischen Institutionen ein Netzwerk von Freimaurern aktiv sei. Er war durch die späte Untersuchung des Selbstmords eines Kommissionsbeamten aus dem Jahr 1993 darauf aufmerksam geworden. Dieser Beamte, Dr. Antonio Quatraro, war in einen Betrugsskandal rund um Verträge für Tabakverkäufe verwickelt gewesen. Auch existierten Anschuldigungen, dass die Mafia beteiligt gewesen sei. Watt vermutete den Einfluss eines Netzwerkes von Freimaurern innerhalb verschiedener EU-Institutionen, das diesen Fall verschleiern wollte. Auf seine Briefe ans Europäische Parlament erhielt er keine Antwort. Abschließend schrieb Watt, dass er momentan krank sei und sich zu Hause in Schottland aufhalte.

Das Dossier war ausführlich dokumentiert. Obwohl viele Fakten und Beschuldigungen kreuz und quer liefen, schien es insgesamt Aufmerksamkeit zu verdienen. Aber ich wusste doch nicht so recht, was ich davon halten sollte. Eine Woche nach Erhalt des Dossiers schrieb ich Watt einen Brief:

Sehr geehrter Robert Dougal Watt, Ihr Dossier habe ich an die Anschrift meiner neuen Arbeitsstelle bei der Niederländischen Polizei erhalten. Es ist sehr interessant, aber leider kann ich damit nicht viel anfangen. Ich habe mich entschieden, die Kommission zu verlassen, weil die Situation innerhalb der EU-Institutionen ernsthafte Konsequenzen für mein Privatleben mit sich brachte. Ich arbeite jetzt für die Hälfte meines EU-Gehaltes. Was ich eventuell tun könnte, ist, eine Abschrift Ihres Dossiers an ein Mitglied des Europäischen Parlaments und eine andere Kopie an einen Journalisten zu schicken. Beide haben mein Vertrauen. Wären Sie damit einverstanden?

In Ihrem Dossier fand ich auch eine Einladung eines Mitarbeiters von OLAF, die an Sie gerichtet ist. Dieser Mitarbeiter ist sehr fähig und motiviert. Er bearbeitet auch einige meiner Dossiers. Überhaupt denke ich, dass

> *OLAF schon viel besser arbeitet als die Vorgängerorganisation UCLAF. Die Untersuchungsarbeit an der Basis ist besser, nur an der Spitze herrscht noch immer politische Einflussnahme. Sie können mir jederzeit mailen. Freundlichen Gruß und Gottes Segen.*

Von Watt erhielt ich weiterhin Post. Und zusammen mit dem Europarlamentarier Bart Staes gelang es auch, Watt trotz seines Misstrauens gegenüber OLAF zu einem Treffen mit einem der mit Untersuchungen beauftragten Mitarbeiter zu überreden. Letztlich kam dabei aber nichts heraus. Bei der Polizei konnte und wollte ich in dieser EU-Angelegenheit nichts weiter unternehmen. Robert Dougal Watt wurde schließlich entlassen.

Noch mehr Whistleblower
Im Oktober erhielt ich eine Mail von Dorte Schmidt-Brown*, einer dänischen Beamtin von Eurostat, der GD für Statistik bei der Europäischen Kommission. Sie brachte im Jahr 2000 Unregelmäßigkeiten bezüglich der Ausschreibung und Ausführung eines Projekts bei Eurostat ans Licht. Als Whistleblower innerhalb der Europäischen Kommission saß sie bereits mehr als ein Jahr krank zu Hause. Mit ein paar wenigen Zeilen erkundigte ich mich nach ihrem Ergehen. Sie schrieb zurück, dass sie noch immer mit ihrer Verteidigung beschäftigt sei. Sie verstehe nicht, wie ich das alles so lange ausgehalten habe, die ganzen Klagen, Antworten, langen Wartezeiten, kurz: den Kampf gegen das System. Sie hoffe aufrichtig für mich, dass ich nun, da ich der Kommission den Rücken gekehrt hatte, Ruhe und Glück finden werde.

Kurze Zeit später hörte ich, dass sie die Kommission verlassen habe. Zum Empfang anlässlich ihres Abschieds kamen gerade mal 22 Personen. Zuletzt, nach einer langen Periode voller Verunglimpfungen und Krankheit, war sie im Alter von 36 Jahren arbeitsunfähig geworden.

Das entnahm ich einer Mail von Michel Sautelet. Ich hatte ihn in Luxemburg kennen gelernt, und ab und zu hielt er mich auf dem Laufenden, was bei den Betrugssachen im Busch war. Inzwischen konnte er wohl auch als Whistleblower bezeichnet werden, nachdem er jahrelang intern über die folkloristische Verwaltungskultur bei Eurostat berichtet hatte. Er war lediglich der Presse nicht bekannt. So zeigte mir Michel einmal die Beweise, dass bei OLAF einfach eine Anzahl seiner Anklagen über Unregelmäßigkeiten bei Eurostat abhanden gekommen waren. Für die Presse wäre es eine Sensation gewesen, aber Michel und ich waren an so etwas schon gewöhnt.

Politik – ist das etwas für mich?
Es ging also alles seinen Gang. Niemand konnte eine Kehrtwende bewerkstelligen, geschweige denn die Whistleblower angemessen schützen. Die Zeit war reif für ein Großreinemachen in Europa. Vielleicht von innen heraus? Ich hatte angefangen, über eine politische Partei nachzudenken. Ihr wichtigstes Ziel: in Europa klar Schiff machen.

Wenn es mir damit ernst war, müsste ich zuallererst nach Brüssel zurückgehen. Sofort fühlte ich wieder neue Energie in mir. Ich war neugierig: Wie war die Stimmung in Brüssel? Was war inzwischen passiert? Welche Haltung nahm man mir gegenüber ein? Wie würde ich selbst mich in Brüssel fühlen, wenn ich wieder durch all die Straßen lief, die mit so vielen Erinnerungen gepflastert waren?

In Kürze würde meine Probezeit bei der Polizei zu Ende gehen. Ebenso mein unbezahlter Urlaub bei der Europäischen Kommission. Formal hätte ich den Urlaub verlängern lassen können, aber das fand ich sowohl der Polizei als auch der Kommission gegenüber nicht ehrlich. Schließlich bat ich die Kommission, nach Ablauf des unbezahlten Urlaubsjahres zurückkehren zu dürfen. Als Präferenz gab ich an, bei einem Untersuchungsdienst für Betrugssachen arbeiten zu wollen. Man wollte tatsächlich eine geeignete Stelle für mich suchen.

Ob ich wirklich bei den Wahlen antreten würde, stand noch nicht fest. Als EU-Beamter war ich jedenfalls wieder näher am Geschehen dran. Edith hatte gerade die Operation hinter sich, und ganz behutsam versuchte sie wieder auf die Beine zu kommen und sich zu erholen. Sie unterstützte mich: «Das ist etwas für dich, Paul. Mach dich für deine Sache stark.»

Auf der Suche nach einer Partei
Ich war etwas zögerlich. Ich war Mitglied der flämischen grünen Partei AGALEV gewesen. Sie hatten mich unterstützt, und ich

unterstützte die Grünen im Wahlkampf 1999 öffentlich. Ich hörte dann von vielen Menschen, dass sie 1999 ausnahmsweise einmal für GrünLinks gestimmt hatten, aus Solidarität mit mir. Aber inzwischen hatte sich viel verändert. Obwohl ich als EU-Beamter mit einigen Parlamentariern und deren Mitarbeitern gut zusammengearbeitet hatte, gab es auch Brüche. Letztlich lief es darauf hinaus, dass meine eigenen Ideen wohl zu keiner Partei oder politischen Gruppierung richtig passten.

GrünLinks steuerte für meinen Geschmack zu sehr einen weichen, scheinbar notwendigen Kompromisskurs. Ich musste mir eingestehen, dass ich für die amtsmäßige Kultur und die Demokratie-im-Quadrat bei GrünLinks zu radikal und kompromisslos war. Gerade noch hatte ich meine Hoffnung auf die links-christliche Gruppierung De Linkerwang gesetzt, die Nachfolgerin der Evangelischen Volkspartei, eine der Gruppen, aus denen GrünLinks hervorgegangen war. Zu meinem Bedauern hatte ich mich noch in meiner Brüsseler Zeit von diesem Club verabschiedet. Meine Kontakte zur grünen Fraktion im Europäischen Parlament beschränkten sich auf den flämischen Abgeordneten Bart Staes. Bei ihm stand der Kampf gegen Missstände weit oben auf der Liste.

Eigentlich würde mir wohl eine radikale christliche und sozialistische Partei entsprechen, aber die gab es nicht. Ich nahm Kontakt mit verschiedenen Parteien auf. Es war eher ein Abtasten, ob es irgendwo Klick machte. Die Herangehensweise und Stellungnahme der Sozialistischen Partei sprachen mich sehr an. Aber auch die SP wollte ernst genommen werden und die bestehende Politik beeinflussen. Ich hatte allerdings nacheinander bei der PvdA (Niederländische Sozialdemokraten) und GrünLinks gesehen, wohin das führte. Diese Parteien waren durchaus in der Lage, im Wahlkampf schöne Prinzipien zu formulieren; aber in der Praxis war man viel zu sehr an die eingefahrenen Interessen gebunden.

Es war nicht nur die Frage nach dem passenden Programm – das wird es nie vollständig geben –, sondern auch eine Frage der Mentalität, der Ehrlichkeit. Wie wurde gehandelt? Wurden gleich Kompromisse geschlossen oder nicht? Die VVD und D66 fielen heraus wegen ihrer liberalen Ideologie, die für mich schlicht das Recht des Stärkeren bedeutete. Bei D66 war das nur etwas netter verpackt als bei der VVD. CDA (Niederländische Christdemokraten) und PvdA hielt ich für große, schwerfällige, bürokratische Kompromissfabriken, die nur auf Machterhalt aus waren.

Meine christliche Einstellung wollte ich nicht verleugnen, denn daher nehme ich meine Inspiration. Die Christenunion also? Das wäre möglich gewesen. Aber die Reaktionen bei der Eurofraktion waren vorläufig noch ziemlich indifferent. Mein großes Vorbild Jesus Christus sehe ich in den Evangelien bei den Armen und Schwachen. Er hatte nichts zu schaffen mit übertriebener Regelhörigkeit und der Macht der bestehenden Ordnung. Eigentlich fand ich die Christenunion zu konservativ, zu wenig aktionsbereit. 1999 hatten sie für mich als Whistleblower erst dann etwas getan, als ihre Wähler sie dazu aufgefordert hatten.

Schließlich kam die SP noch am ehesten in Frage. Auch bei den Themen Euthanasie und Abtreibung sprach mich diese Partei durch die Sorgfalt ihrer Argumentation an.

Erkundungen bei der SP
Anfang 2001 war GrünLinks abgehakt, und ich war Mitglied in der SP geworden. Ich hatte daraufhin wechselnde Kontakte mit einigen europäischen Sozialisten. Wegen Ediths Krankheit bedrängten sie mich nicht. Als ich dann 2003 selbst von meinen radikalen Ideen über ein Großreinemachen in Europa sprach, wurde ich von Jan Marijnissen nach Den Haag eingeladen. Er war noch beschäftigt, so nahm mich Parteisekretär Tiny Kox mit auf die öffentliche Tribüne in der Zweiten Kammer. Die Debatte über die neue Europäische Verfassung war in vollem Gange. Ich schaute nach unten und sah fast nur leere Plätze. Balkenende saß vorne und blätterte einige Papiere durch.

Lousewies van der Laan von D66, in einem adretten Kostüm, ging nach vorn, um das Wort zu ergreifen. Ich kannte sie aus dem Europäischen Parlament, irgendwie ein ziemlich bunter Vogel. Ihre Rede begann sie routiniert und begeistert. Sie war deutlich in ihrem Element und konnte es nicht lassen, die anderen Mitglieder der Zweiten Kammer ihre Brüsseler Erfahrungen spüren zu lassen. Die sollten ruhig merken, dass sie wusste, wovon sie sprach. Die richtige Dosis Idealismus gepaart mit etwas Brüsseler Realismus, zum Schluss die vorbereiteten Fragen an die Adresse der Regierung. Zufrieden kehrte sie an ihren Platz zurück. Ich wartete noch, bis Harrie van Bommel von der SP an der Reihe war, und hörte kurz zu. Dann ging ich weg, das fand ich nun wirklich nicht besonders spannend. Diese Debatten würden Europa nicht verändern, das wusste ich. Meine Stimmung wurde immer streitlustiger, und ich brannte vor Ungeduld.

«Na, was hältst du davon, Paul?» Tiny Kox schaute mich mit einem kleinen Lachen und einem ironischen Zug um den Mund an.

«Wenn wir Europa auf diese Weise verändern müssen, kann das noch eine Weile dauern», sagte ich.

«Ja, das weiß ich, aber das gehört zu dem Zirkus dazu. Die Karten sind ja immerhin schon gemischt. Aber vielleicht kannst du die Bude ja aufrütteln, Paul. Darüber sprechen wir gleich.»

Wir holten Jan Marijnissen ab und gingen zu dritt in ein griechisches Restaurant. Als wir eintraten, merkte ich, dass einige Gäste Jan erkannten oder ihn grüßten.

«Für mich das Übliche», orderte Jan. Er schaute Tiny und mich fragend an. «Rotwein?» Wir nickten gleichzeitig. Ich entspannte mich allmählich.

«Seid ihr öfter hier?» fragte ich Jan.

«Ja, wenn wir mit jemandem etwas zu besprechen haben, gehen wir gern hierhin. Ist eine nette Atmosphäre dafür, nicht wahr?»

Dem konnte ich nur beistimmen. Nachdem Tiny und ich unsere Bestellungen ebenfalls aufgegeben hatten, eröffnete Jan das Gespräch.

«So, Paul, ich hab einige E-Mails von dir gesehen. Ich muss schon sagen: Du weißt, wie man Aufmerksamkeit auf sich zieht.» Er sah mich abwartend an, etwas lachend. «Also, erzähl mal, was du in Europa vorhast. Warum meinst du, ein geeigneter Kandidat für die SP im Europäischen Parlament zu sein?»

Ich schluckte und überlegte, wo ich anfangen sollte.

«Nun, ich habe das Gefühl, dass die SP im Europäischen Parlament nicht ganz so viel erreicht hat. Das habe ich auch in meinen Mails erwähnt.»

Jan nickte. «Das haben wir gelesen, und das hat mich auch angesprochen, sonst säßen wir nicht hier. Aber erklär mir das genauer: Machen wir es in Brüssel nicht richtig?»

Ich schaute Jan an. «Ich weiß, dass euer Mann sich halb kaputt arbeitet. Ich habe mit großen Augen die Übersichten gesehen, in denen Erik berichtet, was er in dieser Woche alles getan hat. Er weiß überall Bescheid, und wenn er es nicht weiß, liest er sich unterwegs in das Thema ein. Er geht von einer Zusammenkunft zur nächsten. Überall reicht er Fragen ein. Kurz, sein Einsatz ist so hoch, da werde ich nie gleichziehen können, und ich will es auch gar nicht.»

Tiny stieß mich kurz an. «Du weißt doch, dass Erik allein für uns dort sitzt. Er muss wirklich alle Themen beherrschen.»

Ich nickte bestätigend.

«Das ist mir bewusst. Aber worauf ich eigentlich hinauswill, ist, dass Erik sich trotz seiner Erfahrung und des guten Willens von dem Brüsseler System hat einwickeln lassen. Er wollte zu viel, und dadurch sind die Ergebnisse nicht deutlich sichtbar.»

Jan sah mich scharf an.

«Meinst du: nicht sichtbar? Oder meinst du, dass es gar keine Ergebnisse gibt?»

Ich machte eine ausweichende Geste.

«Das kann ich nicht beurteilen. Worüber ich etwas sagen kann, ist, dass wir uns auf einige wenige Themen beschränken sollten. Themen, die wichtig sind und die auch die Wähler beschäftigen.»

In Jans Gesicht trat ein Lachen.

«Und diese Themen sind Betrug und Korruption?»

Ich schaute Jan geradeheraus an.

«Das ist nicht alles, aber eigentlich läuft es darauf hinaus, ja. Ich weiß, aus meinem Mund klingt das nicht besonders glaubwürdig, weil es meine Steckenpferde sind. Aber ich glaube wirklich, dass es keinen Sinn hat, sich mit ökonomischen Entwicklungen und dem Beitritt neuer Mitgliedsstaaten zu beschäftigen, wenn das Prozedere an der Basis in Europa korrumpiert ist. Die ganzen Entscheidungen werden dann aufgrund falscher Informationen getroffen.»

Tiny und Jan schauten sich an.

«Paul, wir verstehen, was du meinst. Aber wie unvollkommen

dieses parlamentarische System auch ist, etwas Besseres haben wir nicht, und du wirst damit arbeiten müssen. Wenn du gewählt wirst, wirst du mit diesem System konfrontiert werden. Ich würde gerne von dir hören, wie du es besser machen möchtest. Erik tut sein Bestes, und er hat auch einige Erfolge verbucht. Denk nur mal an seinen Bericht zum öffentlichen Nahverkehr; das hat er erreicht, und es bedeutete harte Arbeit.»

Ich nickte bestätigend, klopfte dann jedoch entschlossen auf den Tisch.

«Aber man muss Prioritäten setzen. Will man durch harte Arbeit und grenzenlosen Einsatz versuchen, ein Prozent der europäischen Politik zu verändern – oder zielen wir in einem genau abgesteckten Bereich auf einen Durchbruch? Ich bin für Letzteres.»

Jan trank einen Schluck Wein.

«An welchen Listenplatz hast du für dich selbst gedacht, Paul? So eine große Partei sind wir nicht, jedenfalls nicht in Europa, wo der Markt klein ist, wie ich von Erik gehört habe.»

Ich beschloss, mit hohem Einsatz zu spielen, und antwortete, indem ich Jan geradewegs in die Augen sah:

«Den ersten Platz.»

Jan schaute mit einem kleinen Lachen zu Tiny und dann wieder zu mir.

«Das ist schon was, Paul, das bedeutet eine große Verantwortung.» Dann fragte er streng: «Wie passt du zur SP? Wie stellst du dir das vor? Kannst du dich in unsere Partei einfügen, die Aufgabenverteilung akzeptieren und, was sehr wichtig ist: Kannst du in der Öffentlichkeit unsere Standpunkte vertreten und nicht nur deine eigenen Themen?»

«Natürlich bin ich kein gewiefter Politiker, und sicherlich kenne ich nicht alle Standpunkte der SP auf allen Gebieten, aber das ist auch nicht nötig ...» begann ich.

Jan unterbrach mich sofort:

«Warum nicht? Wenn du auf dem ersten Platz der Europäischen Liste für die SP stehst, dann musst du das können. Dann bist du nicht in erster Linie Betrugsjäger, dann bist du das Gesicht der SP für die europäischen Wahlen.»

Ich dachte darüber nach und versuchte mir vorzustellen, wie ich im Fernsehen die Programmpunkte der SP verteidigte. Ich musste zugeben, dass Jan Recht hatte. Trotzdem machte ich noch einen Versuch.

«Ich meine, dass so etwas nur wirkt, wenn die SP meine Aktionspunkte sozusagen als Speerspitze in ihr Programm nimmt. Die übrigen Dinge kann doch dann Erik übernehmen?»

Tiny hatte aber Bedenken. «Der erste Platz ist das Gesicht der Partei. Der Spitzenkandidat ist derjenige, der überall angesprochen wird. Erik kennt sich da bestens aus.» Jan führte ergänzend aus:

«Paul, wir meinen, dass die Arbeitsweise von Erik und von dir gut kombiniert werden kann. Und dabei ist es besser, wenn du auf dem zweiten Platz hinter Erik stehst. Er fängt alle Fragen auf und kann den Standpunkt der Partei darlegen bei allen Dingen, die dich nicht interessieren. Du bist ein Spezialist, und auf dem zweiten Platz kannst du dich auch auf dein Spezialgebiet konzentrieren. Das scheint uns wirklich die beste Lösung zu sein.»

Mir war erneut klar, dass sie Recht hatten. Wenn ich auf die Liste der SP kommen sollte, konnte ich besser vom zweiten Platz aus vorgehen.

«Okay, Jan, das ist in Ordnung für mich.»

Jan schaute zufrieden.

«Du weißt natürlich, dass wir die Parteidemokratie respektieren müssen. Tiny und ich können dich für Platz zwei vorschlagen. Ich erwarte nicht, dass es große Diskussionen geben wird. Nur damit du weißt, wie es jetzt weitergeht.»

Das sah ich ein. Wir verabredeten, dass wir uns gegenseitig über eventuelle Veränderungen auf dem Laufenden halten.

Auf dem Weg zum Bahnhof fühlte ich mich glücklich. Würde es endlich gelingen? Mein Tag war gerettet. Ich rief schnell zu Hause bei Edith an und erzählte ihr, dass das Gespräch gut verlaufen sei.

«Das freut mich, Paul. Ich gönne dir das so.» Ihre Stimme klang matt, aber doch froh. Ich dachte an ihre Gesundheit und sagte schnell:

«Aber es ist noch nichts beschlossen. Wir beide müssen das auch erst ausführlich besprechen. Wir müssen einer Meinung sein, dass die Entscheidung richtig ist.»

Nachdem ich mein Handy wieder eingesteckt hatte, ging ich mit einer Mischung aus Aufregung und Schuldgefühlen weiter.

Politik oder Aktion?
Einige Zeit später zog ich meine Kandidatur für die SP jedoch zurück. Edith und ich hatten die Nachricht erhalten, dass der Tumor wieder wuchs und Bestrahlungen nötig seien. Unter diesen unsicheren Umständen wollte ich lieber nicht in den Wahlkampf ziehen. Ich schrieb in meiner Begründung auch, dass ich mit der Einkommensabzugsregelung der SP Probleme habe. Das sozialistische Gedankengut hatte für mich nicht den hohen Stellenwert, dass ich deswegen verpflichtend etwas von meinem Gehalt abziehen lassen wollte. Ich schloss mit der Mitteilung, dass ich nicht nur auf eine Kandidatur bei der SP verzichte, sondern auch bei einer anderen Partei, die sich diesbezüglich an mich wenden wollte. Ich hatte nämlich erste vorsichtige Gespräche mit der Christenunion geführt. Auch diese Gespräche hatte ich beendet. Obwohl ich es nicht aussprach, hatte ich sowohl bei der SP als auch bei der Christenunion das Gefühl, dass ich für die große Operation, die in Europa notwendig war, keine freie Hand haben würde.

Etwas später hörte ich, dass der Fraktionsassistent der SP beim Europäischen Parlament, Ries Baeten, entlassen werden sollte. Ries hatte immer ein offenes Ohr für Beamte, die Kopf und Kragen riskierten, indem sie Unregelmäßigkeiten ans Licht brachten. Daher beschloss ich, mit einigen anderen bekannten EU-Whistleblowern einen Brief an die SP zu schreiben, in der Hoffnung, Ries in der Partei zu halten. Dougal Watt (Rechnungshof), Marta Andreasen (Kommission), Robert McCoy* (Ausschuss der Regionen), Michel Sautelet (Kommission) und ich schrieben, dass Ries als einer der wenigen im Parlament uns wirklich geholfen habe, indem er Informationen an uns weitergab und Kontakt zu anderen Interessierten herstellte. Immer war Ries für uns da gewesen, parteipolitische Relevanz war für ihn weniger wichtig. Das hielten wir für ein großes Verdienst, denn der Umgang mit Whistleblowern war nicht immer besonders angenehm oder vorteilhaft. Als Beispiel erwähnten wir einen Rundbrief, den Ries über die Whistleblower geschrieben hatte. Dadurch hatte er versucht, Aufmerksamkeit für unser Schicksal zu gewinnen. Manche nahmen ihm den nicht-parteipolitischen Charakter dieser Veröffentlichung übel.

Wir bemühten uns, der SP klarzumachen, dass Whistleblower sich nicht vor einen politischen Karren spannen lassen wollen und deshalb die Initiative von Ries so sehr wertgeschätzt werde. Innerhalb der SP-Delegation war Ries der Einzige, der selbst aktiv in die Auseinandersetzung um Betrugsfälle eingriff.

Den Reaktionen von Tiny und Erik per E-Mail und am Telefon entnahm ich jedoch, dass die SP nicht mehr willens war, Ries weiterhin zu beschäftigen. Es wurde ihm allerdings jede Möglichkeit offen gehalten, sich irgendwo anders im Parlament ein Arbeitsfeld zu suchen. Er stand nicht unmittelbar auf der Straße.

Glücklicherweise fand Ries einige Monate später eine Anstellung als Assistent von Jan D'haene, dem Europaabgeordneten der Flämischen Sozialistischen Partei. Ich war jedenfalls sehr froh, dass Ries dadurch der europäischen Szene erhalten blieb.

Meine Mitgliedschaft in der SP kündigte ich. Damit war mein Gang durch die bestehenden politischen Parteien an ein Ende gekommen. Etwas war deutlich geworden: Wenn ich je noch etwas durch die Politik erreichen wollte, dann nicht dadurch, dass ich Parteifunktionär wurde, sondern dadurch, dass ich weiterhin Aktionen anführte. Keine der vorhandenen Listen bot hierzu die Möglichkeit. Nur eine unabhängige Liste, die den organisierten Kampf gegen Betrug, Korruption und Filz ohne Bindung an parteipolitische Dogmen zum Ziel hatte, wäre für mich geeignet. Obwohl das ein ganz anderes Gebiet war, hatte das Beispiel von Pim Fortuyn mich schon länger zum Nachdenken gebracht. Aber durch Ediths Krankheit schien dieser Traum in weite Ferne gerückt ...

12

Zurück zur Kommission

Im Mai 2003 hatte ich der Europäischen Kommission geschrieben, dass ich gerne wieder zurückkehren und bei der Kommission arbeiten wolle. Bei vielen EU-Beamten war die Rückkehr nach unbezahltem Urlaub lediglich eine Formalität, aber bei mir schien das eine harte Nuss zu werden. Über Umwege hörte ich, dass niemand in der Kommission bereit war, mir eine Stelle anzubieten, sogar dann nicht, wenn man einen weiteren Posten dazubekommen würde. Erst als der flämische Europarlamentarier Bart Staes in der Haushaltskontrollkommission Kommissar Kinnock direkt fragte, wie es denn mit meiner Position aussehe, tat er, als ob meine Rückkehr die selbstverständlichste Sache der Welt sei.

«Zufällig» erhielt ich einen Tag später einen Anruf von der Personalabteilung, ob ich einmal in Brüssel vorsprechen wolle, man habe eine Stelle für mich. Es stellte sich heraus, dass es nicht die Arbeit bei einer Kontrollbehörde war, um die ich gebeten hatte. Am 16. September 2003 trat ich meine Stelle als Assistent in der Personalabteilung für die Agenturen der Europäischen Kommission an. Das Wichtigste war, wieder in Brüssel zu sein – und wie sich zeigen sollte, näher am Zentrum des Geschehens als je zuvor.

Lose Enden
Fast ein Jahr nach unserem ersten Kontakt rief ich Piet Hendrickx noch einmal an. Seine persönlichen Daten hatte ich leider nicht mehr, und ich musste mich erst nach seiner Telefonnummer erkundigen. Er war angenehm überrascht, noch einmal etwas von mir zu hören, und redete ununterbrochen.

Hendrickx hatte inzwischen doch mit anderen über den betreffenden Betrugsfall gesprochen, sogar mit einigen Politikern. Es war ihm zugesagt worden, dass entsprechende parlamentarische Anfragen gestellt würden, aber so weit war es noch nicht.

Andere Menschen, die er darauf angesprochen hatte, trauten sich nicht an die Öffentlichkeit. Missbrauch von Subventionen schien ein weit verbreitetes Übel zu sein, und Hendrickx hatte inzwischen weiteres Datenmaterial, auch über andere vergleichbare Fälle. Er sagte, er wolle das alles nicht auf sich beruhen lassen und er habe sich gegen die Risiken, die ich ihm ein Jahr zuvor vor Augen geführt hatte, gewappnet. Er versprach, mir eine erste Ausführung per E-Mail zuzuschicken.

Ich telefonierte auch mit Hans-Martin Tillack, der froh darüber war, mich wieder in Brüssel zu wissen. Ich erzählte ihm, wie begeistert ich von seinem im Vorjahr erschienenen Buch sei, aber dass ich auch noch einige Fragen hatte über das zugrunde liegende Beweismaterial. Wir vereinbarten, dass ich ihm meine Rückfragen mailte. Er wollte dann nachsehen, inwieweit er mir mit Beweismaterial entgegenkommen könne.

Einige Zeit später besuchte er mich, und wir lachten herzhaft darüber, dass er sich bei der Kommission einfach als Besucher für mich anmeldete. Die meisten Kommissionsbeamten würden eher sterben, als zuzugeben, mit einem Journalisten in Kontakt zu stehen. Ich hatte allerdings inzwischen gelernt, dass Journalisten nicht nur gute Fragen stellen, sondern auch gute Informanten sind. Was die Europäische Kommission über meine persönlichen Kontakte dachte, kümmerte mich inzwischen weniger. Es wurde Zeit, sich bewusst zu werden, dass Beamte auch Bürgerrechte haben.

Der Betrug bei Eurostat weitet sich aus
Am 10. Juli 2003 erschien in den meisten europäischen Zeitungen der Bericht über das Eingreifen der Europäischen Kommission bei Eurostat. Zum ersten Mal kam die Kommission groß heraus, da sie überraschend Eurostat-Dossiers beschlagnahmte und die Verfolgung einiger Eurostat-Beamter einleitete. In den Zeitungsartikeln wurde lang und breit die schnelle Reaktion der Kommission ausgewalzt, nachdem sie erst unlängst über den

Umfang der Betrugsfälle bei Eurostat informiert worden war. Ich wusste indessen, dass dieser Betrug schon lange bekannt war. Zudem waren die Eurostat-Direktoren keineswegs entlassen, sondern auf eigenes Ersuchen versetzt worden, wie es so schön heißt. Sie bezogen immer noch ihr volles Gehalt und hatten Zugang zu sämtlichen Kommissionsgebäuden. Auch war die Aktion der Kommission gar nicht so plötzlich gekommen, wie es den Anschein hatte. Eurostat-Beamte beklagten sich schon seit Monaten, dass Dossiers immer noch mitgenommen werden konnten. Auch nach der Versetzung der betroffenen Direktoren konnten diese erwiesenermaßen noch an die Dossiers herankommen.

Später hatte der Fall Eurostat noch weitere Konsequenzen. In diesem Zusammenhang drangen auch die ersten Gerüchte über eine Betrugssache beim offiziellen Amt für Veröffentlichungen der EU (OPOCE) nach außen.

Schließlich erschien ein Bericht der internen Rechnungsprüfung, der für Eurostat vernichtend ausfiel. Die Behörde von Jules Muis berichtete, Stichproben hätten ergeben, dass ein erheblicher Prozentsatz der finanziellen Transaktionen innerhalb von Eurostat nicht gemäß den Regeln vorgenommen worden sei. Dieser Bericht ging der Sache allerdings nicht auf den Grund, und das konnte er auch nicht. Jules Muis selbst konstatierte, man müsse eine andere Kontrolltechnik, nämlich die der forensischen Rechnungsprüfung anwenden, wenn man die möglichen Betrugsfälle gründlich nachvollziehen wolle. Zu meinem großen Erstaunen griff diese Sache niemand wirklich auf, und der Fall Eurostat schien im Sande zu verlaufen.

Spektakulärer Getreidebetrug?
Nachdem die Polizei zusammen mit OLAF unter viel Aufhebens in drei Ländern und den Kommissionsgebäuden Razzien durchgeführt hatte, kam eine Betrugsaffäre aus der Landwirtschaft in die Nachrichten. In den Niederlanden wurde schließlich ein einziger Mann festgenommen: Dirk B., ein Beamter aus der mittleren Amtsstufe. Er soll der führende Kopf eines großen und jahrelang andauernden Betrugs im Bereich illegaler Preisinformationen im Getreidehandel sein.

Die europäische Presse schien diese Geschichte kritiklos zu übernehmen. Warum stellte keiner öffentlich Fragen? Beim Getreidehandel kenne ich mich nicht weiter aus; aber dass ein kleiner Beamter über Jahre hinweg der Kopf einer großen Betrugsaffäre mit illegalen Preisinformationen sein solle, wollte mir nicht einleuchten. Sowohl innerhalb des Kommissionsapparats als auch bei den dominanten Marktkonkurrenten würde doch sehr schnell deutlich werden, woher der Wind weht.

Ich zog Erkundigungen bei Dirks Kollegen ein und sprach auch mit einem Untersuchungsbeamten, der die Angelegenheit kannte. Meine Vermutung, dass an der Sache etwas faul war, nahm zu, und ich beschloss, mit Dirk selbst Kontakt aufzunehmen. Er saß in einem Brüsseler Gefängnis. Ich schrieb einen neutralen Brief, und seine Antwort ließ nicht lange auf sich warten. Dirk schrieb mir, er dürfe über die Untersuchung nichts sagen. Aber zwischen den Zeilen las ich, dass er meine Sichtweise durchaus teilte. Zuletzt ging ich mit einem Kollegen vom Ressort Landwirtschaft zu Dirks Frau, um zu sehen, wie sie die Sache darstellt. Es stellte sich heraus, dass alle Bankkonten gesperrt und viele Dinge vom belgischen Gericht beschlagnahmt worden waren. Dirks Frau musste sich bei Freunden Geld leihen, um ihre Rechnungen bezahlen zu können. Entrüstet beschloss ich, einen Brief an Herrn Reichenbach, den Leiter Personalangelegenheiten, zu schreiben.

Ich schrieb ihm, dass ich mit verschiedenen Insidern gesprochen hätte und dass diese Angelegenheit bereits seit Jahren im Blickfeld gewesen sei. Die unter großem Trara durchgeführte aktuelle Razzia schiene mir eher auf politischen Motiven zu beruhen als auf der Notwendigkeit, die Untersuchung plötzlich aufzunehmen. Ich schrieb auch, wie absurd es mir vorkomme, dass ein Beamter im Rang von Dirk B. die ihm angedichtete Rolle über Jahre gespielt haben soll, ohne dass seine Vorgesetzten etwas davon gewusst haben. Zudem war es durchaus üblich, dass sich Kommissionsbeamte und der Marktsektor über die Preise austauschten. Ich schlussfolgerte, es sei inakzeptabel, wenn dieser Fall mit Dirk B. als Sündenbock beendet würde. Ich bat Reichenbach, das Disziplinaramt möge überprüfen, inwieweit die durchgeführten Untersuchungen wirklich korrekt verliefen.

New EU Scandal Erupts Over Data On Grain Prices

By Philip Shishkin

BRUSSELS—The European Union's executive arm is embroiled in another scandal, this one involving allegations that an EU official leaked secret agricultural-price data to selected companies.

Coming on the heels of recent charges of financial mismanagement at the EU's statistics agency, the insider-dealing allegations threaten to further tarnish the European Commission's image and raise questions about its internal checks against fraud.

An international investigation spearheaded by Belgian authorities and the EU's own antifraud watchdog led to a series of raids Wednesday on the commission's agriculture department in Brussels and on offices of undisclosed companies in France and the Netherlands.

Belgian investigators seized computer files and other information and detained a low-level commission official of Dutch nationality and another individual on suspicion of corruption, violation of professional secrecy and belonging to a criminal association. No formal charges were brought, and the investigation was continuing, officials said. Belgian prosecutors refused to release the identities of the two detainees or their lawyers, and they couldn't be located for comment. As part of the same probe, French authorities detained six people during the raids.

At the heart of the alleged conspiracy is the European Commission agriculture official, who investigators said has been under investigation since 2001. "This official is strongly suspected of having transmitted confidential information of high economic and strategic value to the cereals sector," the Belgian prosecutor's office said Thursday. The 15-nation EU tightly regulates its farming sector, setting prices for some agricultural commodities and protecting its farmers with subsidies. The agriculture department meets regularly to set price levels for certain types of grains and solicits bids from commercial companies involved in the cereals business.

The exact mechanism of the alleged conspiracy remains unclear, but the sensitive pricing data could prove lucrative if released to selected companies ahead of a formal announcement. "The information available at this stage points toward a case in which an official is said to have accepted bribes in return for passing on commercially interesting information to external companies," said Reijo Kemppinen, a commission spokesman. EU officials said Thursday they hadn't been apprised of the exact nature of the alleged insider-dealing scheme.

Officials said the probe began in 2001, when Belgian authorities asked EU officials to remove the commission's customary immunity from prosecution for the employee who was detained Wednesday. The commission obliged, but refrained from internal action, in part because Belgian investigators specifically asked the commission to keep quiet.

"There's a difference between being informed and being able to do something," said Eric Mamer, another commission spokesman. "Our hands were completely tied." It was only this week, when enforcement action was imminent, that the commission decided to move the official in question and a higher-level colleague—who isn't accused of any crime—to different jobs at the department as a precautionary measure.

The alleged insider-dealing affair comes at a sensitive time for the commission, which is still smarting from accusations of mismanagement and missing funds at Eurostat, its statistics department. Commission President Romano Prodi described the revelations of financial mismanagement at the agency as "shattering" and pledged "zero tolerance" for fraud. The investigation into the Eurostat allegations continues. In 1999, previous commission leaders were forced to resign en masse following unrelated accusations of mismanagement and cronyism involving improper awarding of contracts.

Nederlander spil in graanfraude EU

Van onze correspondent
Bart Dirks
BRUSSEL

Een Nederlandse ambtenaar van de Europese Commissie staat centraal in de miljoenenfraude rond graanprijzen. Internationale graanfirma's hoorden op voorhand de officiële richtprijzen die Brussel voor graan ging vastleggen. De ambtenaar is opgepakt.

De Nederlander en een eveneens aangehouden tweede verdachte worden beschuldigd van passieve corruptie, schending van beroepsgeheim en bendevorming. De zaak werd al sinds 2001 gevolgd door het Europese fraudebureau Olaf. In Frankrijk zijn nog eens zes verdachten gearresteerd.

Waarschijnlijk lekten de acht informatie uit het zogeheten beheerscomité waarin de lidstaten en de Europese Commissie zetelen. Dit orgaan stelt elke donderdag de hoogte vast van prijzen, heffingen en restituties voor graan.

Maar vóór die aankondigingen werden systematisch enkele graanbedrijven getipt. Het gaat om firma's in Rotterdam en Parijs, waar woensdag huiszoekingen zijn gedaan. Zij konden geld verdienen of uitsparen door eerder of juist later partijen graan aan te bieden. Ook bij het directoraat-generaal Landbouw van de Europese Commissie in Brussel gebeurde een inval.

Brussel hanteert wekelijks vastgestelde prijzen, heffingen en restituties voor graan en een aantal andere landbouwproducten. De Europese Commissie koopt landbouwoverschotten op en betaalt restituties om geëxporteerd graan op de wereldmarkt goedkoper te maken.

Omgekeerd zijn er heffingen op de invoer, als Europese boeren dreigen te worden weggeconcurreerd. Ook bepaalt het Brusselse 'beheerscomité' interventieprijzen: als graanboeren overschotten hebben, worden deze opgekocht tegen een gegarandeerde prijs.

Het Comité van Graanhandelaren in Rotterdam vindt het vreemd dat het gaat om voorkennis. De subsidies worden gebaseerd op het verschil tussen de prijs op de Europese en de wereldmarkt. Die afwijkingen zijn algemeen bekend. Nederland heeft ongeveer zestig graanhandelaren, naast zes internationale bedrijven met vestigingen in Nederland.

Zweifelhafte Prognosen
Ende des Jahres 2003 erhielt ich eine seltsame E-Mail von einem Kollegen aus der Europäischen Kommission. In dieser Mail standen schwere Anschuldigungen hinsichtlich des ökonomischen Prognose-Modells der Europäischen Kommission für ihre Mitgliedsstaaten. Diese Prognosen sind wichtig für die Unterstützung des EURO als europäischer Währung; und die Ergebnisse dieser Prognosen werden bei der Bestimmung von Bußgeldern für Defizite in den Mitgliedsstaaten benötigt.

Dem Schreiber zufolge sind die Prognose-Ergebnisse pro Mitgliedsstaat nicht korrekt und untereinander nicht vergleichbar. Die Europäische Kommission lasse den Mitgliedsstaaten auch viel zu viel Freiheit, wie sie die Daten sammeln und die Prognose durchführen. Eine Rechnungsprüfung des Prognose-Systems sei dringend geboten.

Ich wusste nicht recht, wie ich das einordnen sollte. Aber wenn von den Klagen auch nur die Hälfte stimmte, dann steht die gesamte Diskussion um die Haushaltssituation in den Mitgliedsstaaten auf wackeligen Beinen. Immerhin würde diese Diskussion dann aufgrund falscher und manipulierter Zahlen geführt werden. Ich schrieb sofort an die interne Rechnungsprüfung und fragte, ob sie dem nachgehen wollten.

Schnell kam die Antwort zurück, dass solche Kontrollen erst ab 2005 eingeplant seien und es nicht sicher sei, dass dieser Teilaspekt darunter falle. Mir wurde geraten, mich direkt an die amtliche Topetage zu wenden, die für die ökonomische Prognose verantwortlich ist. Mit einigem Widerwillen tat ich das, denn dadurch stieg das Risiko, möglicherweise die Identität meiner Quelle aufzudecken.

Ein paar Wochen später erhielt ich eine bürokratische Nachricht, die alle Anschuldigungen entweder bestritt oder umging. Ich hatte aber keine Zeit, dem weiter nachzugehen. Das war auch überhaupt nicht meine Aufgabe. Aber dieser Vorfall hinterließ bei mir einen äußerst dubiosen Nachgeschmack!

Rehabilitierungsversuch
Am 19. November schickte ich, nachdem ich mich mit vielen Kollegen beraten hatte, einen Brief an Neil Kinnock mit der Bitte um meine Rehabilitierung. In diesem Brief zählte ich einerseits meine Beiträge zu den Reformen der Kommission und der Betrugsbekämpfung auf, und andererseits machte ich deutlich, wie mich die Kommission behandelt hatte. Ich beantragte daher die Zurücknahme der Disziplinarmaßnahme, die 1999 gegen mich verhängt worden war, die Versetzung zu einer Untersuchungsbehörde und die öffentliche Bekanntgabe meiner Rehabilitierung.

Diese Bitte war für mich ein wichtiger Test. Erstens konnte ich daraus ableiten, ob es die Kommission mit ihren Reformen ernst meint, und zweitens würde ihre Antwort deutlich zeigen, ob für mich innerhalb der Kommission noch ernsthaft eine Zukunft möglich war.

Zunächst passierte mit diesem Antrag gar nichts. In den Fluren hörte ich jedoch, dass man erwog, mein Ersuchen weitgehend abzulehnen. Anfang 2004, fast vier Monate nach meinem erneuten Dienstantritt, kamen allerdings wieder viele Briefe an meine Adresse, die Bezug nahmen auf verschiedene Betrugsaffären, die in meinen Augen nicht korrekt behandelt wurden. Nach Rücksprache mit Edith beschloss ich, der Kommission mitzuteilen, dass ich überlegte, für die Europawahlen 2004 zu kandidieren, und dass ich in diesem Rahmen auch ein zweites Buch schreiben würde. Ich erläuterte, dass meine Entscheidung, mich zur Wahl zu stellen, auch mit von dem Kommissionsbeschluss hinsichtlich meiner Rehabilitierung abhänge. Nur eine deutliche und ernst zu nehmende Rehabilitierung würde mich noch bei der Kommission halten können.

Daraufhin haben verschiedene Gespräche zwischen mir und Vertretern der Kommission stattgefunden. Gregori begleitete mich dabei. Es wurde vereinbart, den Inhalt dieser Gespräche nicht in dieses Buch aufzunehmen. Aber im Ergebnis führten sie dazu, dass ich nun bei den Europawahlen 2004 kandidiere.

Edith hatte inzwischen die Bestrahlungen hinter sich, und der Tumor schien stabilisiert. Sie hatte einen hohen Tribut gezahlt. Aber sie war sehr entschieden:

«Paul, dein Platz ist im Europäischen Parlament. Wir haben nichts davon, wenn du wegen meiner Krankheit alle deine Ziele aufgibst.»

An Edith wird es jedenfalls nicht liegen. Sie hat immer alles gegeben!

13

OLAF: Das schwarze Loch

Das Antibetrugsamt OLAF hatte mich nach Erhalt meines Berichts noch einige Male befragt, sowohl in Gesprächen als auch schriftlich. In der guten Absicht, den mit der Untersuchung Beauftragten weiter auf den richtigen Weg zu helfen, gab ich auch eine Anzahl meiner Quellen namentlich preis.

Anfang des Jahres 2002 kam mir dann über ein Parlamentsmitglied die OLAF-Analyse meines Schriftstücks unter die Augen. Diese Analyse bestätigte nur einen Teil meiner Anschuldigungen. Zu oft schlussfolgerte man, dass aufgrund meiner Hinweise keine Untersuchung veranlasst werden müsse, da die Angaben nicht konkret genug seien. Anscheinend vergaß man bei OLAF der Einfachheit halber, dass es mir explizit verboten war, selbst Beweise zu sammeln; ich durfte ausschließlich die in meinem Besitz befindlichen Hinweise einreichen. Es handelte sich vor allem um Empfehlungen des juristischen Flügels von OLAF, während es der Untersuchungsabteilung von OLAF freistand, einen eigenen Kurs einzuschlagen und die Dinge dennoch zu untersuchen.

Bericht der Disziplinarabteilung

Anfang Mai 2003, kurz bevor ich beschloss, zur Kommission zurückzukehren, wurde ich vom Disziplinaramt (IDOC) aufgefordert, die Untersuchungsergebnisse infolge meines großen Berichts aus dem Jahr 2001 einzusehen. Es war die letzte Gelegenheit, meinen Kommentar zu dem Dossier über das Programm Leonardo da Vinci abzugeben. Darauf nahm ja der größte Teil meiner Beschuldigungen Bezug.

Ein ehemaliger Kollege hatte die Untersuchungsergebnisse

bereits eingesehen und mich angerufen; er riet mir dringend, das zu lesen – es werde mir gut tun. So war ich am 6. Mai 2003 schon früh am Morgen um sieben Uhr bei der Lektüre. Um halb zwölf wollte ich wieder weg, um rechtzeitig bei Edith im Krankenhaus zu sein.

Der Bericht war gut! Viele Dinge wurden bestätigt: Es waren nicht alles nur kleine Betrügereien in einem externen Assistenzbüro gewesen. Tatsächlich wurden Entscheidungsprozesse und Geldströme bei wesentlichen Teilen des Subventionsprogramms manipuliert, ebenso waren hochrangige Mitarbeiter innerhalb der Kommission beteiligt, sowohl auf politischer wie auf behördlicher Ebene.

Beinahe traute ich meinen Augen nicht. Ein großer Abschnitt war sogar mir gewidmet. Meine Rolle wurde objektiv und sachlich beschrieben, ohne subjektive Urteile. Das bedeutete für mich die Legitimation, die ich brauchte. Ob der nächste Schritt, die Konsequenzen aus diesen Schlussfolgerungen zu ziehen, noch getan werden würde, war für mich in diesem Moment nicht so wichtig. Mit diesem internen und vertraulichen Bericht von zweihundert Seiten lag der Beweis vor, dass mein jahrelanger Kampf nicht umsonst gewesen war. Ich hatte Recht bekommen. Wenigstens das Disziplinaramt leistete gute Arbeit. Aber der entsprechende Bericht über das Programm Leonardo da Vinci wird jetzt, im März 2004, noch immer beraten.

Große Bedenken bezüglich OLAF

Im Gegensatz zum Disziplinaramt, das bei internen Affären tat, was in seiner Macht stand, hatte ich von OLAF durchweg einen weniger guten Eindruck gewonnen. Dies ließ ich auch nach außen durchblicken, als ich Besuch vom Vizevorsitzenden einer Untersuchungskommission des französischen Parlaments bekam. Zu meinem großen Erstaunen legte dieser französische Parlamentarier Wert auf meine Meinung zur Arbeit von OLAF. Meine Bedenken hinsichtlich der Funktionstüchtigkeit dieses Amts stellte ich für ihn noch einmal Punkt für Punkt zusammen.

1. Es werden keine Informationen zur Bestätigung, dass die Dinge wirklich behandelt werden, an diejenigen versandt,

die Hinweise über Unregelmäßigkeiten bei OLAF einreichen; obwohl sie dies oft unter persönlichem Risiko für ihre Karriere tun. Es kommt nur eine Empfangsbestätigung, und danach bleibt ein schwarzes Loch.
2. OLAF gibt auch sonst kein Feedback an Whistleblower. So musste ich vergebens auf eine Antwort von OLAF über meinen am 31. August 2001 eingereichten Bericht warten. IDOC hingegen hat reagiert.
3. Es gibt keine ausreichende Kontrolle der Aktivitäten von OLAF. Das Aufsichtskomitee (Le Comité de surveillance) kann dies nicht übernehmen und ist in Wahrheit nur ein Behelf.
4. Die Unabhängigkeit von OLAF und der Europäischen Kommission besteht nur auf dem Papier. In Wirklichkeit hängt OLAF in hohem Maße von der Kommission ab, man denke an Mittel und Funktion, wie etwa das Gebäude, die Einrichtung, das elektronische Netzwerk, die Personalverwaltung, die Bereitstellung des Haushalts usw. In der Praxis bedeutet das, dass die Kommission noch immer Einfluss auf die Arbeitsweise von OLAF hat. Auch hier bietet das Aufsichtskomitee keinen Ausweg.
5. In der Tat gibt es nur eine Möglichkeit, so gegensätzliche Probleme wie die unzureichende Unabhängigkeit einerseits und die unzureichende demokratische Kontrolle und Legitimierung andererseits zu lösen: die Einrichtung eines Europäischen Öffentlichen Ministeriums (Procureur Européenne), das die Unabhängigkeit von und die Aufsicht über OLAF garantieren kann. Nur so erreicht man die nötige Trennung von Politik und Recht, die jedem Rechtsstaat zugrunde liegt. Eine neue (halbherzige) Lösung wie die Erfindung einer neuen inter-institutionellen Einrichtung muss abgewiesen werden, weil damit der Unabhängigkeit nicht gedient ist.
6. OLAF erstellt bisher keine Berichte für die internen disziplinarrechtlichen Verfahren der Kommission. Leider muss konstatiert werden, dass IDOC, die Abteilung für administrative und disziplinarrechtliche Untersuchungen innerhalb der GD ADMIN, bessere Ergebnisse erzielt. OLAF scheint noch immer hinsichtlich interner Untersuchungen inner-

halb der EU-Institutionen zu wenig Prioritäten setzen zu wollen. Man denke unter anderem an den lang andauernden, aber minimalen Einsatz (zwei Personen in Teilzeitarbeit) von OLAF beim Eurostat-Dossier.
7. OLAF scheint einige Aktivitäten künstlich hochzuspielen, vielleicht aus politischen Gründen. Das verdeutlicht unter anderem der Lärm um die wenigen Dinge, die immerhin so etwas wie ein Ergebnis brachten – etwa die Aktion im Oktober letzten Jahres, als mit mehr als hundert Mann eine Razzia in dem oben genannten Fall von Getreidebetrug durchgeführt wurde. Diese Sache war erwiesenermaßen seit Jahren bekannt und führte zur vorläufigen Festnahme eines niedrigen Beamten, der zwei Monate in Untersuchungshaft saß.
8. OLAF hat viele ältere Untersuchungen der Vorgängerbehörde UCLAF abgelegt, ohne sie zunächst ausreichend zu begutachten. In den Fällen, wo das Untersuchungsverfahren wieder eröffnet wurde, war oftmals die Dokumentation nicht vollständig, und es musste erneut bei den Quellen nachgefragt werden. Das war unter anderem bei der Eurostat-Untersuchung der Fall.
9. In der jüngsten Vergangenheit wurden Beamte von der Kommission zu OLAF versetzt, die nur über unzureichende Untersuchungserfahrungen verfügen. Sogar «Sozialfälle» sind auf diese Weise bei OLAF gelandet.
10. OLAF besteht vornehmlich aus Juristen und Leuten, die früher bei der Polizei waren. Es besteht bei OLAF intern ein chronischer Mangel an Kenntnissen in Buchprüfung. Nicht nur Wirtschaftsprüfer, auch forensische Buchprüfer und EDP-Revisoren müssten eingestellt werden.

Bericht von OLAF

Dass diese Bedenken nicht aus der Luft gegriffen waren, wurde dann nur allzu rasch deutlich. Am 6. Februar 2004 erhielt ich einen Bericht von OLAF. Es war eine Reaktion auf meinen letzten Brief an Frau Schreyer über das ESF-Dossier und meine Klagen über Neil Kinnocks Haltung im Fall Warren Garrett. OLAF lud mich ein, die Ergebnisse der Untersuchung in diesem

Fall zur Kenntnis zu nehmen. Auch sollten die anderen Themen aus meinem dicken Bericht zur Sprache kommen. Sie baten mich außerdem um ergänzende Angaben zur ESF-Untersuchung. Es schien, als ob ich nach zweieinhalb Jahren von OLAF endlich ein Feedback auf meinen Bericht erhalten sollte. Am 16. Februar, einem Montagmittag, ging ich zu OLAF. Ich fragte, ob Gregori mitkommen dürfe, aber das gestattete man nur für den Teil des Gesprächs, der vom ESF-Dossier handeln würde.

Das Feedback auf meinen Bericht sollte ich alleine bekommen. Um des lieben Friedens willen stimmte ich zu.

Gregori wartete schon vor dem Gebäude von OLAF auf mich. Als wir hineingingen, mussten wir unsere Dienstausweise abgeben. Ich machte einen Scherz darüber, erhielt darauf aber die Antwort, dass bei OLAF eben alles supergeheim sei. Ich sah Gregori an.

«Sollten die etwa auch supereffizient sein?»

Wir mussten beide laut lachen, denn die Antwort war uns beiden ja klar.

Etwas später holte uns die Sekretärin ab. Wir wurden durch die Sicherheitstüren zum Lift begleitet. Gregori zuckte mit den Schultern. «Es ist mal wieder so weit, Paul.»

Etwas später wurden wir vom spanischen Amtsleiter Jorge Gimenez-Gimenez und der portugiesischen Amtsleiterin der Untersuchungen zu Strukturfonds, Maria Salao, empfangen. Zu meinem großen Erstaunen schlug Gimenez-Gimenez vor, mit dem Feedback auf meinen Bericht zu beginnen, und er fragte Gregori, ob er bereit sei, kurz draußen zu warten. Es werde nicht lange dauern. Ich protestierte.

«Es ist doch viel praktischer, wenn wir zunächst den gemeinsamen Teil abhandeln», sagte ich zu Gimenez-Gimenez. Auch Gregori bat darum, die Reihenfolge umzudrehen. Gimenez-Gimenez erklärte Gregori:

«Nach Ablauf des Gesprächs möchte ich Sie gerne noch mit einem Landsmann von Ihnen bekannt machen. Hier arbeitet ein ausgezeichneter griechischer Verwaltungsbeamter, und ich bestehe darauf, dass Sie einander kurz treffen.»

Gregori lächelte freundlich und schlug vor, dennoch mit dem gemeinsamen Teil zu beginnen. Wir setzten uns zu viert um den

Tisch, und Gimenez-Gimenez begann sofort mit seiner Rede, gespickt mit allen Förmlichkeiten und Höflichkeiten, die man sich nur vorstellen kann. Endlich fiel mir eine Erklärung für das Ganze ein: Gregori arbeitete im Kabinett eines Kommissars und wurde daher offenbar als wichtige Person betrachtet. In meinen Augen sollte OLAF eigentlich über solchen Betrachtungsweisen stehen. Für mich war das wieder ein Indiz dafür, dass OLAF ganz und gar nicht unabhängig ist.

Das ESF-Dossier
Nach zwanzig Minuten durfte ich endlich zur Sache kommen. «Der Grund, warum ich gerne über dieses ESF-Dossier sprechen möchte, ist, dass ich bestimmte Hinweise habe, dass dieser Fall unzureichend untersucht wird. Ich meine insbesondere den Briefwechsel mit Kommissar Kinnock.»

Gimenez-Gimenez machte eine beschwörende Handbewegung.

«Herr Van Buitenen, Sie können versichert sein, dass wir das gründlich untersucht haben.»

Ich sah ihn an. «Sie schon, ja, das habe ich der Analyse entnommen, die an die Presse durchgesickert ist.» Dann schaute ich zu Frau Salao. «Aber hat Ihr Untersucher-Team die Dokumente ebenfalls gesehen?»

Bevor Salao antworten konnte, ging Gimenez-Gimenez dazwischen.

«Herr Van Buitenen, ich weise diese Beleidigung entschieden zurück. Wir sind hier ein Team. Die Unterscheidung, die Sie zwischen dem Magistrat und den Untersuchern herstellen, gibt es nicht. Wir arbeiten aufs Engste zusammen, nicht wahr, Frau Salao?»

Salao schaute kurz von einem zum andern und bestätigte das dann.

«Ja, natürlich. Ich kenne nicht alle Dokumente des Dossiers, aber wir hatten die Gelegenheit, alles einzusehen. Herr Van Buitenen, Sie müssen wissen, dass wir eine gründliche Untersuchung vorgenommen haben. Insgesamt mussten acht Londoner Teilgemeinden Rückzahlungen an die Kommission leisten, nicht nur Camden. Außerdem haben wir in der Vergangenheit versucht, die englischen Behörden davon zu überzeugen, dass eine strafrechtliche Untersuchung stattfinden müsse. Frau Gradin hat den Briten sogar geschrieben, man solle auch Warren Garrett entschädigen, den Whistleblower in dieser Angelegenheit, der uns geholfen hat. Aber Sie wissen so gut wie wir, dass wir da machtlos sind. Es ist die Entscheidung der britischen Behörden, ob sie hier eine Strafverfolgung einleiten.»

Ich machte eine verzweifelte Geste. «Frau Salao, Sie müssen verstehen, warum ich so sehr auf dem Briefwechsel mit unserem Kommissar Kinnock insistiere. Der ganze Fall dreht sich um Politiker der britischen Labour Party, die einander die Bälle zuspielen. Die Beschuldigten in diesem Dossier sind Mitglieder oder Gewählte der Labour Party. Auf Ihren Bericht hin haben sie schnell einen eigenen Untersuchungsbericht unter der Leitung ihrer Labour-Parteifreunde erstellen lassen. Diesen Bericht benutzen sie, um die britischen Behörden bei der Polizei und im Ministerium – in Klammern: auch Labour! – von einer weiteren Verfolgung dieser Sache abzuhalten. Frau Salao, Sie müssen diesen Brief, den die betreffenden Leute an Kinnock geschrieben haben, einmal lesen! Darin werden die in Ihrem Bericht vorgebrachten Beweise abgetan, als habe sie ein psychiatrisch gesehen vollkommen Irrer in die Welt gesetzt! Das können Sie doch nicht auf sich sitzen lassen!» (Siehe die Abbildung auf Seite 218.)

Gimenez-Gimenez blätterte inzwischen im Dossier und musste zugeben, dass dies tatsächlich so dort stand.

«Herr Van Buitenen, wie gesagt, wir haben alles gründlich untersucht, und dieses Dossier ist jetzt geschlossen. Nur wenn Sie ergänzende Beweise haben, können wir überlegen, ob wir das Dossier wieder öffnen.»

Entmutigt nahm ich die kleine Mappe mit Papieren zur Hand, die ich bei mir hatte, und entnahm ihr zwei Dokumente.

«Dies ist eine aktuelle E-Mail aus England. Darin stehen Hinweise darauf, dass derjenige, der 1999 an Kinnock schrieb, ihn auch getroffen hat. Die Mitteilung von Kinnock, dass er den Mann, der als Labour-Vertreter Vorsitzender des Gemeinderates in Camden war, nicht kenne, bedarf somit einer Überprüfung, denke ich mal. Das ist wichtig, weil auf dem bewussten Brief der Vermerk ‹privat und vertraulich› stand. Kinnock gibt nämlich

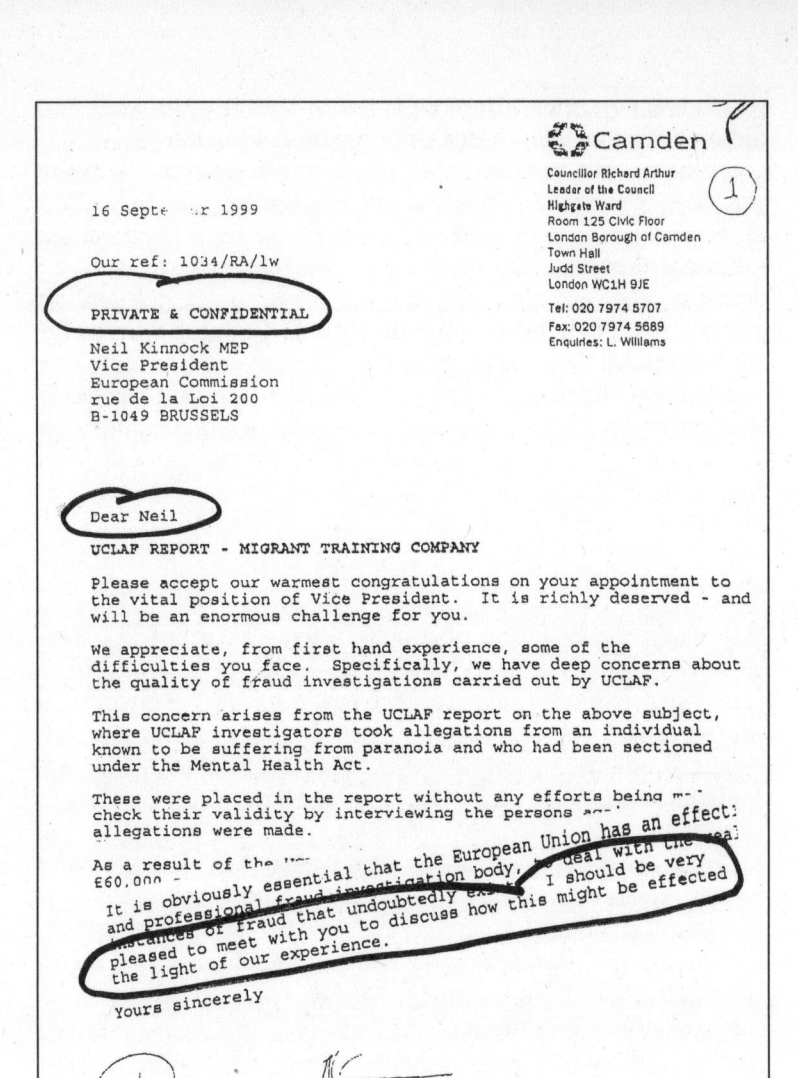

Camden

Councillor Richard Arthur
Leader of the Council
Highgate Ward
Room 125 Civic Floor
London Borough of Camden
Town Hall
Judd Street
London WC1H 9JE

Tel: 020 7974 5707
Fax: 020 7974 5689
Enquiries: L. Williams

16 September 1999

Our ref: 1034/RA/lw

PRIVATE & CONFIDENTIAL

Neil Kinnock MEP
Vice President
European Commission
rue de la Loi 200
B-1049 BRUSSELS

Dear Neil

UCLAF REPORT - MIGRANT TRAINING COMPANY

Please accept our warmest congratulations on your appointment to the vital position of Vice President. It is richly deserved - and will be an enormous challenge for you.

We appreciate, from first hand experience, some of the difficulties you face. Specifically, we have deep concerns about the quality of fraud investigations carried out by UCLAF.

This concern arises from the UCLAF report on the above subject, where UCLAF investigators took allegations from an individual known to be suffering from paranoia and who had been sectioned under the Mental Health Act.

These were placed in the report without any efforts being m-- check their validity by interviewing the persons a--- allegations were made.

As a result of the ---
£60,000 -

It is obviously essential that the European Union has an effecti— and professional fraud investigation body, to deal with the real —stances of fraud that undoubtedly ex--- I should be very pleased to meet with you to discuss how this might be effected the light of our experience.

Yours sincerely

COUNCILLOR RICHARD ARTHUR
Leader of the Council

Der vertrauliche und an Neil Kinnock persönlich gerichtete Brief der beim Betrug involvierten Londoner Teilgemeinde Camden. Kinnock sagt, er habe diesen Brief nie gesehen.

vor, dass er den Brief in der fraglichen Zeit nie gesehen habe und dieser von einem seiner Beamten bearbeitet worden sei.»

Ich nahm den zweiten Brief. «Dies ist ein Brief der Anwälte von Kinnock an die Redaktion zweier englischsprachiger Zeitungen, «Private Eye» und «The Sprout». Hierin beschreiben Kinnocks Anwälte zum ersten Mal, wie der besagte Brief, in dem um ein Gespräch mit Kinnock in dieser Angelegenheit gebeten wird, behandelt worden sein soll. Dadurch wird es für Sie sehr leicht, dem nachzugehen.»

Gimenez-Gimenez streckte beide Hände aus und sah mich nicht unfreundlich an. «Herr Van Buitenen, ich denke, dass ich Ihnen noch etwas erklären muss. Für Beamte gibt es das Strafrecht und das Disziplinarrecht. Wenn Beamte der Kommission Fehler machen, die nicht sofort strafrechtlich verfolgt werden können, besteht also noch die Möglichkeit, die Sache über das Disziplinarrecht anzugehen. OLAF kann dazu mit einer administrativen Untersuchung die nötigen Aspekte beitragen. Bei Kommissaren der Europäischen Kommission liegt die Sache anders. Wenn das Strafrecht nicht angewandt werden kann, sind OLAF die Hände gebunden. Wir können nicht einfach so in das Kabinett eines Kommissars hineinstürmen und Dokumente untersuchen. Das Einzige, was noch bleibt, ist die politische Verantwortung. Und da können wir auch nichts tun. Es ist Sache der Mitglieder des Europäischen Parlaments, die Kommissare zur Verantwortung zu ziehen.»

Ich schaute Gregori fragend an, und er nickte zustimmend. Ich strich über meine Stirn.

«So hatte ich das noch nicht gesehen. Das ist neu für mich. Aber Sie können Kinnock doch um Mitarbeit bitten?»

Gimenez-Gimenez machte eine abwehrende Bewegung. Mit einem väterlichen Lächeln sagte er: «Sie verstehen jetzt, dass wir ohne strafrechtlich relevante Tatsachen in diesem Fall nichts unternehmen können.» Dann beugte er sich vor.

«Sollten Sie allerdings über genauere Hinweise zu einem eventuellen Einsatz von ESF-Geldern bei der IRA verfügen, so sind wir daran äußerst interessiert.» (Siehe dazu auch Anhang 4 in diesem Buch.)

Ich sah ihn skeptisch an. «Angesichts der Tatsache, dass nicht nur mein Bericht und die OLAF-Analyse, sondern sogar eine wörtliche Aufzeichnung meiner Befragung bei OLAF an die Presse durchgesickert sind, habe ich kein Bedürfnis mehr, über solche Themen noch zu sprechen. Ich weiß, dass Camden eine Londoner Teilgemeinde ist, die von Labour regiert wird. Mir wurde erzählt, dass dort eine große Gruppe irischer Immigranten wohnt. Ebenfalls wurde mir erzählt, dass der Mitarbeiter bei OLAF, der dieses Dossier behandelt hat, gleichfalls die irische Nationalität besitzt. Das ist mir alles zu unübersichtlich.»

Gimenez-Gimenez fuhr hoch wie von der Tarantel gestochen.

«Das ist eine ungeheuerliche Unterstellung, und das brauche ich mir nicht anzuhören! Der betreffende Mitarbeiter gilt als sehr integer, und dafür lege ich meine Hand ins Feuer. Herr Van Buitenen, ich bearbeite auch spanische Dossiers, und Frau Salao bearbeitet portugiesische Dossiers. Derartige Verdächtigungen sind unter allem Niveau!»

Ich lehnte mich in meinem Stuhl zurück und sah Gimenez-Gimenez mit zugekniffenen Augen an.

«Ich habe nur dargelegt, dass ich keinerlei Bedürfnis habe, unter solchen Umständen weitere Informationen zu liefern, selbst wenn ich welche hätte.»

Gimenez-Gimenez machte eine wegwerfende Handbewegung: «Jedenfalls kann ich Ihnen keine Garantie für Geheimhaltung geben. Wir sind alle nur Menschen. Und sollte OLAF das Dossier zur weiteren Begutachtung an die nationalen Behörden weitergeben, dann hängt es von der dortigen Gesetzgebung ab, inwieweit die Information nicht doch allen Parteien zur Verfügung steht.»

«Ich nehme an, dass dieses Thema jetzt beendet ist?»

Gimenez-Gimenez nickte, stand sofort auf und wandte sich mit einer einladenden Geste an Gregori.

«Dann habe ich jetzt die Gelegenheit, Sie unserem griechischen Verwaltungsbeamten vorzustellen. Würden Sie mich bitte kurz entschuldigen?»

Gregori verabschiedete sich von mir. «Paul, wir sehen uns morgen noch, ja?» Ich nickte, und Gimenez-Gimenez nahm Gregori mit.

Ich blieb mit Frau Salao zurück und sprach mit ihr noch ein bisschen über die Untersuchungen. Sie sagte, dass OLAF jetzt gute Kriterien für den Abschluss von Dossiers habe. Früher kochten viele Untersuchungen auf kleiner Flamme, ohne dass etwas geschah. Darauf reagierte ich.

«Ja, ich habe gehört, dass OLAF viele alte Untersuchungen abschließt.» Ich wartete kurz und fügte dann hinzu: «Manche vielleicht etwas voreilig.»

Frau Salao reagierte erstaunt: «Was meinen Sie damit?»

Ich deutete auf das ESF-Dossier. «Das ist in meinen Augen bereits ein Beispiel. Aber wenn ich mich nicht irre, muss sich Ihr Generaldirektor, Herr Brüner, in dieser Woche noch vor dem Haushaltsausschuss verantworten, weil er ein anderes Dossier zu früh geschlossen hat.»

Salao nickte. «Das stimmt, ja, aber der Name des Dossiers ist mir entfallen», lächelte sie. Ich lächelte zurück.

«Handelt es sich nicht um das Dossier ‹Blue Dragon›?»

Salao nickte.

«Aber dies beruht nur auf einer ungenügenden Kenntnis des Dossiers. OLAF kann jedem in die Augen sehen.»

Bevor ich antworten konnte, wurde an die Tür geklopft, und Gimenez-Gimenez kam wieder ins Büro.

Wir fingen mit dem zweiten Teil des Treffens an, bei dem ich mit Salao und Gimenez-Gimenez allein war. Er erklärte mir umständlich, welche Methode OLAF bei den Untersuchungen angewandt habe, und ich unterbrach ihn.

«Ja, das habe ich in dem durchgesickerten Dokument gelesen, der Analyse Ihrer Abteilung.»

Gimenez-Gimenez nickte: «Ach ja, das habe ich beinahe vergessen, Sie haben die Unterlagen ja bereits. Ich nehme an, dass Sie diese Analyse ganz gelesen haben?»

Ich nickte bestätigend, und er fuhr fort: «Wenn Sie das gelesen haben, brauche ich Ihnen nichts weiter zu erklären.»

Ich war erstaunt.

«Aber dabei handelt es sich doch nur um die Meinung der Verwaltung, also Ihrer Abteilung. Die Abteilung Untersuchung hat doch auch mitzureden?»

Gimenez-Gimenez reagierte unwirsch.

«Wir haben Ihnen bereits erklärt, dass wir nicht unabhängig voneinander arbeiten, sondern dass wir zusammenarbeiten.

Ihre Vermutung in dem Brief an Frau Schreyer, dass wir Dokumente zurückgehalten hätten, ist völlig fehl am Platze.»

Ich überhörte seine Bemerkung.

«Es gibt Beispiele für Dossiers, bei denen Ihr Magistrat der Meinung war, dass keine Untersuchung nötig sei, während später die Beauftragten von OLAF dennoch beschlossen haben, eine Untersuchung einzuleiten. OPOCE [das offizielle Amt für Veröffentlichungen] ist ein Beispiel dafür.»

Gimenez-Gimenez war da anderer Meinung:

«Aber Herr Van Buitenen, das ist doch aufgrund ganz anderer Hinweise geschehen, die kamen von jemandem von OPOCE selbst ...»

Ich unterbrach ihn.

«Nachdem ich ihn zu Ihnen geschickt hatte, ja.»

Gimenez-Gimenez sah mir gerade in die Augen.

«Tatsache bleibt, dass Ihre Angaben zu vage waren. Auf dieser Grundlage können wir keine Untersuchung beginnen.»

Ich wurde richtig ärgerlich, beschloss aber, dieses Thema zunächst ruhen zu lassen und den Rest abzuhandeln.

«Können Sie mir etwas über den Stand der Untersuchungen mitteilen?»

Gimenez-Gimenez fiel das Kinn etwas nach unten, und er schaute mich mit leicht glasigen Augen an.

«Wie meinen Sie das? Darüber kann ich Ihnen doch nichts erzählen. Sie haben bereits viel mehr Informationen erhalten als üblich, bedingt durch den Umstand, dass unsere Analyse durchgesickert ist. Das erscheint mir ausreichend.»

Es dauerte etwas, bis diese Aussage bei mir ankam.

«Sie wollen mir also sagen, dass ich nichts weiter über den Stand der Untersuchungen erfahre als das, was in der durchgesickerten Analyse steht?»

Gimenez-Gimenez legte seine Hände ruhig übereinander.

«Das haben Sie richtig verstanden, ja.»

Ich merkte, dass ich nicht weiterkam, und ärgerte mich immer mehr über die Haltung dieser beiden Menschen mir gegenüber. Salao, die wie ein Unschuldsengel dreinblickte, und Gimenez-Gimenez, der mich nun offen angrinste. Ich fasste einen Entschluss und stand plötzlich auf.

«Ich sehe, dass dieses Treffen keinen Sinn mehr hat. Ich betrachte es also als beendet.»

Gimenez-Gimenez hob beschwichtigend seine Schultern und stand ebenfalls auf.

«Herr Van Buitenen, ich stelle damit fest, dass Sie trotz unserer Bereitschaft dieses Treffen nicht weiter fortsetzen möchten. Sie erhalten von uns noch einen Brief zur Bestätigung dieser Unterhaltung.»

Ich wurde nun wirklich böse, beschloss aber, jetzt lieber zu schweigen, als unbedacht unvernünftige Dinge zu tun. Eine Sache konnte ich mir allerdings nicht verkneifen.

«Herr Gimenez-Gimenez, ich denke, es ist besser, wenn wir unser Gespräch fortsetzen, sobald ich Mitglied des Europäischen Parlaments bin, beim Haushaltsausschuss selbstverständlich.»

Er schaute mich erstaunt an.

«Sie kandidieren bei den Wahlen?»

Ich bestätigte das.

«In der Tat. Denn das ist anscheinend die einzige Möglichkeit für mich, etwas zu erreichen.»

Bevor Gimenez-Gimenez etwas antworten konnte, drehte ich mich um und nahm meine Jacke, die passenderweise auf einem Stapel Archivkästen lag. Ich lief zur Tür und schaute nochmals zurück.

«Würden Sie mich jetzt nach draußen begleiten?»

Ich sagte das in einem Ton, der keinen Zweifel daran ließ, dass ich ansonsten alleine durch das OLAF-Gebäude laufen würde. Gimenez-Gimenez folgte mir und ließ mich in den Gang hinaus, zum Lift und zum Ausgang. Keiner von uns hatte das Bedürfnis, dem anderen noch einmal die Hand zu geben.

14

Meine Schlussfolgerungen und mein Wahlprogramm

Am 16. März 1999, kurz nach Mitternacht, ist die Europäische Kommission zurückgetreten. Am Tag zuvor war ein Bericht von dem speziell eingerichteten unabhängigen Sachverständigen-Komitee bekannt gegeben worden. Darin stand nicht, dass Kommissare direkt an den angegebenen Unregelmäßigkeiten beteiligt seien. Die Kommission strauchelte jedoch über die Feststellung, dass in der Europäischen Kommission nur mit Mühe jemand zu finden sei, der noch ein Minimum an Verantwortungsgefühl besitze!

Die Art und Weise, wie die Kommission abtrat, war bezeichnend für die Situation. Niemand fühlte sich angesprochen, und die Entscheidung zum Rücktritt fiel erst, als klar wurde, dass die parlamentarische Unterstützung weggebrochen war. Einer der Kommissare entdeckte, dass es eine gute Wartegeldregelung gab, sofern man selbst zurücktrat. Der Beschluss, sich der Verantwortung gegenüber dem Europäischen Parlament zu entziehen, war dann schnell gefasst; das Recht auf Wartegeld entfällt nämlich, wenn das Parlament die Absetzung herbeiführt.

Unter der neuen Europäischen Kommission mit dem Präsidenten Prodi und dem Vizepräsidenten Kinnock sollte alles besser werden. Im Jahr 2004 läuft die Amtszeit dieser Kommission ab. Fünf Jahre lang wurden Reformen durchgeführt und langweilige Communiqués auf die Presse losgelassen: «Wir sind auf gutem

Wege, und es wurden neue und bessere Regeln eingeführt. Das Europäische Haus ist wieder in Ordnung.» Das ist das offizielle Bild.

In diesen vergangenen fünf Jahren habe ich die Kommission aus verschiedenen Blickwinkeln beobachten können: zwei Jahre als Beamter in Luxemburg, ein Jahr von außen, als ich unbezahlten Urlaub genommen und in den Niederlanden gearbeitet hatte, und zwei Jahre als Beamter in Brüssel. Bei meinen Kollegen innerhalb der Kommission bin ich noch immer als Whistleblower bekannt. Wo ich auch war, in den ganzen zwei Jahren erhielt ich immer wieder Hinweise von Beamten aus den EU-Institutionen über Unregelmäßigkeiten und über die Art, wie man damit umging.

Ich habe dem System der EU-Institutionen jede Chance gegeben, sich selbst zu korrigieren. Zwei Jahre nach dem Start der neuen Kommission, am 31. August 2001, habe ich intern und völlig im Einklang mit den bestehenden Regeln einen Bericht über die Unregelmäßigkeiten eingereicht: dreihundert Seiten und mehr als fünftausend Seiten Anlagen. Die Behandlung dieser Klagen war für mich ein Gradmesser für den guten Willen der neuen Kommission und für die Schlagkräftigkeit des neu eingerichteten Antibetrugsamts OLAF. Trotz einiger kleiner Erfolge, die eher dem Einsatz einzelner Beamter als den Reformen selbst zu verdanken sind, ist das Endergebnis nach fünf Jahren Kommission Prodi/Kinnock ziemlich betrüblich.

Dieses Buch habe ich geschrieben, um die Leserinnen und Leser in die Brüsseler Wandelgänge mit hineinzunehmen und ihnen zu zeigen, wie die Europäische Kommission funktioniert. Dabei gebe ich nicht nur meine eigenen Erfahrungen von 1999 bis März 2004 wieder, auch die Erfahrungen anderer Beamter werden dargestellt. Zuerst die Gespräche im Parlament und in der Kommission zu Beginn der Amtszeit im Jahr 1999. Danach die Gespräche mit Kollegen, die Untersuchungen und Konfrontationen in diesen fünf Jahren, darunter auch persönliche Treffen mit Kommissaren und Generaldirektoren. Zum Schluss die letzten Ereignisse im März 2004: das Feedback auf meinen Bericht aus dem Jahr 2001 und die Reaktion der Kommission auf mein Vorhaben, an den Wahlen teilzunehmen und ein Buch zu veröffentlichen. Ein Buch als Wahlprogramm, als Erklärung an die Wählerinnen und Wähler in den Niederlanden und in Europa.

Welches sind nun die wichtigsten Schlussfolgerungen aus den fünf Jahren Erfahrung mit der Kommission von Romano Prodi und, vielleicht noch mehr, von Neil Kinnock?

1. Es war ein großer Fehler, Alt-Kommissar Neil Kinnock erneut zu ernennen, vollends als Vizepräsidenten der Europäischen Kommission, der unter anderem mit Personalangelegenheiten, Reformen und Disziplinarmaßnahmen betraut ist. Er war deshalb eine schlechte Wahl, weil er Reformen innerhalb eines Systems durchführen musste, dessen Teil er selbst war.

Das Komitee unabhängiger Sachverständiger legte nach dem Zwischenbericht vom 15. Mai 1999, der die Kommission zu Fall brachte, noch einen Abschlussbericht vor. Dieser war umfassend, klar und scharf. Er war außerdem ausgestattet mit einer Übersicht von Empfehlungen, die Kinnock nur noch hätte aufgreifen müssen.

Das tat er jedoch nicht, sondern er schrieb ein eigenes Weißbuch über die Reformen, die seiner Ansicht nach erforderlich seien. Anstatt die wirklichen Ursachen in den Blick zu nehmen, suchte Kinnock sein Heil in einer Mixtur aus neuen Regeln und Verfahren.

Dies war eine Lösung, die nicht funktionieren konnte, denn das Problem lag nicht bei dem Regelwerk. Das Komitee hatte sehr deutlich festgestellt, dass die Probleme hätten vermieden werden können, wenn die alten Regeln korrekt angewandt worden wären.

Und noch schlimmer: Kinnock missachtete die fundamentale Botschaft des Sachverständigen-Berichts: Transparenz und Verantwortungsbewusstsein. Kinnocks Pläne hingegen zielten gerade auf noch mehr Bürokratie! Bei der Buchprüfungskontrolle wurde keine Trennung der Zuständigkeitsbereiche vorgenommen, und das neue Buchhaltungssystem ist auf Sand gebaut. Es scheint geradezu, als ob die neuen Regelungen die bestehenden Fehler gutheißen.

2. Ein weiterer großer Fehler war die Ernennung der Deutschen Michaele Schreyer von den Grünen für ein unmögliches Ressort: Haushalt und Haushaltskontrolle. Das brachte zwangsläufig einen immanenten Interessenkonflikt mit sich, der sie völlig lahm legte. Niemand kann energisch gegen Fehler bei den Haushaltsausgaben auftreten, wenn er zuvor selbst für die Durchführung des Haushalts verantwortlich zeichnete. Frau Schreyer konnte folglich auch nicht Vorsitzende des Aufsichtskomitees für die Buchprüfung sein. Außerdem erwies sie sich als schwache Kommissarin mit wenig politischem Rückhalt. Die sonst als so kritisch bezeichnete grüne Fraktion im Europäischen Parlament wurde durch die Ernennung einer grünen Kommissarin mundtot gemacht; denn sie meinten, ihre eigene Kommissarin nicht angreifen zu dürfen.

3. Schwerwiegend waren die Fehler rund um das Antibetrugsamt OLAF. Am Anfang war OLAF nur ein anderer Name für das alte Amt UCLAF. Auch später, als ein großer Teil des Personals gewechselt hatte, blieb OLAF ein zahnloser Tiger. Es belastete OLAF schwer, dass jegliche Unabhängigkeit und Aufsicht fehlten. Es ist geradezu unnatürlich, dass OLAF der Europäischen Kommission berichtet. OLAF ist völlig abhängig von der Kommission. Von Anfang an war bekannt, dass das eingerichtete Aufsichtskomitee von OLAF ohnmächtig sein würde und nur als Deckmantel fungierte.

Zu lange schleifte OLAF das Erbe der Vorgängerorganisation UCLAF hinter sich her. Erst jetzt werden die alten, häufig verjährten Dossiers geschlossen; oftmals ohne ausreichende Untersuchung und ohne angemessene Konsequenzen. Bei den neuen Untersuchungen beobachten wir oft, dass von den Beauftragten an der Basis durchaus gute Arbeit geleistet wird. An der Spitze jedoch werden dann die Schlussfolgerungen abgeschwächt, so dass die scharfen Ecken und Kanten verschwinden.

Kein Dokument ist bei OLAF sicher. Garantien gegen undichte Stellen gibt es nicht; das hat OLAF selbst bestätigt. Sowohl in Bezug auf Klagen und Berichte als auch auf

Zeugenanhörungen sind Beispiele für undichte Stellen bekannt.

Die schlechte Funktionstüchtigkeit von OLAF ist geradezu empörend. Und das ist nun also die verpflichtende Anlaufstelle für Whistleblower, wo sie alle ihre Informationen einreichen müssen! Ich habe den Test selbst gemacht, und OLAF hat jämmerlich versagt. Ich habe dieses heikle Abenteuer nur dank meiner Bekanntheit und der Unterstützung anderer überstanden.

4. Beim Zustandekommen der europäischen Institutionen scheint man einen konzeptionellen Fehler gemacht zu haben. Für die westlichen Demokratien ist die Gewaltenteilung und ein sorgfältig austariertes Gleichgewicht charakteristisch. In Europa aber ist davon nichts zu sehen. Die Europäische Kommission wurde bewusst als eine unabhängige Instanz außerhalb der Politik geschaffen; ursprünglich durchaus mit den besten Absichten.

Inzwischen ist sie eine bürokratische Bastion, die eine ganz eigene Dynamik entwickelt hat. Eine Dynamik, die von verborgenen Netzwerken und Interessengruppen angetrieben wird. In der fünfzig Jahre alten Konzeption liegen die Ursachen dafür, weshalb die Europäische Kommission so undurchsichtig arbeitet, weshalb sie ihre Missstände zudecken kann und weshalb darüber hinaus nur eine äußerst fragile Kontrolle stattfindet.

Unregelmäßigkeiten und die Ohnmacht, dagegen nichts tun zu können, sind daher keine Zufälligkeiten, sondern systeminhärent.

5. Entsprechend den EU-Verträgen obliegt der Europäischen Kommission die Pflicht, ihre jährlichen Ausgaben in Höhe von 100 Milliarden Euro zu kontrollieren. Sowohl über die zwanzig Prozent direkten Ausgaben, die die Kommission selbst verwaltet, als auch über die achtzig Prozent, die die Mitgliedsstaaten für die Landwirtschaft und über die Strukturfonds ausgeben. In offiziellen Presseerklärungen versucht die Kommission jedoch, sich ihrer Verantwortung zu entledigen. Sie schiebt die Schuld an Betrugsaffären den Mit-

gliedsstaaten zu, weil diese angeblich nicht genügend kontrollieren würden.

Zum Vergleich ein einfaches Beispiel: Wenn der Arbeitgeber einen Vorschuss für eine Reise bezahlt, dann muss er angeben, welche Belege man einreichen muss. Kann man diese Belege nicht beibringen, muss man den Vorschuss zurückzahlen oder er wird vom Gehalt einbehalten. Hierin versagt die Kommission gegenüber den Mitgliedsstaaten: Oftmals ist nicht deutlich, welche Dokumente eingereicht werden müssen, und wenn Belege fehlen, fordert die Kommission kein Geld zurück.

Alles versandet in politischer Kungelei und undurchsichtigen Verhandlungen. Dies steht alles auch ausdrücklich im Schlussbericht des unabhängigen Sachverständigen-Komitees, aber Kinnock, Schreyer & Co. kümmerten sich nicht darum.

6. Die Vertreter der bestehenden Ordnung hatten ein Interesse, die undurchsichtige Situation aufrechtzuerhalten. Versuche, Fehler auszugleichen, wurden durch Unwillen zunichte gemacht. Beispiele dafür sind: die Beschränkungen, die sich das Europäische Parlament beim Zugang zu Dokumenten selbst auferlegte; die bewusste Geheimhaltung bei Ministerratstreffen; die komplizierte Art und Weise der Beschlussfindung in Komitees, Unterkomitees und Subkomitees. Es werden wirklich alle Register gezogen, um Europa so undurchsichtig und unkontrollierbar wie nur möglich zu halten. Selbst die einfachsten Berichte können nicht aus der Buchhaltung abgefragt werden, wie etwa die über die Zurückgabe zu Unrecht bezahlter Gelder.

7. Menschen, die sich vorwagten und Widerstand leisteten, wurden bekämpft wie Ratten, die es auszurotten gilt. Das ist bezeichnend für die ganze Herangehensweise. Kinnock war dabei als Hauptverantwortlicher angestellt, als führender «Rattenbekämpfer». In meinem Buch nehmen diese Ratten, die Widerstandskämpfer in den Schützengräben von Brüssel, einen wichtigen Platz ein. Ihre Geschichte legt ein langes

Zeugnis ab von den undurchsichtigen Labyrinthen, in denen unsere Zukunft bestimmt wird.

Außer mir traten auf: die Spanierin Marta Andreasen, die Briten Robert McCoy, Robert Dougal Watt und Warren Garrett, die Dänin Dorte Schmidt-Brown, der Belgier Michel Sautelet und viele unbenannte andere, die ich nur unter einem Pseudonym oder überhaupt nicht nennen konnte. Sie bezahlten einen hohen Preis für ihren Einsatz für unsere Demokratie und die Zukunft von Europa. Es ist an der Zeit, dass die Wahrheit ans Licht kommt, damit der Preis, den sie bezahlt haben, nicht umsonst gewesen ist!

Warum bei den Europawahlen kandidieren?
Was ich aufgeschrieben habe, ist nur ein Teil dessen, was ich weiß. Und was ich weiß, ist nur die sprichwörtliche Spitze des Eisbergs. Ich erhalte noch immer Hinweise auf Unregelmäßigkeiten. Sowohl auf Geldverschwendung bei Millionenprojekten als auch auf strukturelle Fehler in der Verwaltung der Kommission. Ich habe Hinweise auf die bewusste Fehlsteuerung von Geldströmen, die Verwicklung von Politikern, den Einfluss geheimer Logen und sogar die Beteiligung des organisierten Verbrechens erhalten. Hinweise auf die Verbindungen zwischen Oberwelt und Unterwelt, die vom Establishment als Fantasiegebilde weggewischt werden. Als Beamter konnte ich damit wenig anfangen, und als Whistleblower bin ich heute abserviert.

Darum bin ich jetzt Kandidat bei den Wahlen zum Europäischen Parlament im Jahr 2004. Nicht allein, sondern auf einer Liste zusammen mit einigen erfahrenen Leuten, die Schulter an Schulter die Interessen der europäischen Wählerinnen und Wähler aufrecht vertreten und den Dingen auf den Grund gehen wollen.

Das Europäische Parlament hat 626 Abgeordnete; ab 1. Mai 2004, nach dem Beitritt der neuen Mitgliedsstaaten, sogar 732. Nahezu ohne Ausnahme fügen sie sich in das anforderungsreiche und strikte Reglement innerhalb des Europäischen Parlaments ein: Schnell Anträge einreichen, schriftlich und mündlich Fragen zu völlig unterschiedlichen Themen stellen, oder um ein paar Minuten Sprechzeit betteln. Erstellen kompromissreicher und daher zahnloser Berichte. An Abstimmungen über verschiedene Vorschläge teilnehmen. Lange warten auf immer wieder ausweichende Antworten der Kommission, was ebenfalls folgenlos bleibt ... usw. usw. Unsere Liste wird sich weniger an solchen Dingen orientieren als an unserer eigenen Agenda.

Unsere Agenda muss für die Reformen im «Europäischen Haus» entscheidend werden. Wir werden Fragen, Abstimmungen und Berichte nur nutzen, wenn sie dieser Zielsetzung, nämlich dem Voranbringen der Reformen, dienen, und nicht etwa, um mit unserer Hintergrundarbeit den politischen Betrieb weiter auszupolstern oder um etwa unsere eigenen persönlichen Interessen oder die einer politischen Strömung zu verfolgen.

Unsere Liste für die Europawahl ist eine Initiative von Menschen mit unterschiedlichen Lebensphilosophien. Sowohl Sozialisten als auch Liberale, gläubig oder auch nicht. Alle haben wir bewiesen, dass wir der Stimme unseres Gewissens folgten, als es darauf ankam. Mein persönliches Vorbild ist Jesus Christus. Auch er widersetzte sich der bestehenden Ordnung und der Regelsucht seiner Zeit. Wir müssen unsere weltlichen Führer natürlich respektieren, aber sicherlich auch kontrollieren!

Wir verstehen uns selbst nicht als Politiker, sondern als Vorkämpfer für eine transparente Gesellschaft. Wir wollen uns nicht vom System einwickeln lassen oder vom Establishment manipuliert werden. Das wird nicht leicht sein, und auch wir werden Korrektur brauchen!

Ebenso muss es möglich sein, andere Aktionsmittel zu benutzen als ausschließlich die, die das Reglement des Europäischen Parlaments vorsieht. Diese «außerparlamentarischen» Aktionen dürfen die Demokratie nicht antasten, sondern sollen sie stärken.

In der nationalen Politik ist der Abstand zwischen Wählern und Politikern noch klein genug, so dass Korrekturen möglich sind. Es stehen genügend Kontroll- und Aktionsmittel zur Verfügung, um die Politik zur Ordnung zu rufen. In Europa ist das mit Sicherheit nicht mehr der Fall. Durch das komplizierte Regelwerk und vor allem durch die Art und Weise, wie Entscheidungen getroffen werden, ist die Distanz zum Wähler so groß, dass bei ihm jedes Verständnis für die europäische Politik verloren gegangen ist. Selbst für die Eingeweihten in der ersten Reihe, wie beispielsweise die gewählten Mitglieder des Europäischen Parlaments, scheint es keine andere Alternative zu geben, als sich in der umfangreichen bürokratischen Maschinerie der europäischen Institutionen mitschleifen zu lassen und die pflichtgemäßen Rituale mitzuvollführen. Kontrolle durch eine parlamentarische Enquete gilt als unverschämt. Ein öffentliches Ministerium, wie wir das in den Niederlanden haben, gibt es in Europa überhaupt nicht. Das Antibetrugsamt OLAF ist ein schwarzes Loch, und auch der Europäische Rechnungshof ist selbst nicht ganz sauber und reagiert nachgiebig auf politischen Druck.

Wir wollen versuchen, dieses demokratische Loch zu füllen und die Distanz zwischen Europa und dem Wähler zu verringern. Darum werden wir einen radikal anderen Kurs einschlagen. Keine anti- oder pro-europäischen Standpunkte. Nein, der Wähler muss die Chance bekommen, sich ein eigenes Urteil darüber zu bilden, was sich in Europa abspielt. Als Parlamentarier hat man einen Fuß in der Tür, also Zugang zu Informationen, die sonst verschlossen bleiben. So kann man Unregelmäßigkeiten identifizieren, ebenso wie undemokratische Entscheidungen oder die Vermischung von industriellen und politischen Interessen; oder interne Untersuchungen, die im Sande verlaufen; oder Interessenkonflikte von Wissenschaftlern, die die Zulassung neuer Nahrungsmittel beurteilen sollen und von derselben Industrie bezahlt werden.

Solche Informationen werden wir benutzen und zugänglich machen. Nicht, um dann selbst politische Programme zu formulieren oder Abstimmungen zu beeinflussen. Nein! Nach Kontrolle, Untersuchung, Evaluation und Ergänzung – wobei wir die Unterstützung von gleichgesinnten Beamten und Journalisten in Anspruch nehmen werden – geben wir diese Informationen an den europäischen Wähler weiter; über unsere Website und über die Presse. Wir wollen Basisdemokratie in Europa; das Recht zu wissen, was und wie in Brüssel über uns entschieden wird. Wir werden eine Brücke bauen zu unseren Wählerinnen und Wählern, nicht nur mit Worten, sondern auch mit Taten.

Im abtretenden Europäischen Parlament haben nur wenige Abgeordnete den Kampf gegen Unregelmäßigkeiten ernst genommen. Ich nenne den Flamen Bart Staes (Grüne), die Deutsche Gabriele Stauner (Christdemokraten), den Dänen Jens-Peter Bonde (Junibewegung) und den Österreicher Herbert Bosch (Sozialisten). Sie haben sich müde gekämpft, und die nichtssagenden Antworten der Kommission scheinen eine Barriere zu bilden, die für sie zu groß ist. Sie wissen, dass alles Mögliche nicht in Ordnung ist, aber sie können nichts dagegen tun. Ihr parlamentarischer Erfolg erscheint fragmentarisch und unstrukturiert, weil sie oft abhängig sind von nicht vorhersehbaren undichten Stellen. Es ist höchste Zeit, dass diese Menschen die Unterstützung eines spezialisierten Teams bekommen: unsere Liste «Europa Transparant» (zu Deutsch: Transparentes Europa)!

Wahlprogramm
«Europa Transparant» ist keine traditionelle politische Partei. Es ist eine «One-Issue-Liste», die sich ausschließlich mit der Grundlage unserer Demokratie in Europa beschäftigt: der so notwendigen Transparenz, die momentan völlig fehlt. Wir werden unser Augenmerk auf Verantwortung, Kontrollierbarkeit und transparente Beschlussfindung innerhalb von Europa richten. Unserer Meinung nach sind die kosmetischen Lösungen, die bis jetzt durchgeführt wurden, völlig unzureichend. Es sind fundamentale Reformen nötig, um Europa aus den Händen der Elite an die Wählerinnen und Wähler zurückzugeben. Darum werden unsere Aktionen darauf zielen, Tatsachen ans Licht zu bringen. Die Mehrheitsparteien im Parlament müssen dann erkennen, dass es mit dem Theater vorbei ist, ob ihnen das nun passt oder nicht. Nur wirklich fundamentale Reformen können Europa wieder aufs richtige Gleis bringen.

Viele verstehen nicht, warum die Wahlbeteiligung bei den Europawahlen so niedrig ist. Da fragt der eine: «Woran liegt das nur? Müssen wir vielleicht die Fensterrahmen des ‹Europäischen Hauses› in einer anderen Farbe streichen?» – «Das können wir schon machen», antwortet der andere. «Lasst uns auch gleich ein neues zusätzliches Fenster einsetzen», sagt der Dritte, «das erweckt den Eindruck von mehr Transparenz.» Ein Vierter hört sich das an und sagt: «Nein, lasst uns nur so tun, als ob wir alles rundum erneuern. Aber ein neuer Bodenbelag und neue Möbel gehören ins Haus. Und als Clou ein Anbau für all die Aufgaben, die wir dann gleich auch noch von Europa regeln lassen.»

Unsere Liste «Europa Transparant» ist der Überzeugung, dass dieses Europäische Haus etwas ganz anderes braucht: neue Fundamente! Das heutige Europa mit den Netzwerken, der Interessenvermischung und den Ausschüssen ist nur für einen kleinen Club Auserwählter bestimmt. Mit neuen Grundlagen, Gewaltenteilung, demokratischer Kontrollierbarkeit und Transparenz wollen wir Europa – ich sage es noch einmal – den Wählerinnen und Wählern zurückgeben.

Um dieses ehrgeizige Ziel zu erreichen, denken wir unter anderem an den Einsatz folgender Mittel:

1. Innerhalb des Europäischen Parlaments werden die Vertreter von «Europa Transparant» alles daransetzen, Zugang zu sensiblen und vertraulichen Informationen zu bekommen. Über die Formen der Zusammenarbeit innerhalb des Europäischen Parlaments, wie etwa innerhalb einer Fraktion, oder die Beteiligung an Parlamentsausschüssen kann noch nichts gesagt werden. Das hängt alles von der Zahl der Sitze ab, die «Europa Transparant» gewinnen kann, sowie von der Bereitschaft anderer Parlamentsmitglieder, das Programm unserer Partei zu unterstützen. Auch die Regeln hinsichtlich der Mittelzuweisung spielen eine Rolle, wie auch dienstliche Unterstützung und Sitze in wichtigen Gremien, beispielsweise im COCOBU und im Ausschuss der Fraktionsvorsitzenden.
2. die Einrichtung einer Meldestelle für Missstände und Misswirtschaft mit europäischen Geldern. Dies ist ein tragender

Pfeiler der Brücke, die zu den Wählerinnen und Wählern geschlagen wird.
3. die Einrichtung einer interaktiven Website; als Informationsmöglichkeit für die Bürger und zur Unterstützung der bereits genannten Meldestelle. Aber auch als Mitsprachesystem, das zunächst für die Mitglieder unserer Vereinigung gedacht ist. Später soll es auch der Öffentlichkeit ein Mitsprache- und Beratungsrecht in Bezug auf die Orientierungsregeln geben, an denen wir unsere Arbeit ausrichten werden. Zum Beispiel, wenn es um die Einrichtung von Kontrollorganen geht oder um bessere Verfahrensweisen hinsichtlich Meldung, Untersuchung, Verfolgung, Whistleblowing usw. Auch dies ist ein wichtiger Pfeiler der Brücke, die zu den Wählern führt.
4. die Einrichtung einer Datenbank, in der alle gemeldeten Unregelmäßigkeiten wie auch der Fortgang der laufenden Untersuchungen gespeichert werden. Daneben richten wir auch ein Beobachtungssystem ein, mit dem wir bereits gemeldete Dinge weiter im Auge behalten können. So können wir die offiziellen Untersuchungsbehörden in der EU und den Mitgliedsstaaten an den Fortgang einer Untersuchung erinnern oder, falls erforderlich, Verzögerungen öffentlich zur Sprache bringen.
5. Die amtliche Schweigepflicht hält eine «Omerta»[5] aufrecht, die alle echten Reformen und die Transparenz im Keim erstickt. Daher muss im EU-Beamtenrecht nicht länger die Schweigepflicht, sondern *das Rederecht* im Mittelpunkt stehen! Schweigen sollte in Zukunft nur noch in bestimmten Ausnahmefällen vorgeschrieben sein.
6. Wichtig ist ebenfalls die Einrichtung eines europäischen Büros, das den Whistleblowern aus allen Mitgliedsstaaten mit Rat und Tat zur Seite steht. Diese Idee ist nicht neu. Anregungen kann man sich bei Organisationen wie «Public Concern at Work» in Großbritannien (in Bezug auf die Gesetzgebung) und beim «Government Accountability Project» in

---

[5] Ein Begriff aus dem Italienischen, der das Schweigen der Mafia-Mitglieder bezeichnet.

den Vereinigten Staaten (in Bezug auf Aktion und Beistand) holen. Auch dies ist ein wichtiger Baustein der Brücke zu den Wählern.
7. Instanzen und Strukturen, die eingeschlafen sind, möchten wir wieder ins Leben zurückrufen. Wir werden sie zwingen, Standpunkte zu beziehen und Aktivitäten einzuleiten. Dies gilt für das scheiternde Antibetrugsamt OLAF, für COCOBU, den Haushaltsausschuss, der sich selbst als ohnmächtig bezeichnet hat, und den politisch sensiblen Europäischen Rechnungshof.
8. die Durchführung außerparlamentarischer Aktionen. Keine Effekthascherei; wir unterstützen oder organisieren ausschließlich am Ergebnis orientierte Aktionen.
9. Wir werden eng mit der Presse zusammenarbeiten. Die Presse muss Informationen erhalten, damit bei festgefahrenen Positionen ein Durchbruch erreicht werden kann.

Letztlich ist es das ultimative Ziel unserer Liste, uns selbst überflüssig zu machen, nämlich dann, wenn unsere Zielsetzungen erreicht sind: Europa zurück an die Wählerinnen und Wähler und Transparenz als Grundlage einer neuen politischen Kultur.

Siehe auch: www.europatransparant.nl

Die *stern*-Redaktion in Brüssel durchsucht, der Korrespondent festgenommen – wie in der EU-HAUPTSTADT kritische Journalisten verfolgt werden

zugesetzt hatte: Franz-Hermann Brüner, dem Chef der EU-Antibetrugsbehörde Olaf. „Da führt jemand einen persönlichen Rachefeldzug gegen Sie", warnte eine Europaabgeordnete den *stern*-Mann.

ANFANG 2002 hatte Tillack mehrfach im *stern* über ein 234-Seiten-Dossier des holländischen EU-Beamten Paul van Buitenen berichtet, in dem schwere Betrugsvorwürfe gegen die Kommission erhoben wurden. Schon der Name van Buitenen reichte aus, um Angst und Schrecken in der EU-Behörde zu verbreiten: Es war dieser kleine Beamte, ein Christ mit klaren Moralvorstellungen, der Ende der neunziger Jahre Europaabgeordnete darüber informiert hatte, wie Betrug in der Kommission vertuscht wurde. Damit löste er einen in der EU-Geschichte beispiellosen Skandal aus, der zum Sturz der Kommission von Jacques Santer führte. Wie Tillack 2002 berichtete, kam van Buitenen nun zu dem Schluss, seitdem habe sich nicht viel geändert. Eines Abends im Februar war Tillack ein geheimer Bericht der EU-Betrugsbekämpfungsbehörde Olaf zugespielt worden, wonach selbst engste Mitarbeiter von Kommissionspräsident Romano Prodi – dem Nachfolger des verjagten Santer – im Verdacht standen, Unregelmäßigkeiten zu decken. Prodis Versprechen, er übe „null Toleranz" gegen Betrug, war Makulatur. Und der deutsche Jurist Brüner musste sich fragen lassen, wie das brisante Material an die Presse gelangen konnte

und ob er nicht gar selbst die undichte Stelle in seiner Behörde sei. Schon damals erhob die EU-Antibetrugsbehörde, aus der Tillack auch später immer wieder vertrauliches Material erhielt, den Vorwurf, „ein Journalist" habe Beamte für Informationen bezahlt.

Dieser Vorwurf, für den Olaf Ende 2003 sogar vom EU-Ombudsmann gerügt worden war, musste auch am Freitag wieder herhalten. Er lieferte die offizielle Begründung für die Polizeiaktion. In einem alten Ford Mondeo wurde Tillack zu seinem Büro im Internationalen Pressezentrum geschafft; es ging mit Blaulicht über die Busspur. Da Tillack keine Namen von Informanten nannte und sich weigerte, das Van-Buitenen-Material vorzulegen, machten sich die Beamten daran, alles einzupacken, was ihnen interessant erschien. Dazu besorgten sie zahlreiche Kartons, darunter gebrauchte Fritten-Behälter aus dem Supermarkt. Für Tillack galt während der Razzia strenge Kontaktsperre. Seine Frau durfte er nicht anrufen, seine Redaktion nur einmal kurz am Morgen. Kontakt zu einem Anwalt wurde ihm verwehrt.

Dabei hatten es die Beamten erkennbar nicht auf Tillack abgesehen, sondern auf seine Informanten. Sie fragten, woher er die Informationen habe. Er antwortete laut Protokoll, dass er wie jeder Journalist seine Quellen schütze. Ob er für Informationen gezahlt habe? Nein, versicherte Tillack. Und verwies darauf, dass dies von ihm und seiner Redaktion bereits vor zwei

stern.de
BEHALTEN SIE DEN ÜBERBLICK.

> EUROPÄISCHE UNION
> ## David gegen Goliath
> Der „kleine Beamte" Paul van Buitenen, der vor fünf Jahren mit seinen Enthüllungen über Vetternwirtschaft und Betrug zum kollektiven Rücktritt der EU-Kommission unter Jacques Santer beigetragen hatte, lässt in seinem Kampf gegen Durchstechereien in der Brüsseler Behörde nicht locker. Der Holländer steht zurzeit an der Spitze einer Liste „Europa transparent". Er will sich im Juni in seinem Heimatland ins Europaparlament wählen lassen und ist überzeugt, die Fünfprozenthürde sicher überspringen zu können. Als Abgeordneter hätte der strafversetzte Enthüller mit seiner Detailkenntnis mehr Möglichkeiten, die EU-Bürokratie zu Auskünften über fragwürdige Verwaltungsvorgänge zu zwingen. Buitenen hat auch der jetzigen Kommission ein 300-Seiten-Dossier über angebliche Vergehen vorgelegt, das seither bei der Anti-Betrugs-Behörde Olaf ruht. Die Ermittlungsbeamten verweigern Buitenen allerdings jede Auskunft über den Stand ihrer Untersuchungen. Auf Platz zwei seiner Liste kandidiert Marta Andreasen, ehemalige Chefbuchhalterin der Kommission. Die Expertin war von der deutschen Haushaltskommissarin Michaele Schreyer vom Dienst suspendiert worden, nachdem sie den 100-Milliarden-Euro-Haushalt öffentlich als betrugsanfällig kritisiert hatte. „Wenn man mich als Beamten nicht ernst nimmt", droht Paul van Buitenen, „komme ich eben als Europa-Abgeordneter zurück."
>
> *Buitenen*
>
> DER SPIEGEL 10/2004

Letzte Neuigkeit, kurz vor Drucklegung dieses Buches: Am 10. Juni 2004 ist in den Niederlanden Paul van Buitenens neue Partei «Europa Transparant» mit sensationellen 7,5% aller Stimmen gewählt worden! So werden Paul van Buitenen und die Schriftstellerin Els de Groen die zwei Sitze einnehmen, die «Europa Transparant» fürs Europäische Parlament zustehen. «Die Holländer sorgten für eine originelle Überraschung», schrieb dazu die «Badische Zeitung». Und das «Algemeen Dagblad» kommentierte van Buitenens Wahl mit den Worten: «Europa kriegt eine Laus in den Pelz.» Paul van Buitenen selbst sagte im «Deutschlandfunk»: «Ich bin für Europa. Aber diese Misswirtschaft haben Europas Bürger nicht verdient.» Seinen Erfolg feierte er, laut der Badischen Zeitung, in einer Kneipe seiner Geburtsstadt Breda. (Der Verlag)

Daily Mail, Monday, May 31, 2004

Battered reputation: Kinnock

Kinnock's Brussels clean-up 'has failed'

By **Graeme Wilson**
Political Correspondent

NEIL Kinnock's record as the EU's fraud-buster has been attacked by Brussels' former financial watchdog.

Mr Kinnock's attempts to clean up the EU were condemned by Jules Muis, who spent three years as the European Commission's chief auditor.

The respected accountant said former Labour leader Mr Kinnock has underestimated the difficulties involved in reforming the EU's outdated finances.

Dutchman Mr Muis, 60, who stepped down last month, warned that Brussels had a 'long way to go' before it dealt with endemic mismanagement and fraud.

And in a scathing assessment,

'Hounding out whistleblowers'

he said Mr Kinnock and his fellow Commissioners had made matters worse by failing to come up with 'proper balance sheets'.

His judgment – delivered in an interview with Accountancy Age magazine – is the latest blow to Mr Kinnock's battered reputation.

He faced criticism earlier this month after it emerged EU fraud had doubled to £700million in 12 months despite his 'crackdown'.

Mr Muis said: 'Although progress has been made, the Commission has a long way to go before it can present an image of being a world-class administrative machine. The next commission faces a major challenge if it is to finish the reforms as currently envisaged.'

Tory MEP Chris Heaton-Harris said: 'These comments are further proof that Neil Kinnock's time as Commissioner would have been better spent rooting out fraud rather than hounding out whistleblowers who exposed it.'

Eine Woche, bevor dieses Buch gedruckt wurde, zitiert die englische Tageszeitung «Daily Mail» den Generaldirektor des Internen Auditdienstes IAS* der Kommission, Jules Muis. Er sagt genau das, was Paul van Buitenen seit Jahren anprangert!

Anhang 1
Wie die EU ihre Whistleblower behandelt

Gelegentlich hört man die Meinung, dass die Transparenz und die Fähigkeit einer Organisation, sich selbst zu reinigen, aus der Art und Weise abgeleitet werden kann, wie diese Organisation ihre Whistleblower behandelt. Unter diesem Gesichtspunkt sieht es mit den EU-Institutionen allerdings schlecht aus; denn mein Fall stellt leider keine Ausnahme dar! Hier folgend eine Auswahl (Stand 22. März 2004):

1. Marta Andreasen (2002–2004)
Als neu in Dienst getretene Direktorin für die Finanzverwaltung und ausgewiesene Buchprüferin entdeckte Marta, dass die Buchhaltung der Kommission auf wackligen Beinen stand – und das schon seit Jahren. Unwahrscheinliche Kontostände und Löcher in der Buchhaltung waren nicht nur für sie, sondern auch für die verantwortlichen Beamten nicht erklärbar. Daher weigerte sie sich, die abschließenden Jahresangaben zu unterzeichnen. Stattdessen forderte sie schnelle Aktionen, um die über Jahre entstandenen Mängel zu beheben. Je weiter sie mit diesen Forderungen ging, desto mehr biss sie allerdings auf Granit. Anfänglich erhielt sie von der Europäischen Kommissarin für das Ressort Haushalt und dem Europäischen Rechnungshof noch Unterstützung, dann gelang es der Hierarchie jedoch, sie zunehmend zu isolieren und schließlich zu suspendieren. Auch die Hilfe des internen Prüfers bewirkte nichts. Marta ist seit beinahe zwei Jahren suspendiert, aber erst kürzlich wurde – endlich – das Disziplinarverfahren eingeleitet. Es hat nur eine Zielsetzung, nämlich die, sie so schnell wie möglich zu entlassen.

2. Warren Garrett (1995–2000)
Als Mitarbeiter in der Verwaltung einer örtlichen Regierungseinrichtung in der Londoner Teilgemeinde Camden kam Warren Garrett in Berührung mit

einem Betrugsfall mit Europäischen Mitteln. Es gelang ihm, einen Müllsack mit Papieren an sich zu nehmen. Er versorgte so das Europäische Antibetrugsamt UCLAF (Vorgänger von OLAF) mit genügend Material, um eine Untersuchung einzuleiten. Der Betrug wurde nachgewiesen, aber Warren hat seinen Job verloren und wurde als mental gestörte Person dargestellt. Die britische Regierung unternahm nichts, um ihn zu schützen, und auch die Europäische Kommission sagte, sie könne hier nichts tun. Eine weitere Komplikation kam hinzu: Warren hatte entdeckt, dass auch Personen, die für British Labour gewählt worden waren, an Betrugsfällen beteiligt waren. Sowohl die britische Labourregierung als auch der britische Labour-Eurokommissar waren nicht darauf erpicht, Warren zu helfen. Außerdem besaß er noch Hinweise, dass europäisches Geld bei der IRA gelandet war, wodurch viele Leute davor zurückschreckten, Warren zu unterstützen. Gesundheit, Geld, Haus, Auto und Freundin hat er verloren.

3. Robert Dougal Watt (2002–2003)
Dougal war Prüfer beim Europäischen Rechnungshof und arbeitete dort seit 1995. In einem Flugblatt stellte er ernste Missstände innerhalb des Europäischen Rechnungshofs an den Pranger. So zeigte er beispielsweise, wie Mitglieder des Kollegiums des Rechnungshofs persönlich von Korruption betroffen waren. Danach nahm er an den Wahlen zum Betriebsrat teil, um auszuloten, was seine Kollegen von den Beschuldigungen hielten. Bei den internen Wahlen unter dem Personal des Rechnungshofs wurde er bald darauf tatsächlich gewählt – und zwar mit den zweitmeisten Stimmen.

Einige Monate später erklärte Dougal dann, innerhalb der Europäischen Institutionen sei ein Netzwerk von Freimaurern zugange. Darauf war er durch die spätere Untersuchung des Selbstmords eines Kommissionsbeamten im Jahr 1993 gestoßen. Dougal schrieb schließlich ans Europäische Parlament, erhielt aber von dieser Seite keine Antwort. Komplott-Theorien sind dort wohl nicht erwünscht. Gegen den Rat des internen Disziplinarausschusses des Rechnungshofs wurde Dougal letztendlich entlassen.

4. Marianne Haralltzen (Pseudonym, 2001–2002)
Eine Beamtin des Europäischen Rechnungshofs, Marianne Haralltzen, meldete Unregelmäßigkeiten, in die mehrere Mitglieder des Rechnungshofs persönlich involviert sein sollten. Einige Erklärungen von anderen Beamten unterstützten diesen Verdacht. Es ging um die Nutzung von Material und Personal zu Privatzwecken, um Materialbestellungen bei Verwandten und schließlich um die Bevorzugung von Verwandten bei Bewerbungen. Auch stieß sie auf Unregelmäßigkeiten bei Kostendeklarationen und überhöhte Auslandsvergütungen. Außerdem sollen in der Verwaltung des Rechnungshofs Bewerbungsverfahren manipuliert worden sein. Ein Mitglied des Personals, das mit einem Widerspruchsverfahren gegen den Rechnungshof gedroht hatte, verzichtete hierauf nach Erhalt

einer Abfindung. Ein interner Bericht des Rechnungshofs, der Unregelmäßigkeiten festhielt, ist nie wieder aufgetaucht.

Nachdem die Beschwerden bei OLAF eingegangen waren, wurde nur sehr partiell eine Untersuchung eröffnet. Schließlich wurde nur gegen ein Mitglied des Rechnungshofs eine strafrechtliche Untersuchung eingeleitet. Marianne Haralltzen erhielt verschiedene Warnungen aus der Führungsetage und wurde dann gegen ihren Willen für arbeitsunfähig erklärt.

5. Robert McCoy (2000–2004)

Erst als Finanzkontrolleur und später als interner Prüfer beim Ausschuss der Regionen der EU meldete er eine große Anzahl von Betrugsfällen und Unregelmäßigkeiten innerhalb seiner hierarchischen Struktur. Dies betraf sowohl betrügerische Unkostenabrechnungen von Mitgliedern des Ausschusses als auch betrügerische Ausschreibungen für Vertragspartner. Er bat seine Vorgesetzten, bei OLAF eine Untersuchung zu beantragen, aber stattdessen wurde er in der Folge durch die Leitung des Ausschusses, die sich selbst die Hände schmutzig gemacht hatte, «gemobbt» (systematisch schikaniert). Das Parlament erfuhr davon, und Robert wurde angehört. Als Konsequenz aus dieser Anhörung wurden zuerst der Rechnungshof und dann OLAF gebeten, eine Untersuchung zu eröffnen. Der Rechnungshof sprach den Ausschuss frei, aber die Schlussfolgerungen von OLAF waren vernichtend. Trotzdem gelang es der Leitung des Ausschusses, nach außen hin das Bild aufrechtzuerhalten, dass zwar verwaltungstechnische Fehler gemacht wurden, man aber keineswegs von Betrug sprechen könne.

Heute befindet sich Robert in einer schwierigen Situation, und es ist noch nicht klar, ob er auf seinem Posten als interner Prüfer beim Ausschuss der Regionen bleiben kann.

6. Trevor Jones (1999–2003)

Trevor ist Beamter der Kommission in Luxemburg. Da er aus Wales kommt, ist er ein Landsmann des Europäischen Kommissars Kinnock. Aber damit ist der Vergleich auch schon zu Ende. Obwohl er kein wirklicher Whistleblower ist, hat Trevor einen gewissen Ruhm erlangt durch die scharfen satirischen Glossen, die er auf der internen Website der Kommission publiziert. Gespickt mit Humor und präzisen Analysen beschrieb Trevor über Jahre hinweg, wie die verschiedenen Reformmaßnahmen der Kinnock-Verwaltung scheiterten. Ich kenne Kollegen, die seine Texte ausdrucken und aufheben. Trevor musste lachen, als ich ihm zum ersten Mal davon erzählte. Weniger lustig ist, dass auch er nun die Rechnung für seine kritische Haltung präsentiert bekommt und von der Führungsetage gemobbt wird.

7. Michel Thierry (1997)

Im Jahr 1997 sorgte Michel Thierry als politischer Sekretär der Gewerkschaft für Kommissionsbeamte, «Union Syndicale», in einem geschlossenen Kreis für ziemlichen Aufruhr. In einem Brief an den damaligen Kommissar Liikanen hatte er nämlich auf Missstände hingewiesen, die in großem Maßstab bei Eurostat existierten. Dieser Brief war ungewöhnlich detailliert, deutlich und direkt, wurde aber damals nie ernsthaft untersucht. Michel Thierry blies dann in der Gewerkschaft ein scharfer Gegenwind von hohen Eurostat-Beamten ins Gesicht; später verließ er aus Unzufriedenheit die Gewerkschaft.

8. Dorte Schmidt-Brown (2001–2002)
Dorte, eine dänische Beamtin bei Eurostat, kämpfte bei dem Projekt, das sie verwaltete, gegen Unregelmäßigkeiten an. Zu einem bestimmten Zeitpunkt weigerte sie sich schließlich, Zahlungen an einen betrügenden Vertragspartner zu leisten. Zwischen ihr und diesem Vertragspartner (Eurogramme) entstand ein Konflikt. Ihre Hierarchie ließ sie im Stich. Völlig desillusioniert und arbeitsunfähig verließ sie im Alter von 36 Jahren die Kommission. Erst fast ein Jahr danach folgte auf gewichtigen Druck aus dem Europäischen Parlament hin eine widerwillige Rehabilitierung durch die Kommission. Dorte ist noch immer krank zu Hause.

9. Michel Sautelet (1999–2003)
Michel Sautelet hat sich mit seiner klaren Kritik an der Hierarchie von Eurostat einen Namen gemacht. An seinem Arbeitsplatz wurde Michel gemobbt. Seine Beurteilung wies eine unwahrscheinlich große Anzahl von «Ungenügend»-Einträgen auf. Als er zum Antibetrugsamt OLAF ging, um seine Verdächtigungen zu melden, und er zudem Beschwerde gegen seine Beurteilungen einlegte, verschwanden die meisten der «Ungenügend»-Einträge plötzlich aus seiner Personalakte. Als sich Michel nach zwei Jahren bei OLAF informieren wollte, was aus seinen Beschwerden geworden war, waren diese nicht mehr auffindbar, und man bat ihn, diese erneut einzureichen. Enttäuscht ging Michel in den Vorruhestand.

Anhang 2
Begriffserklärungen

Erstellt von Paul van Buitenen

AMIS-Bericht
Der AMIS-Bericht kommt aus dem Europäischen Rechnungshof und behandelt die Ergebnisse der vom Rechnungshof durchgeführten Buchprüfung der Management- und Informationssysteme in der Europäischen Kommission. Die Abkürzung AMIS steht für: Audit Management Information Systems.

BAT
Ein externes Assistenzbüro oder auch Bureau d'Assistance Technique. Dies sind externe Vertragspartner, die von der Europäischen Kommission beauftragt werden, um im Rahmen eines Programms der Kommission bestimmte Aufgaben auszuführen. In der Vergangenheit gerieten eine Anzahl BATs im Umfeld der Europäischen Kommission ins Gerede, darunter auch das BAT für das Leonardo-Ausbildungsprogramm der Kommission. Jetzt werden die BATs nach und nach abgeschafft. Man führt nun Agenturen ein, so dass die Kommission größeren Einfluss auf die Ausführung hat.

BECH-Gebäude
Das BECH-Gebäude ist eine Niederlassung der Europäischen Kommission in Luxemburg. Dort ist Eurostat, die GD für Statistik, untergebracht. Eigentlich geht es dabei um die obersten drei Büroetagen eines großen Geschäftszentrums rund um den französischen Supermarkt Auchan. Die Art und Weise, wie dieser Komplex geplant, gebaut, finanziert und schließlich von Geschäften und Büros bezogen worden ist, wirft viele Fragen auf. Einige davon könnten für den europäischen Steuerzahler von Interesse sein.

Camden
Teilgemeinde von London, in der traditionell die britische Labour Party gewählt wird, so dass die Führungskräfte ebenfalls oft Labour-Vertreter sind. Camden Council ist der Rat der Teilgemeinde Camden.

COCOBU
Der Haushaltskontrollausschuss des Europäischen Parlaments. Vor 1999 ein unwichtiger Ausschuss, aber seit Ende 1998, als COCOBU am Anfang des Endes der Kommission Santer stand, hat dieser Ausschuss viel an Bedeutung gewonnen. Zu manchen Zeitpunkten ist COCOBU der mächtigste Ausschuss des Parlaments. Wenn COCOBU dem Europäischen Parlament rät, die abgewickelten Ausgaben der Europäischen Kommission nicht abzusegnen, gerät die Europäische Kommission in große politische Schwierigkeiten. COCOBU ist ein französisches Akronym aus COmmission de COntrôle BUdgétaire.

COREPER
Ausschuss der ständigen Vertreter der Mitgliedsstaaten bei der Europäischen Kommission. COREPER ist ein französisches Akronym aus COmité des REprésentants PERmanents.

Disziplinarverfahren
Internes amtliches Verfahren, in dem speziell dafür beauftragte Beamte untersuchen, ob Missstände vorliegen, auf die eventuell eine interne Bestrafung desjenigen Beamten erfolgt, der die Fehltritte begangen hat. Diese Bestrafung kann von einer Rüge bis zur Entlassung und Aberkennung der Pensionsansprüche reichen. Viele Missstände können zwar nicht strafrechtlich, aber sehr wohl disziplinarisch verfolgt werden. Die Europäische Kommission vergisst dies häufig.

ECHO
Die Organisation für humanitäre Hilfe der Europäischen Kommission. Hinsichtlich des Budgets ist sie die weltweit größte Organisation auf diesem Gebiet. Die so genannte «ECHO-Affäre» betraf einen Betrugskomplex, der mit zum Sturz der vorigen Europäischen Kommission unter Jacques Santer beitrug. ECHO ist ein englisches Akronym aus European Commission Humanitarian's aid Office.

ECOFIN
Der Ausschuss für Wirtschaft und Finanzen ist einer der vielen Unterausschüsse von COREPER. Hierin sitzen Vertreter der Mitgliedsstaaten, der Europäischen Kommission und der Europäischen Zentralbank. Sie bereiten die Tagungen des ECOFIN-Ministerrats vor: die Versammlung der Minister für Wirtschaft und Finanzen.

ESF
Europäischer Sozialfonds. Von den Ausgaben der Europäischen Kommission entfallen 50% auf Landwirtschaft, 30% auf Strukturfonds und 20% auf direkte Programme. Die Landwirtschafts- und Strukturfondsausgaben (80% also) erfolgen über die Mitgliedsstaaten und werden auch von diesen

kontrolliert. Der ESF ist einer der Strukturfonds, so dass die Kontrolle der Ausgaben in erster Linie unter die Verantwortung der Mitgliedsstaaten fällt.

EUROSTAT
Das Europäische Büro für Statistik. De facto handelt es sich um eine Generaldirektion der Europäischen Kommission, die in Luxemburg residiert. Der (bis heute) letzte bekannte große Betrugsfall der Kommission spielte sich hier ab. Seit 1993 wurden intern viele Betrugsfälle gemeldet, die sich über Jahre erstreckten. Erst 2003 kam diese Angelegenheit ans Licht. Die Europäische Kommission tat damals so, als ob sie sofort und umfangreich eingegriffen hätte.

Freimaurerloge
Ursprünglich hießen sie «freemasons» (freie Maurer). Die «freemasons» trafen sich in der Bauhütte, auf Englisch «lodge». Davon leitete man später die «Loge» ab. Heutzutage haben Freimaurer nichts mehr mit dem Bauwesen zu tun. Sie «bauen» zwar, allerdings in spiritueller Hinsicht an sich selbst. Im Prinzip möchten sie bessere Menschen werden, um so an einer besseren Gesellschaft zu arbeiten. Philosophische, religiöse, ökonomische, politische und aktuelle Themen gehören zu den «Bauelementen» während der Zusammenkünfte der Loge. Die verschiedenen Freimaurerströmungen (nach dem Französischen auch Maçon-Strömungen genannt) könnte man zusammenfassend als internationale Geistesrichtung mit humanistischem Charakter beschreiben. Manche Logen sind nicht viel anderes als Wohlfahrtsgesellschaften, andere jedoch vermischen Mitgliedschaft und Machtausübung in verschiedenen Bereichen der Gesellschaft; die Treue zu den Freimaurer-Brüdern zählt dabei viel. Diese letzte Variante der Logen steht an der Basis von unkontrollierbaren und nebulösen Beschlussfassungen in den Führungsetagen.

GD
Generaldirektion. Die Europäische Kommission hat Dutzende von Generaldirektionen, beispielsweise für Gesundheit (GD SANCO), für Statistik (EUROSTAT) und für Landwirtschaft (GD AGRI).

GD Haushalt
Die Generaldirektion für Budget-Angelegenheiten der Europäischen Kommission. Hier werden sowohl die Ausgaben geplant (Budgetierung) als auch registriert (Buchhaltung).

GS (Generalsekretär)
Der Generalsekretär ist der höchste Beamte der Europäischen Kommission. Bis 2000 besetzte der Niederländer Carlo Trojan diesen Posten, von 2000 bis 2004 der Ire David O'Sullivan.

IAS
Internal Audit Service, das interne Buchprüfungsamt der Europäischen Kommission. Während der vorigen Kommission unter Jacques Santer war dies nur eine kleine Abteilung, die allerdings noch recht viele Missstände entdeckte. Ich arbeitete 1998 in dieser Abteilung, als ich als Whistleblower an die Öffentlichkeit trat. Durch die abhängige Stellung innerhalb der Finanzkontrolle blieb vieles ohne Auswirkungen. Der neue IAS, mit Jules Muis als erstem Generaldirektor, ist viel größer und hat auch mehr Möglichkeiten. Abgesehen von einigen individuellen Erfolgen, die vor allem Jules Muis selbst zu danken sind, bleibt die Produktivität von IAS bislang hinter den Erwartungen zurück. Im Französischen benutzt man die Abkürzung SAI (Service Audit Interne).

IDOC
Das Untersuchungs- und Disziplinaramt innerhalb der Generaldirektion Personalangelegenheiten der Europäischen Kommission. Bei IDOC handelt es sich um ein englisches Akronym. Es steht für: Investigation and Disciplinary Office of the Commission. Im Gegensatz zu OLAF liefert IDOC greifbare Ergebnisse bei seinen Untersuchungen nach internen Missständen.

JMO-Gebäude
Das Jean-Monnet-Gebäude, das wichtigste und größte Gebäude der Europäischen Kommission in Luxemburg. In diesem Gebäude hatte ich vorübergehend mein gesichertes Büro, als ich im Sommer 2001 an meinem umfangreichen Bericht über Unregelmäßigkeiten arbeitete.

Kabinett
Dies ist ein kleiner Kreis von politisch benannten und persönlichen Mitarbeitern eines Ministers oder Eurokommissars. Wir kennen solche «Kabinette» in den Niederlanden nicht, da hier die Minister direkt mit den Topbeamten zu tun haben, das Kabinettsystem besteht aber auch zum Beispiel in Belgien. Mitunter kann die Führung eines Kabinetts, der Kabinettschef, auf dem gleichen Gebiet mehr Macht haben als der Generaldirektor. Seit 2003 ist der Kabinettschef des Eurokommissars Kinnock ein Niederländer: Gert-Jan Koopman.

Kommission
Oder auch Europäische Kommission. Sie ist das ausführende Organ der europäischen Institutionen der EU. Die Ausgaben der Europäischen Kommission belaufen sich auf etwa 100 Milliarden Euro pro Jahr. Hiervon wird ungefähr die Hälfte in die Landwirtschaft gesteckt, 30% entfallen auf die Strukturfonds und 20% auf die übrigen Programme. Die Kommission führt aus, was im Europäischen Ministerrat (zusammen mit dem Europäischen Parlament oder alleine) beschlossen wird. Eine große Besonderheit hierbei

ist, dass das Initiativrecht ausschließlich bei der Europäischen Kommission liegt. Alle Entscheidungen des Ministerrats und des Europäischen Parlaments können nur auf einen Vorschlag der Europäischen Kommission hin getroffen werden. Die Europäische Kommission hat Abteilungen, Vertretungen und Agenturen in allen Mitgliedsstaaten der EU, die meisten Kommissionsabteilungen befinden sich aber in Brüssel (in mehr als sechzig Gebäuden über die ganze Stadt verteilt) und in Luxemburg (in einem guten Dutzend Gebäuden).

Labour
Die britische sozialdemokratische Partei, die British Labour Party, stellt während der Periode von Kommissar Prodi (1999–2004) die regierende Partei in England. Eurokommissar Kinnock wurde für diese Partei gewählt.

Leonardo
Das ist der Name eines Programms der Europäischen Kommission auf dem Gebiet der Berufsausbildung. Ins Leonardo-I-Programm flossen zwischen 1994 und 1999 unter Eurokommissarin Edith Cresson 600 Millionen Euro. Ins Leonardo-II-Programm (unter Eurokommissarin Viviane Reding) fließt in der Periode zwischen 1999 und 2005 ungefähr 1 Milliarde Euro. Der vollständige Name heißt Leonardo-da-Vinci-Programm. Ich arbeitete zwischen 1995 und 1997 in diesem Programm, was die Grundlagen für meine späteren Entdeckungen schuf.

OECD
Internationale Organisation für wirtschaftliche Zusammenarbeit und Entwicklung. OECD ist ein englisches Akronym: Organisation for Economic Cooperation and Development.

OLAF
Das interne Antibetrugsamt der Institutionen der Europäischen Union. Bis 1999 hieß dieses Organ UCLAF und war ein interner Dienst der Europäischen Kommission. Der Status von OLAF ist etwas unabhängiger, trotzdem muss man immer noch von einer Abhängigkeit von der Europäischen Kommission sprechen. Das französische Akronym steht für: Office de Lutte Anti-Fraude. Die Untersuchungsergebnisse von OLAF sind rundum betrüblich, insbesondere auf dem Terrain der internen Untersuchungen.

OPOCE
Das offizielle Amt für amtliche Veröffentlichungen der Europäischen Gemeinschaften, mit Sitz in Luxemburg. Es existieren Hinweise, dass die Unregelmäßigkeiten, die sich in dieser Organisation abgespielt haben, bezüglich Quantität vergleichbar sind mit denen bei dem ebenfalls in Luxemburg residierenden Eurostat. Das französische Akronym steht für: l'Office des Publications Officielles des Communautés Européennes.

PCAW
Das englische Akronym steht für: Public Concern At Work (öffentliches Interesse an der Arbeit). Es handelt sich um eine unabhängige Organisation, die sich für Whistleblowing in England stark macht. Die Mitarbeiter unterstützen Menschen, die sich überlegen, zu Whistleblowern zu werden, beraten in Hinblick auf die Gesetzgebung bezüglich Whistleblowing und helfen Organisationen, eine Umgebung zu schaffen, die Whistleblowern entgegenkommt. Obwohl manche Whistleblower (berechtigte) Kritik an der Arbeitsweise von PCAW haben, ist die Organisation doch das Beste, was in dieser Art heute in Europa existiert. PCAW war auch bei der britischen Gesetzgebung auf diesem Gebiet, dem PIDA, beteiligt.

PIDA
Das englische Akronym steht für: Public Interest Disclosure Act, das britische Gesetz über Whistleblowing. Dieses Gesetz kann als ein Modell für eine gute Whistleblowing-Regelung für ganz Europa gelten. Wesentlich hierbei ist, dass der Whistleblower nicht an die Kette gelegt wird, was dann passiert, wenn er nur die zuvor bestimmten Kanäle benutzen darf, um Alarm auszulösen. Er oder sie muss frei entscheiden können, welcher Weg gewählt wird, um den Alarm auszulösen. Im Nachhinein wird dann geprüft, ob der Whistleblower verantwortlich gehandelt hat, wobei die Anforderungen an die Sorgfalt umso größer sind, je weiter der Whistleblower den Rahmen seiner eigenen Institution verlassen hat. So wird der Beweisdruck bei einer Weitergabe an die Presse schwerer wiegen als bei einer Meldung bei der Buchprüfung oder beim Parlament.

Rat der Weisen
Wird auch «Unabhängiges Experten-Komitee» genannt. Das fünfköpfige Komitee wurde als Kompromiss zwischen dem Europäischen Parlament und der Europäischen Kommission 1999 einberufen, wodurch einem Misstrauensantrag des Parlaments zuvorgekommen wurde. Viele erhofften sich, dass mit der Einrichtung dieses Rats die Probleme vom Tisch sein sollten; aber er bekam nur sehr begrenzte Kompetenzen und nur wenig Zeit für seine Untersuchungen zuerkannt. Der erste Zwischenbericht vom 15. März 1999 führte jedoch gleich zum Fall der Europäischen Kommission von Jacques Santer. Zugleich berühmt und berüchtigt ist der eine Satz aus dem Bericht, in dem stand, dass es schwierig sei, in der Kommission noch irgendjemanden mit etwas Verantwortungsbewusstsein zu finden! Die Mitglieder des Rats waren zwei Professoren für Europäisches Recht (aus Belgien und Spanien), zwei ehemalige Präsidenten des Europäischen Rechnungshofs (aus den Niederlanden und Frankreich) und die oberste Buchprüferin aus Schweden.

Rechnungshof
Der Europäische Rechnungshof ist der externe Prüfer der Europäischen Einrichtungen. In dieser Funktion führt der Rechnungshof stichprobenartig

Detailkontrollen durch, und die Verwaltungssysteme werden kontrolliert. Jedes Jahr gibt der Rechnungshof eine Erklärung zur Jahresbilanz der EU-Institutionen ab. Wenn Betrugsverdächtigungen auftauchen, reicht der Rechnungshof die Angelegenheit an das Antibetrugsamt OLAF weiter. Um Präsident des Europäischen Rechnungshofs werden zu können, braucht man politische Unterstützung, was nicht das beste Auswahlkriterium für eine solche Funktion ist, wie mir scheint.

SINCOM-2
Sincom-2 ist die zweite Version des SINCOM Computersystems der Europäischen Kommission; mit ihm wird die Buchhaltung geführt. SINCOM ist ein französisches Akronym und bedeutet Système INformatisé COMptable (Buchhaltungscomputersystem).

SOLACE
Die britische Organisation für Führungskräfte bei lokalen Regierungsorganisationen. SOLACE ist ein englisches Akronym und bedeutet: Society Of Local Authority Chief Executives.

UCLAF
Dies war bis 1999 der Vorgänger des heutigen Antibetrugsamts OLAF. UCLAF war eine interne Abteilung der Europäischen Kommission. Das französische Akronym steht für: Unité de Coordination de Lutte Anti-Fraude.

Anhang 3
Die Antici

Die Amtssprache der EU-Institutionen ist Französisch, deshalb erfolgte in diesem Anhang keine Übersetzung ins Deutsche.

ALLEMAGNE 33002 — Rue Jacques de Lalaing 19, 1040 BXL

COREPER 2
Wilhelm SCHÖNFELDER
238.19.42 – *fax: 238.19.46*

GROUPE ANTICI
Hardy BOECKLE
238.19.49/45 – *fax: 238.19.46*
hardy.boeckle@auswaertiges-amt.de

COREPER 1
Peter WITT
238.18.51
Peter.Witt@diplo.de

GROUPE MERTENS
Frank RADDE
238.18.67 – *fax: 238.18.57*
Frank-Michael.Radde@diplo.de

AUTRICHE 34000 — Av de Cortenbergh 30, 1040 BXL

COREPER 2
Gregor WOSCHNAGG
234.51.30 – *fax: 234.53.18*

GROUPE ANTICI
Thomas OBERREITER
234.51.58 – *fax: 234.53.18*
thomas.oberreiter@bmaa.gv.at

COREPER 1
Judith GEBETSROITHNER
234.51.22
judith.gebetsroithner@bmaa.gv.at

GROUPE MERTENS
Lorenz BIRKLBAUER
234.51.97 – *fax: 234.53.16*
lorenz.birklbauer@bmaa.gv.at

BELGIQUE 33000 — Rond-Point Schuman 6, 1040 BXL

COREPER 2
Jan DE BOCK
233.21.20/23

GROUPE ANTICI
Marc CALCOEN
233.21.22 – *fax: 233.21.21*
Marc.CALCOEN@belgoeurop.diplobel.fgov.be

COREPER 1
François ROUX
233.21.25
anne.sapart@belgoeurop.diplobel.fgov.be

GROUPE MERTENS
Serge DICKSCHEN
233.21.27 – *fax: 233.21.21*
serge.dickschen@belgoeurop.diplobel.fgov.be

DANEMARK 33001 — Rue d'Arlon 73, 1040 BXL

COREPER 2
Claus GRUBE
233.08.66

GROUPE ANTICI
Per Fabricius ANDERSEN
233.08.68 – *fax: 233.08.92*
perfab@um.dk

COREPER 1
Jeppe TRANHOLM MIKKELSEN
233.08.66
jeptra@um.dk

GROUPE MERTENS
Steffen RYOM
233.08.81 – *fax: 230.93.84*
steryo@um.dk

ESPAGNE 33300 — Bd du Régent 52, 1000 BXL

COREPER 2
Carlos BASTARRECHE SAGÜES
509.88.94/95 – *fax: 509.88.48*

GROUPE ANTICI
Raul FUENTES MILANI
509.88.31 – *fax: 511.19.40/26.30*
raul.fuentes@reper.mae.es

COREPER 1
Cristóbal GONZALEZ-ALLER
509.86.07
cristobal.gonzalez-aller@reper.mae.es

GROUPE MERTENS
Ignacio YBANEZ RUBIO
509.86.14 – *fax: 511.26.30*
ignacio.ybanez@reper.mae.es

FINLANDE	**34002**	Rue de Trèves 100 1040 BXL

COREPER 2
Eikka KOSONEN
287.84.22

COREPER 1
Kare HALONEN
287.84.25
kare.halonen@formin.fi

GROUPE ANTICI
Liisa TALONPOIKA
287.84.40 – *fax: 287.85.98*
liisa.talonpoika@formin.fi

GROUPE MERTENS
Outi HYVÄRINEN
287.85.71 – *fax: 287.84.21*
outi.hyvarinen@formin.fi

FRANCE	**33003**	Place de Louvain 14 1000 BXL

COREPER 2
Pierre SELLAL
229.82.09 – *fax 229.82.00*

COREPER 1
Christian MASSET
229.82.10 – *fax: 229.82.67*
christian.masset@diplomatie.gouv.fr

GROUPE ANTICI
Philippe SETTON
229.82.90 – *fax: 229.82.29*
philippe.setton@diplomatie.gouv.fr

GROUPE MERTENS
Laurent PIC
229.82.12 – *fax: 229.82.29*
laurent.PIC@diplomatie.gouv.fr

GRECE	**33004**	Rue Montoyer 25 1000 BXL

COREPER 2
Vassilis KAASKARELIS
551.56.37 – *fax: 512.69.50*

COREPER 1
Dimitris RALLIS
551.56.01
brp.rallis@rp-grece.be

GROUPE ANTICI
Antonis ALEXANDRIDIS
551.56.10 – *fax: 512.69.50/551.56.08*
a.alexandridis@rp-grece.be

GROUPE MERTENS
Christos CAPODISTRIAS
551.57.59 – *fax: 551.56.02*
c.capodistrias@rp-grece.be

IRLANDE — 33005 — Rue Froissart 89–93, 1040 BXL

COREPER 2
Anne ANDERSON
282.32.16

COREPER 1
Peter GUNNING
230.94.70
peter.gunning@iveagh.irlgov.ie

GROUPE ANTICI
Michael FORBES
230.51.20 – *fax: 230.30.18*
Michael.Forbes@iveagh.irlgov.ie

GROUPE MERTENS
Gerald ANGLEY
282.32.21 – *fax: 230.31.88*
gerald.angley@iveagh.irlgov.ie

ITALIE — 33006 — Rue du Marteau 5–11, 1000 BXL

COREPER 2
Umberto VATTANI
Nachfolger Rocco CANGELOSI
220.04.40 – *fax: 220.05.41*

COREPER 1
Alessandro PIGNATTI
220.05.72
rpa@rpue.it

GROUPE ANTICI
Michael L. GIFFONI
220.04.38 – *fax: 220.05.46*
antici@rpue.it

GROUPE MERTENS
Fabrizio SAGGIO
220.05.33 – *fax: 220.04.16*
mertens@rpue.it

LUXEMBOURG — 33007 — Av de Cortenbergh 75, 1000 BXL

COREPER 2
Nicolas SCHMIT
735.20.60/737.56.00 – *fax: 736.14.29*

COREPER 1
Christian BRAUN
737.56.14
christian.braun@rpue.etat.lu

GROUPE ANTICI
Marc LEMAITRE
737.56.46 – *fax: 737.56.10*
marc.lemaitre@rpue.etat.lu

GROUPE MERTENS
Yuriko BACKES
737.56.20 – *fax: 737.56.10*
yuriko.backes@rpue.etat.lu

PAYS-BAS 33008 — Av Hermann Debroux 48, 1160 BXL

COREPER 2
Thom de BRUIJN
679.15.02

GROUPE ANTICI
Desirée KOPMELS
679.15.01 – *fax: 679.17.95*
dmj.kopmels@minbuza.nl

COREPER 1
Henne J J SCHUWER
679.15.06
henne.schuwer@minbuza.nl

GROUPE MERTENS
Fenny STEENKS
679.15.07/08 – *fax: 679.17.74*
fenny.steenks@minbuza.nl

PORTUGAL 33301 — Av de Cortenbergh 12, 1040 BXL

COREPER 2
Álvaro MENDONÇA E MOURA
286.43.20/21 – *fax: 230.90.95*

GROUPE ANTICI
Pedro LOURTIE
286.43.22 – *fax: 230.90.95*
pcl@reper-portugal.be

COREPER 1
Domingos FEZAS VITAL
286.43.17
dfv@reper-portugal.be

GROUPE MERTENS
Paulo BARROSO SIMÕES
286.43.16 – *fax: 231.00.39*
mertens@reper-portugal.be

ROYAUME-UNI 33009 — Av d'Auderghem 10, 1040 BXL

COREPER 2
John GRANT
287.82.71 – *fax: 287.83.83*

GROUPE ANTICI
Caroline WILSON
287.82.82 – *fax: 287.83.81*
caroline.wilson@fco.gov.uk

COREPER 1
Anne LAMBERT
287.82.33
anne.lambert@fco.gov.uk

GROUPE MERTENS
Gareth BAYNHAM-HUGHES
287.83.89 – *fax: 287.83.94*
Gareth.Baynham-Hughes@fco.gov.uk

SUEDE 34004 Square de Meeûs 30 1000 BXL

COREPER 2
Sven-Olof PETERSSON
289.56.45 – *fax: 289.56.11*

GROUPE ANTICI
Katarina ARESKOUG
289.56.21 – *fax: 289.57.32*
katarina.areskoug@foreign.ministry.se

COREPER 1
Ingrid HJELT AF TROLLE
289.56.42/43
ingrid.hjelt-af-trolle@foreign.ministry.se

GROUPE MERTENS
Eva LINDHOLM
289.56.38 – *fax: 289.56.00*
eva.lindholm@foreign.ministry.se

CHYPRE Square Ambiorix 2 1000 BXL

COREPER 2
Theophilos V. THEOPHILOU
735.35.10

GROUPE ANTICI
Yannis MICHAELIDES
735.35.10 – *fax 735.45.52*
ymichaelides@mfa.gov.cy

COREPER 1
Kornelios S. KORNELIOU
741.67.33 – *fax: 735.45.52*
kkorneliou@mfa.gov.cy

GROUPE MERTENS
Alkis IEROMONACHOU
741.67.56 – *fax: 735.45.52*
aieromonachou@mfa.gov.cy

ESTONIE Rue Marie-Thérèse 1–3 1040 BXL

COREPER 2
Väino REINART

GROUPE ANTICI
Kai KAARELSON
227.39.12 – *fax: 227.39.25*
kai.kaarelson@eu.estemb.be

COREPER 1
Margus RAHUOJA
227.39.10 – *fax: 227.39.25*
Margus.Rahuoja@eu.estemb.be

GROUPE MERTENS
Sirje SEPP
227.43.13 – *fax: 227.39.25*
sirje.sepp@eu.estemb.be

HONGRIE
Rue de Trèves 92–98
1040 BXL

COREPER 2
Peter BALAZS

GROUPE ANTICI
Tamas SZUCS
379.09.00 – *fax: 372.07.84*
TSzucs@humisbeu.be

COREPER 1
Egon DIENES-OEHM
234.12.39 – *fax: 372.07.82*
deputy@hunrep.be

GROUPE MERTENS
Tibor VARADI
234.12.02 – *fax: 372.07.82*
tibor.varadi@hunrep.be

LETTONIE
Rue d'Arlon 39–41 – P.O. Box 6
1000 BXL

COREPER 2
Andris KESTERIS

GROUPE ANTICI
Liene DROZDOVA
282.03.60 – *fax: 282.03.69*
Liene.drozdova@mfa.gov.lv

COREPER 1
Eduards STIPRAIS
282.48.54 – *fax: 282.03.69*
eduards.stiprais@mfa.gov.lv

GROUPE MERTENS
Martins KREITUS
282.03.66 – *fax: 282.03.69*
martins.kreitus@mfa.gov.lv

LITUANIE
Rue Belliard 6
1040 BXL

COREPER 2
Oskaras JUSYS

GROUPE ANTICI
Kestutis SADAUSKAS
771.01.40 – *fax: 771.45.97*
Kestutis.Sadauskas@lt-mission-eu.be

COREPER 1
Romas SVEDAS
778.18.71 – *fax: 513.46.51*
romas.svedas@lt-mission-eu.be

GROUPE MERTENS
Jurgita VIRBICKAITE
771.01.40 – *fax: 775.90.97*
Jurgita.Virbickaite@lt-mission-eu.be

MALTE	Rue Belliard 65–67 1040 BXL

COREPER 2	**GROUPE ANTICI**
Tarcisio ZAMMIT	Cajetan SCHEMBRI
	343.01.95 – *fax: 343.01.06*
	cajetan.schembri@gov.mt

COREPER 1	**GROUPE MERTENS**
Chris GRIMA	Maria Pia PACE
343.01.95 – *fax: 343.01.06*	343.01.95 – *fax: 343.01.06*
chris.m.grima@gov.mt	mariapia.pace@gov.mt

POLOGNE	Av de Tervuren 282–284 1150 BXL

COREPER 2	**GROUPE ANTICI**
Marek GRELA	Beata ZABOROWSKA
	777.72.77 – *fax: 777.72.97*
	beata.zaborowska@pol-mission-eu.be

COREPER 1	**GROUPE MERTENS**
Ewa SYNOWIEC	Iwona MICHALKIEWICZ
777.72.80 – *fax: 777.72.97*	777.72.78 – *fax: 777.72.97*
ewa.synowiec@pol-mission-eu.be	iwona.michalkiewicz@pol-mission-eu.be

REPUBLIQUE TCHEQUE	Rue Caroly 15 1050 BXL

COREPER 2	**GROUPE ANTICI**
Pavel TELIČKA	Jaroslav ZAJICEK
	213.01.11 – *fax: 513.71.54*
	Jaroslav_Zajicek@mzv.cz

COREPER 1	**GROUPE MERTENS**
Ludek STAVINOHA	Richard KADLCÁK
213.01.11 – *fax: 213.01.85*	213.01.28 – *fax: 213.01.85*
ludek_stavinoha@mzv.cz	richard_kadlcak@mzv.cz

SLOVAQUIE	Av de Cortenberg 79 1000 BXL

COREPER 2
Miroslav ADAMIŠ

GROUPE ANTICI
Peter JAVORCIK
743.68.11 – *fax: 743.68.88*
javorcik@pmsreu.be

COREPER 1
Juraj NOCIAR
743.68.02 – *fax: 743.68.88*
nociar@pmsreu.be

GROUPE MERTENS
Miriam TOPLANSKA
743.68.42 – *fax: 743.68.88*
toplanska@pmsreu.be

SLOVENIE	Av Marnix 30 1000 BXL

COREPER 2
Ciril ŠTOKELJ

GROUPE ANTICI
David BROZINA
512.44.66 – *fax: 512.09.97*
David.Brozina@gov.si

COREPER 1
Marjeta JAGER
510.03.21 – *fax: 512.09.97*
marjeta.jager@gov.si

GROUPE MERTENS
Miran KRESAL
512.44.66 – *fax: 512.09.97*
miran.kresal@gov.si

COMMISSION

Eckart GUTH
299.22.17 – *fax: 299.19.29*
Eckart.Guth@cec.eu.int

François GENISSON
295.80.36 – *fax: 296.96.65*
Francois.Genisson@cec.eu.int

Guus BORCHARDT
296.65.83 – *fax: 296.96.65/295.37.07*
Gustaaf.Borchardt@cec.eu.int

Andreas BOSCHEN
295.96.54 – *fax: 296.37.07*
Andreas.Boschen@cec.eu.int

CONSEIL

André GILLISSEN   (285.8514 – *fax: 6160*)   Andre.Gillissen@consilium.eu.int
Eija KASKIMO   (285.5277 – *fax: 7199*)   Eija.Kaskimo@consilium.eu.int
Thérèse BLANCHET   (285.8775 – *fax: 7394*)   Therese.Blanchet@consilium.eu.int

Serv. JUR
Jean-Paul JACQUE   (285.6226 – *fax: 7837*)   Jean-Paul.Jacque@consilium.eu.int
Cristina GIORGI-FORT   (285.6459 – *fax: 7837*)   Maria-Cristina.Giorgi@consilium.eu.int

CAB Séances I
Max J. KELLER-NOËLLET (285.7417 – *fax: 6160*)   Max.Keller-Noellet@consilium.eu.int
Jürgen NEISSE   (285.7097 – *fax: 6160*)   Jurgen.Neisse@consilium.eu.int
Monique DRABS   (285.7884 – *fax: 8100*)   Monique.Drabs@consilium.eu.int

Anhang 4
Zitate aus E-Mails

Hier einige Stellen aus mehreren hundert Seiten Korrespondenz über den ESF-Betrugsfall, bei dem auch Vertreter der britischen Labour Party betroffen waren. Das Antibetrugsamt OLAF besitzt noch mehr Text und kennt die Namen, die sich hinter den Sternchen verbergen.

The senior manager from *** looked at the minutes of the MTC board and started flicking the page with his finger, reading out the name of each director and saying «Sinn Féin, IRA, Sinn Féin, IRA.» Up until this point, I was only aware that some of the MTC board members were Irish or Irish by descent. He looked up at me and said in his usually direct style: «You're fucked and you will stay fucked, but I will see to it that *** will never work again and *** never becomes Chief Executive of ***.» I understand the *** Chief Officer, who is also of Irish descent, was part of a secret shuttle diplomacy that went on between London, Dublin and Belfast on behalf of the Labour Party when it was in opposition, in search of a political settlement with Sinn Féin.

The *** Chief Officer then went on to say that I should «pass the baton». He would deal with it from now on and that if we were in Sicily or Chicago, I would be dead now. For me it was over. The *** Chief Officer didn't seem to be joking and our mutual friend and host did not think he was joking. He also said that one of the other MTC founders, the Secretary of the Association of London Authorities and …

was «twenty years Sinn Féin.» I took what he said to mean that he held both membership of the Labour Party and the political wing of the IRA, but I did not ask him to elaborate.

One of the directors of MTC and another satellite company involved in «siphoning off» grants and ESF is a convicted IRA terrorist … reported in the Sunday Times. … I was shown correspondence confirming the IRA man's links with the present leadership of Sinn Féin. I believe these letters were authentic. Further it was alleged to me that the MTC was used as a cover for some young and misguided/idealistic Irish men, one of whom was blown up on the Aldwych bus and was alleged to be responsible for the Canary Wharf bomb.

***, my former manager, called me from … relaying to me a message from the Camden Chief Executive. … *** says that his message to me was that I «should keep my mouth shut or *** would have me knee-capped».

Yes I was scared, yes I was in over my head. But I have always maintained the position that if the IRA/Sinn Féin want money, they can apply for it like everyone else through the proper procedures and not rely on «front companies» run by the London Boroughs who are supposed to be providing training services to refugees from Somalia, Bosnia, Latin America, and for young unemployed Irish people etc.

The Labour Party has a history of attempting to cover-up fraud and corruption in Town Halls from Lambeth to Doncaster and the Minister who is supposed to be dealing with these allegations, is none other than the Local Government minister and spouse of my sometime *** Chief Officer friend. … Prominent members of Mr. Blair's Government were attending MTC functions. So what?

Vom selben Autor weiterhin erhältlich:

Ein kleiner Beamter bei der EU in Brüssel beschließt, die Betrügereien in der Europäischen Kommission ans Licht zu bringen. Sein Vorgehen verursacht einen öffentlichen Skandal und lässt den 42-jährigen Niederländer zu einer politischen Bedrohung für viele werden. Zwanzig Kommissare, darunter Jacques Santer, Martin Bangemann und Edith Cresson, müssen u. a. aufgrund seiner Recherchen zurücktreten. Van Buitenens Zivilcourage wird indirekt zum Steigbügel für Romano Prodis neue Linie der Offenheit.

Paul van Buitenen, für viele eine Symbolfigur für Demokratisierung und Transparenz in Europa, erzählt seine Story.

Paul van Buitenen
Unbestechlich für Europa
(Ein EU-Beamter kämpft gegen
Misswirtschaft und Korruption)
ISBN 3-7655-5862-1

Brunnen Verlag · Basel und Gießen